新时代

牧区社会工作和牧区振兴

XINSHIDAI MUQU SHEHUI GONGZUO HE
MUQU ZHENXING

哈斯额尔敦　王　鹏◎主编

经济管理出版社
ECONOMY & MANAGEMENT PUBLISHING HOUSE

图书在版编目（CIP）数据

新时代牧区社会工作和牧区振兴／哈斯额尔敦，王鹏主编．—北京：经济管理出版社，2021.8
ISBN 978-7-5096-8220-3

Ⅰ．①新…　Ⅱ．①哈…　②王…　Ⅲ．①牧区—社会工作—研究—中国　②牧区—畜牧业经济—经济发展—研究—中国　Ⅳ．①D632　②F326.33

中国版本图书馆 CIP 数据核字（2021）第 165828 号

组稿编辑：任爱清
责任编辑：任爱清
责任印制：黄章平
责任校对：王淑卿

出版发行：经济管理出版社
（北京市海淀区北蜂窝 8 号中雅大厦 A 座 11 层　100038）
网　　址：www.E-mp.com.cn
电　　话：（010）51915602
印　　刷：唐山玺诚印务有限公司
经　　销：新华书店
开　　本：710mm×1000mm /16
印　　张：17
字　　数：313 千字
版　　次：2021 年 12 月第 1 版　　2021 年 12 月第 1 次印刷
书　　号：ISBN 978-7-5096-8220-3
定　　价：88.00 元

序

社会工作在推进民族地区和少数民族发展中具有特殊而重要的作用。关注农村、牧区和少数民族群体在社会转型过程中遭遇的困境，并为改变困境而开展实践活动是专业社会工作的重要使命。哈斯额尔敦、王鹏对内蒙古地区牧区慢性病、贫困与养老、脆弱性与可持续性等社会性问题进行了研究，呈现了主流发展模式和现代文明过程中牧区的现实状况及其社会根源，并思考如何介入改变，抓住了民族社会工作的核心内容，即为了社会工作专业知识体系的内化和专业方法的本土化运用。

社会工作者必须对受助者个人及其所处的社会环境，尤其是少数民族受助者生活世界和历史发展文化脉络具有深刻理解。我们看到在发展的过程中，医疗资源匮乏、贫困和制度的缺失是如何透过身体转化为疾病的。可以说，在诸如牧区慢性病的背后，具有城市化和工业化为标志的现代化渗透导致牧区原有的生产、生活方式不断被边缘化，致使牧区日益陷入结构性贫困境地的现实环境。农牧民主体性的弱化将其推向更加边缘的地位，老年人照护的缺失更是冲击道德底线等。

社会工作研究必须回应中国特色本土化专业社会工作发展的问题，必须体现中国特色社会工作的本土内涵，即在坚持党的领导的前提下，政府主导制度建设，社会工作践行以人为本的专业实践，依靠增能取向的职业发展，在互为主体的政社关系和服务关系中确保政策实践和专业实践落地生根、开花结果、造福社区、共创幸福生活。很显然，民族社会工作实践应该在改善农牧区发展境况的同时，充分汲取农牧民的生存智慧，在实践中将地方性知识与国际公认的专业实务知识融合，诠释互为主体的民族社会工作本土内涵。

牧区的经验知识凝结在对自己身处环境的深厚认知上，有着强大的适应性和互助性。几个世纪以来，牧民学会了如何跟彼此、自然、牲畜等共同协作，面对不确定的未来用多样的智慧调和危机，灵活适切地回应各种现实问题。牧区社会工作实践应在危机中看到机遇，通过文化资产建设推动社区减贫与可持续发展，从而与全国各民族共享中华民族多元文化的发展成果。

张和清

2021 年 11 月 20 日

目　录

空间的异化和社会工作的介入：关于牧区地方性疾病的实践研究

哈斯额尔敦　王　鹏

【内容摘要】牧区具有独特的“自然/社会空间”观念。在全球化、市场化背景下，在外来资本的流入和旅游业发展的过程中，牧区出现了空间的异化问题，使传统空间观发生转变，使牧民的人际关系、生计方式和经济收入发生了改变，牧区传统社区治理面临挑战。本文从社会工作视角探讨尊重和遵循在地的“自然/社会空间”观和认识资本带来的异化问题对牧区社会工作服务行动的重要性，为中国社会工作本土化理论研究增砖添瓦。

【关键词】空间；异化；牧区；社会工作；实践研究

一、引言

（一）研究背景

中国牧区面积大，占据国土1/3的面积，主要分布在内蒙古、新疆、西藏、青海和甘肃等区域。牧区具有独特的地理空间和文化。在该地域，主要居住人口为少数民族，其生计方式主要以畜牧业为主。在中国，牧区社会工作服务还处于刚起步的阶段，需要更多的专业化与本土化的努力。

关于中国社会工作本土化的探索，社会工作同仁在社会工作重建的30年里已经做出了很大的努力。在中国农村社会工作方面，一批中国本土学者[①]在近20年，总结和生成了具有中国社会工作特性的实践话语与知识体系。然而，在牧区，社会工作实践及相关研究仍处于起步阶段。[②] 尤其在内蒙古牧区，社会工作服务及其评估案例尚为欠缺。究其原因，主要有以下两个方面：一是自产生社会

① 如学者古学斌、张和清等在中国农村社会工作实践研究方面的探索与引领。

② 青海牧区社会工作服务已经有初步实践。

工作以来，其发展脉络及专业知识的积累与运用，多倾向于城市社区和农村，社会工作缺少适切牧区情景的基础知识、理论和实践经验；二是牧区社区在国家现代化推动下，城镇化进程更为迅速，多方面存在社会调适与转型的需求，这些需求在城市和农村社区得到了国家层面的广泛关注和体制化回应，[①] 而在牧区却未能得到系统有效的回应。从社会工作专业服务和研究视角而言，更是如此。在此背景下，本团队通过牧区的实践研究，[②] 探索牧区社会工作的理论与实践模式，为我国社会工作本土化研究增砖添瓦。

本文是关于牧区地方性疾病预防治疗服务的实践研究，服务实践地点为内蒙古自治区四子王旗G嘎查。[③] G嘎查地处内蒙古四子王旗中南部，S101省道和四子王旗旅游专线贯穿全嘎查南北。嘎查面积464.1平方千米，其中，草场面积达到69.6万亩，嘎查南北牧户最长距离有43千米。嘎查共有262户518人，蒙古族人口占比为70.5%，是以畜牧业为主要生产经营方式的典型牧区。在前期对G嘎查的了解，发现地方政府指定的“地方病”和牧区常见的各类疾病（我们统称为“地方性疾病”）[④] 成为牧区牧民生活福利提升的阻力，“因病致贫”现象时常发生。这种现象除了牧民对地方性疾病的认知不足、预防知识欠缺、拖延治疗等原因之外，还和牧区在快速社会变迁下家庭人口减少、劳动力缺乏，社区家庭间的互助关系疏离等深层结构有关。基于以上问题意识，笔者带领的社会工作专业团队获得H大学的项目资助，从2017年7月在G嘎查正式启动地方性疾病预防和治疗服务。

本文以马克思主义异化理论作为分析框架。从马克思主义异化观点来看，异化是人的物质生产和精神生产及其产品变成异己的力量，反过来是统治人的一种现象。马克思认为，劳动是沟通人和自然界的媒介，是人类改善生活环境提升生活质量的工具。但在私有制条件下，劳动将发生异化。所谓劳动异化，就是在资本主义社会，工人阶级通过劳动创造了大量的财富，财富却被资本家占有，成为资本家统治工人的资源。这样，工人的劳动本身异化成为统治工人的、与工人敌对的异己力量。劳动的异化必然导致人与人的社会关系的异化和自然的异化。自然空间作为人类生活和发展的基础，是不可分割的。但资本主义生产方式将利润作为唯一的目的时，把自然当作拥有交换价值的商品和资本增值的工具，这样就

① 如国家扶贫项目推广、内蒙古“十个全覆盖”基础设施建设、国家医改体制调整回应牧区医疗问题等。

② 社会工作实践研究成为社会工作学评估社会工作实践有效性、促进社会工作实践知识再生产的基本范式（何国良．久违的实践研究：创造社会工作学的路向［J］．中国社会工作研究，2017（2））。

③ “嘎查”是蒙古语的“村”，是内蒙古自治区最末端的自治单位。

④ 本文中使用的“牧区地方性疾病”概念，既指医学概念上的“地方病”，又包含了在牧区社区常见的疾病。提出该概念的目的在于强调疾病的牧区文化与地理空间特征，如致病原因，以及改善疾病预防治疗过程中家庭组织与社区资源作用方式等方面的牧区特征，而非仅仅为疾病的病理特征。

导致自然空间的主体性被强行剥夺，成为异化的自然。本文在马克思异化观点的启发下，探讨在全球化和市场化背景下，资本流动带来牧区自然空间的资本化问题，进一步探索牧区社会工作实践服务如何回应上述问题，以及解决问题的有效途径，旨在从社会工作本土化的视角为社会工作专业理论研究增添实践案例，为社会工作本土化和社会科学领域的中国特色话语权建设增砖添瓦。

（二）研究方法

本文采用了实践研究方法。

实践（行动）研究就是行动者对自我，对自我所处之社会位置、情境、社会经济政治的环境结构，对自己在某一社会情境下的行动或实践以及对自己行动和实践所产生的影响所进行的自主研究。如果其他行动者不仅只是被研究的对象，也是平等参与研究问题的形成、参与研究资料收集与资料解释的协同研究者，那么该研究也可以算是实践（行动）研究。[①]

本文通过牧区地方性疾病预防治疗实践服务案例，聚焦牧区传统自然/社会空间的异化问题，以及其对社会工作的服务实践带来的影响和挑战，探讨在后期服务实践中采取的转变和成效，为社会工作研究增添牧区实践案例。

二、地方性疾病与社会工作介入

（一）前期的调查与服务方案的设计

2017 年 7 月在 G 嘎查正式启动牧区地方性疾病服务计划。在服务初级阶段，团队运用问卷调查和入户访谈的方法，对 G 嘎查牧民开展了前期需求评估。由于这是对 G 嘎查的第一次评估调查，除医疗需求相关内容以外，还围绕社区基本情况、牧民基本情况、生产生活情况、社区组织的现状和演变等内容进行了问卷调查，并对嘎查历史和民风民俗等内容进行了半结构式访谈。最初计划定为入户调查全村 110 个牧户，但在实际调查中遇到牧区牧户居住分散、路途遥远、交通工具不足、关于牧户居住的信息缺乏等困难，最终只做了 46 户牧民的访谈，在此基础上进行了需求评估。

在前期需求评估中，通过对牧民的访谈，初步了解了 G 嘎查牧民患地方性疾

① 古学斌．道德的重量：论行动研究与社会工作实践［J］．中国农业大学学报（社会科学版），2017（3）：67-78.

病的现状。在接受访谈的46户中，首先是患有腿关节病者最多，有15例；其次是高血压和心脏病患者，各有13例。除此以外，被视为消失多年的人畜共患的布鲁氏菌病也有卷头重来的趋势，共发现8例。牧民也承认地方性疾病和他们的生活环境、气候、饮食有关，嘎查里患不同地方性疾病的人比较普遍，地方性疾病已变成“他们生活的一部分”。

在前期评估的基础上，团队设计了服务方案。主要有以下三个环节：一是组织牧民做体检，掌握患病情况的医学依据；二是针对牧民的现实需求，团队链接医疗资源，为牧民提供诊断和治疗服务，并仔细观察记录诊断治疗过程，为牧民提供地方性疾病的预防和治疗相关知识；三是了解牧区地方性疾病患者家庭的困难和问题，并开展针对性的服务，通过恢复传统的家庭、邻里互助关系，增强社区凝聚力，实现社区自主发展能力。

（二）前期服务方案的推动及实践中的困惑

按照前期服务方案设计，团队首先组织G嘎查牧民在自治区首府呼和浩特市的H蒙医医院进行体检。2017年12月至2018年1月，团队连续与H蒙医医院和四子王旗客运公司签订合作协议，并委托G嘎查委员会主任召集牧民参加体检活动。最初报名的牧民人数超过200人，最终165人接受了体检，其中，男性72人，女性93人。在一个月的时间里，团队租用四子王旗客运公司大型客车将牧民分4批次送到H蒙医医院进行了体检。

体检项目包含主检室、生化室、放射科、彩超室、妇科室、心电图、免疫室、门诊化验等8个科室的73个项目。在体检中发现的牧区多发地方性疾病依次如表1所示。

表1　牧区多发地方性疾病统计

病种	患病人数（人）	占比（%）
心血管疾病	76	46
脂肪肝	60	36.3
妇科疾病	54	32.7
三高症（血脂、血糖、血压）	32	19.3
幽门螺旋杆菌感染	23	13.9
骨关节病	5	3
氟骨症	1	0.6

资料来源：根据2018年格日乐图雅嘎查165名牧民体检结果制作。

由表1体检结果可知，在牧民多发病中，除了妇科疾病以外，其他疾病的病因都与牧区的气候、地理和生计方式密切相关，①即本文所指的“地方性疾病”。在接下来的2018年2月6日，团队组织H蒙医医院的6名医务人员前往G嘎查送达了牧民体检报告。医务人员为参与体检的牧民讲解体检报告结果，并介绍地方性疾病的预防治疗知识。最后开展了医务人员和牧民间的互动小组活动。但大多数牧民只前来领取体检报告，简单听取体检结果，询问有无大碍后便匆匆返回，并未参加小组互动活动，甚至有部分牧民委托别人领取了体检报告。这样，预先策划的小组互动活动也匆匆收场。

鉴于医务人员和牧民的小组互动无果而终，团队随后开展了补救性的服务活动。团队参照牧民的体检报告，就围绕上述7类牧区多发地方性疾病问题，访谈了3家不同权威医院的相关科室专家医生，收集和编写地方性疾病预防治疗知识相关材料，并翻译成蒙古语，印刷成册，送到牧区。2018年6月初，团队携带200册《地方性疾病知识宣传手册》到达G嘎查，联系体检牧民，挨家挨户送达体检报告，当面讲解体检结果，并对所有牧户进行相关知识宣讲。由于牧区地广人少，牧户居住分散，没有固定的行车道路，在草原上行驶需要越野车辆等原因，团队成员最终只能选择沿S101省道和四子王旗旅游专线的牧户提供了入户服务。然而，每年6月是草原旅游季节，有条件从事旅游开发的沿省道和旅游专线的牧户都忙于短暂的旅游创收，对团队的体检报告和健康宣传关注甚少。部分团队成员对上述情况出现焦虑，进行“强行服务”，出现了“不受欢迎”的尴尬局面。

至此，团队服务的第一阶段告一段落。团队在服务的主要环节上遇到了一些困惑，出现了服务过程不畅通、效果不佳等问题。如上所述，虽然体检的报名人员较多，但实际参加者明显少；医务者和牧民的互动小组活动成效欠佳；体检报告的入户讲解和相关知识宣讲未能充分开展等。对其原因，团队进行了多方面的反思。除了团队在牧区开展服务的经验不足、缺乏长期驻村提供服务的环节等原因以外，大家一致认为，有必要从文化视角②对团队的行动进行思考和反思。结合服务实践活动，本文就围绕“自然/社会空间”观念，审视和思考了团队的一系列服务和介入作业。

① 据对H蒙医医院包医生的访谈资料（2018年2月6日）。

② 王思斌．民族社会工作：发展与文化的视角［J］．民族研究，2012（4）：1-7；古学斌，张和清，杨锡聪．专业限制与文化识盲：农村社会工作实践中的文化问题［J］．社会学研究，2007（6）：161-179.

三、牧区空间的资本化

在地方性疾病的预防和治疗服务实践中，团队成员对牧区“自然/社会空间”的异质性以及这种异质性带来的社会工作服务的“水土不服”问题有了切身的体会。社会工作专业自在欧美国家的工业革命和城市化社会转型中诞生之日起，就以城市社区为实践基础发展成熟，其理论、实务和方法体系也是在城市社区为基础形成发展的。虽然国外有乡村社会工作、国内有农村社会工作专业领域实现了本土化发展，但其理论方法依然深受传统城市社区工作专业知识框架的影响。在牧区社会工作服务团队中，虽然有牧区出身的蒙古族成员，对牧区和本民族的生计生活方式有较好的了解，但同样对专业霸权的批判性反思仍不够，在专业教育的“再生产”（布迪厄）作用下，承袭了城市社区和农村社会工作的思路和方法，欠缺文化敏感，忽略了民族文化的实地多样性。而其中对牧区自然、社会空间特征的认识不足，导致团队在牧区服务实践中出现了“水土不服”现象。

首先，在自然空间方面，与城市、农村社区的居住密集、社区面积相对小、“低头不见抬头见”的频繁互动的人际关系特征不同，牧区具有地广人少、自然地理空间大、交通不便等特征。这也给团队的服务带来了困难。如前所述，G 嘎查面积 464.1 平方千米，其中，草场面积达到 69.6 万亩，嘎查南北端牧户的距离足有 43 千米。面对在一望无际的草原上零星散落的牧户服务对象，在城市习惯于依赖现代通信工具和导航设备的团队成员在起初阶段一筹莫展，不敢独立做家访，迷路现象时有发生。由于牧区地域广阔，在开展服务时交通工具不可或缺。家访道路沿线牧户时需要车辆，而家访草原深处的牧户时一般需要骑马。显然，这类交通工具需求已远远超出了包括资助方在内的团队的想象。富有国内外社区服务经验的资助方也无法理解在社区服务中购买车辆的需求，始终未能做相关预算。而骑马在 G 嘎查更是一种奢望，因为牧户饲养的马匹一般为夏季旅游使用，收费金额惊人，服务团队根本无法承担其高昂的费用。这样，部分团队成员满足起初的好奇心和几次的“浪漫的”草原旅游之后，面对艰辛的服务工作望而却步，部分人员中途退出。地广人少、居住分散、交通不便是牧区自然空间的特征，它对依托城市和农村空间特征形成的社区社会工作提出了新的挑战和要求。

其次，牧区自然/社会空间发生了由资本带来的异化现象。关于牧区自然/社会空间的变化，有必要简短介绍牧区土地空间政策的转变历程。

内蒙古自治区于 1947 年成立，之后经历了个体经济、互助组、初级社和高级社，1958 年建立人民公社，一直到 1984 年前后。在此期间，内蒙古自治区实行草场共有、家畜共有制政策，牧区草场和牲畜实施集体所有制，人民公社有步骤、分阶段地实施着传统的季节性游牧生产方式。牧户互助合作，草场按照约定俗成的传统制度实施管理，根据草场情况选定牲畜的数量和种类。到 1984 年前后，随着人民公社的解体，全国推行家庭联产承包责任制，牧区也实施了牲畜承包到户的政策。但草场仍属于集体所有，实施共同管理。1997 年前后，随着土地第二轮承包制的推行，内蒙古牧区开始实施以“双权一制”① 为主的草场承包到户政策，这样，牧区实现了家畜和草场完全承包到户。

自进入 21 世纪以来，在中国经济市场化和全球化的背景下，一方面，出现资本下乡，国内外大量的资本涌入农村牧区。地方政府为发展经济增加地方财政收入，积极招商引资，在工矿资源缺乏的牧区，旅游业成为首选目标，出现承包牧区草场大搞旅游开发的浪潮。另一方面，政府的市场化和项目化扶贫政策也为牧区旅游业的发展发挥了一臂之力。具备条件的牧户纷纷利用银行贷款或引进城市资本做起家庭旅游业，并初具规模。牧区家庭旅游业一般是自家搭起 5~7 座蒙古包，用于接待游客、制作传统饮食品出售、草原骑马等项目，有资本条件的牧户还修建了家庭旅店和娱乐设施。牧区草原旅游的开发，有效地推进了牧区社会经济建设，增加了牧民的收入，牧民生活得到很大的改善。

然而，牧区地域广袤，基础设施建设尚存在缺陷，交通、电力和通信网络覆盖度还有限。牧区的基础设施建设一向以修建道路为牵头，道路修建较好的区域，其他基础设施也得以跟进建设，两者高度重合。在此情况下，外来资本在牧区旅游开发相关的投资中，首先选择了交通便利、电力和通信网络等基础设施相对完备的地带，以求运送游客、联络客源等经营方面的便利和利益的快速回报。这样，牧区的公路和自修马路沿线地区和一些有电话、电视、手机网络信号的地方，自然成为发展旅游业的首选地方。在 G 嘎查，有两条贯穿嘎查村的道路：一条是横穿 C 嘎查的 S101 省道，将嘎查住户分为南北两部分；另一条是从 S101 省道向北纵向延伸到红格尔苏木的四子王旗旅游专线。从事旅游开发的 G 嘎查 40 多户牧户几乎都集中分布在这两条道路两侧。这样，这一区域作为旅游开发的“黄金地段”，一到夏季旅游季节，便车来人往，一片红红火火的景象。经过外来资本和本地牧民几年的联合运营后，这一区域的部分牧户逐渐壮大，如今有部分牧户在独立经营家庭旅游业。但更多牧户是将有道路两侧的草场租给了外来人开办旅游项目获取收入。而远离道路居住的牧民，则前来旅游开发牧户家中受

① “双权一制”是指草场所有权属于嘎查、村，使用权属于牧户，实行草场承包经营制度。

雇，从事屠宰牛羊、烹饪民族特色餐饮、骑马牵马、蒙古包服务员和打扫卫生等临时工作。随着近几年旅游开发的白热化，这一地带时有发生关于草场边界和争夺客源的冲突，成为社区内外矛盾最集中的地方，原来的传统社区内部人际关系受到了严重的冲击。这样，G嘎查的同一片牧区草场，由于部分地段的位置在道路沿线而成为旅游开发地，如今已成为一个资本集中、雇佣关系复杂，贫富差距鲜明的场域。原来作为自然空间的草场，实现了质的变化，已成为社区具有复杂关系的社会空间。

和这一区域依托家庭旅游开发迅速富裕起来的牧户相比，远离道路居住在草原偏远地方，仍然经营着传统放牧生活的牧户，却在市场化和消费主义的渗透下，过着以“牧区的低收入”支撑“城市高消费”的日子。家畜数量少，平时无积蓄的牧户，每当遇到畜牧业产品价格大跌的年份，就出现入不敷出，只能依靠贷款和出租草场来支撑生活。受市场化和社会“原子化”的冲击，牧区传统社会空间变得支离破碎，原来的邻里互助体系已不再发挥作用，以合作共享来降低畜牧业成本的公平互助的“集体性”社会空间正在被“独立的、原子化的”社会空间所代替，牧区社会空间发生了深刻的变化。

四、对前期实践的反思和后期实践的转变

冬季第一阶段的需求评估和后续的小组互动以及暑假的家访服务活动告一段落之后，团队成员对第一阶段的服务行动进行了总结和反思，并设计规划后期服务和实践的具体目标和介入方法。团队就如何克服牧区特有的自然空间制约，进入牧户特定的社会空间，提升服务质量，实现服务目标议题进行了思考和讨论。

关于牧区的自然/社会空间问题，团队在两个层面进行了思考：一是鉴于牧区自然空间辽阔、牧户居住分散、交通不便等特征，有必要反思基于城市社区和农村社区空间特征建立起来的社区工作理论和实践经验，结合牧区社区空间特征实现本土化转变，采取特殊的、适合牧区的实践模式；二是曾经辽阔而单一的牧区空间在市场化进程中正在出现由资本化带来的异化现象，形成复杂的自然/社会空间结构，这一现象要求团队在服务实践中具备足够的认识和应对能力。

在接下来的服务活动中，团队做了实践上的改变，提升了服务质量。首先，重新评估了服务对象和服务需求。团队认识到居住偏远地方、无资金和条件做家庭旅游业、从事传统畜牧业的牧民群体的条件有限，医疗资源不充足，是最需要服务和关怀的人群。其次，由于团队在前期实践中，受制于交通工具条件，出于团队做家访和服务的便利考虑，挑选了S101省道和旅游专线沿线牧户，恰恰忽

略了居住偏远地方的这一群体。这也导致了既未能为最需要服务的边缘群体提供服务，又被牧区旅游开发的“富裕”“繁荣”假象蒙蔽了眼睛，导致团队的服务出现错位。说到底，团队的专业理念和服务目标在无意中被资本“异化”，受“资本”和异化空间的影响，在广袤的牧区迷失了方向，忽视了不在眼前的、居住偏远地区的、真正需要服务的弱势群体。实际上，我们在牧区广袤的“自然空间”中忽视了牧民个体的“场所”，即社会空间。地理学家段义孚[①]（1977）曾经指出“某一个空间，经过对它熟悉的过程，将变成场所（Place）”。对地处草原偏僻角落的牧户来说，他们所处的位置、草场、牲畜、房屋以及以他们为中心的人际关系就是他们独一无二的、其他群体无法代替的场所。而社会工作正是以尊重每一位牧民的场所，公平对待，提供适合他们的服务为使命的。最后，基于这一认识，团队在接下来的服务中力争攻克牧区特有的空间难题，重点关注居住偏远地区的、自然条件和社会资源尤其医疗资源有限的牧户，开展了家访、医疗资源链接服务。团队租用牧民的牧区专用越野车辆，解决牧区交通问题，并请车主人做社区向导，依托熟人关系和牧区“差序格局”人际关系，采取“步步为营”的做法，即团队社工向偏远地方推进，与某牧户建立工作关系后，组织其周围的牧户开展小组互动活动，逐渐扩大，尽可能覆盖全服务群体。在团队成员的共同努力下，后续评估和家访了解了社区真实的面貌，并转变和重新发现了服务对象，取得了一定的进展和成就。

团队在G嘎查实施牧区地方性疾病预防治疗服务已有三年。本团队的服务实践主要以为牧民链接医疗资源、提供家庭服务的形式进行。在医院资源链接方面，团队前后联系H蒙医医院为牧民做体检、邀请医务人员做牧区义诊、访谈医务人员制作医务知识宣传手册、开办地方性疾病预防治疗知识讲座、开展小组工作等工作。在家庭服务方面，主要开展了家访了解患者情况、反馈体检结果、讲解疾病相关知识和农村牧区医疗报销办法程序、入户发放蒙古语与汉语双语宣传手册、建立家庭档案、绘制社区地图、标定家庭分布空间、开展家庭互助小组座谈会等活动。

通过上述的服务活动，发现G嘎查的牧民在预防治疗地方性疾病的认知方面出现了积极的变化。一方面，体现在家庭成员对牧区疾病的关注度和了解程度有所提高；对个人健康体检作业比以前更加关注；对医疗保险报销程序更加了解；等等。另一方面，牧民家庭通过结识医疗人员提升了公共医务资源输入的机会和

① Tuan Yi-Fu. Space and Place：The Perspective of Experience［M］. Minneapolis：University of Minnesota Press，1977；山本浩訳，空間の経験—身体から都市へ，筑摩書房，1988.

能力；牧民家庭成员通过参与家庭小组座谈，提升了共同应对牧区疾病问题的信心。但在改善患病身体状况和改变个体、家庭应对疾病的现状上有待进一步提升。

五、总结和思考

本文通过内蒙古中部的G嘎查的案例，对社会工作介入牧区地方性疾病的路径和其有效性进行了实践探索。采用实践研究的方法，探讨团队在开展服务过程中遇到的问题及其原因并进行理论上的反思，在此基础上转变服务方法措施，提高了服务成效。通过对G嘎查地方性疾病的介入案例，本文揭示了实践研究作为一种新型研究范式所具备的以研究促进实践的“知行合一”的特点，为社会工作本土化研究增添一种理论和研究范式视角。

在理论上，本文从牧区独特的“自然/社会空间”观念切入，考察外来的社会工作理论方法在牧区的“水土不服”的现象，探讨尊重和遵循在地的传统文化（空间观）和本土知识对服务行动的重要性。其中，本文聚焦在全球化、市场化背景下牧区传统自然/社会空间的资本化问题。牧区的空间，通过外来资本以及政府部门的市场化和项目化扶贫等途径实现资本化，对牧区社区带来诸多积极变化，增加了牧民的收入，更新了牧民观念，改善了牧区生活环境和条件，政府部门实现了产业调整和绿色经济发展而政绩突出，牧区获得了资本和人才方面的吸引力。另外，在草原旅游业的发展过程中，牧区空间出现了资本化现象，牧区的一部分自然/社会空间成为利益追逐的场所，传统的社区人与人关系被劳动雇佣关系代替。原有的社会空间出现割裂，空间资源的竞争和分割日渐形成，导致社区的破碎化和家庭的“原子化”现象进一步深化，并且已开始主导社区的发展方向。这也导致团队在初期阶段的服务实践中被牧区外来资本所带来的异化空间格局带偏服务方向，错误判断牧民的社会空间和场所，未能准确判断服务群体“场所”。这一实践案例，足以让我们思考“资本”的力量和“异化”的深远影响，反思农村牧区各项政策的实施中可能出现的“不精准”做法。在如今的牧区，传统和现代化因素交织并进，对牧区社会工作实践提出了更多文化敏感的、多元和专业化的服务要求和课题。

参考文献

[1] 张和清．全球化背景下中国农村问题与农村社会工作［J］．社会科学战

线，2012（8）：175-185.

［2］古学斌，张和清，杨锡聪．专业限制与文化识盲：农村社会工作实践中的文化问题［J］．社会学研究，2007（6）：161-179.

［3］古学斌．道德的重量：论行动研究与社会工作实践［J］．中国农业大学学报（社会科学版），2017（3）：67-78.

［4］王思斌．民族社会工作：发展与文化的视角［J］．民族研究，2012（4）：1-7.

专业的力量：论牧区开发中的社会工作介入模式

傅剑超

【内容摘要】 消除贫困、改善民生、实现共同富裕，是社会主义的本质要求，是我们党的重要使命。中国作为世界上最大的发展中国家，人口约占世界总人口的19%，近1/5。在过去相当长的时期里，贫困一直是中国社会发展的主要课题。中华人民共和国成立后，特别是自20世纪70年代末实行改革开放政策以来，政府致力于经济和社会发展的进程中，在全国范围内开展了有计划、有组织的大规模开发式扶贫工作，使我国贫困人口大量减少，扶贫工作取得了显著的成效。2020年，我国取得了脱贫攻坚战的伟大胜利，实现了全面建成小康社会的目标。从党的十八大以来的短短的几年里，就解决了我国5500多万贫困人口的脱贫问题，完成了人类扶贫历史上的奇迹，为世界广大发展中国家的扶贫工作指明了方向，其成功经验值得总结，值得进行学理上的梳理。本文聚焦牧区扶贫开发经验，以社会工作为介入媒介，对牧区扶贫开发的社会工作介入模式进行了探索和总结。作者通过扎实的田野调查，得出在以政府为主导的扶贫工作下，发挥社会工作专业优势，调动参与的社会力量资源整合功能，形成一个社会力量为主要行动者的牧区扶贫模式，是我国牧区扶贫事业取得成功的重要举措的结论。

【关键词】 社会工作模式；牧区；扶贫开发

一、绪论

（一）研究背景

中华人民共和国成立以来，贫困一直是困扰我们国计民生的大问题，从改革开放开始，我国政府在解决贫困问题上，做了诸多努力，取得了显著的成绩。从1978年至2000年，我国政府将农村没有解决温饱问题的贫困人口从2.5亿减少到3000万，使我国贫困发生率由30.7%直接降到3.5%，以1978年贫困标准为参照，至2007年我国绝对贫困人口为1479万人，贫困发生率仅为1.6%。以2008年年收入1067元贫困标准为参照，我国从2000年的9422万贫困人口减少到2010年的2688万人，贫困发生率由10.2%下降到2.8%。[①] 在这一时期内，我国政府两次上调贫困标准，分别为2009年标准调整为年收入1196元，2010年标准调整为年收入1274元。2011年我国将贫困标准同比上调了80.5%，为年收入2300元，非常接近国际贫困标准，我国贫困人口激增到1.2亿多人，贫困发生率达到12.7%。根据国家统计局发布的《2015年国民经济和社会发展统计公报》显示：2015年我国农村贫困人口已经从2014年的7017万人减少到5575万人，减少1442万人，贫困发生率从上年的7.2%下降到5.7%。[②] 而到2021年，我国基本消灭了大面积的绝对贫困现象，取得了脱贫攻坚的胜利。

综合来看，我国在面对大量贫困人口的事实面前，根据市场与社会发展状况不断提高贫困标准，扩大扶贫覆盖面，致力于减少贫困人口数量，整体提升人民收入，努力消除贫困。在我国扶贫开发工作长达40年的实践中，在中国政府、广大贫困地区群众干部、各界社会力量坚持努力中，在国际社会的积极帮助下，我国减贫7亿多人口，成为全世界最早实现联合国千年发展目标中减贫目标的发展中国家，为全世界的反贫困事业做出了突出的贡献。

我国在扶贫工作中已取得了显著的成绩，实现了全面建成小康社会的宏伟目标，同时在农村教育、住房、医疗及基础设施建设等多个方面得以完善和提升。在攻克扶贫开发最后攻克阶段，我们所要面对的是贫中之贫、困中之困的群体，他们具有更独特的性质和特征，表现在群体特质和地区属性等多方面，我们在短短的几年中补齐短板，攻坚扶贫，实现了百年蓝图的重要一步，这不仅得益于以政府为主导的扶贫工作，也得益于社会各界创造出新的思路、新的方法和新的举措。认真研究和总结广大农村牧区的扶贫经验，对巩固农村牧区的脱贫攻坚成果具有重要参考意义。

目前，我国共有牧区县（旗）和半农半牧县（旗）263个，其中，牧区县（旗）120个，半农半牧县（旗）143个，其中有221个县（旗）分布在我国内蒙古、新疆、西藏、青海、四川和甘肃西部牧区省份。[③] 我国牧区、半牧区总面

① 国家统计局．中国统计年鉴2015［M］．北京：中国统计出版社，2015.

② 国家统计局网站．2015国民经济与社会发展统计公报［EB/OL］．http：//www.stats.gov.cn/tjsj/zxfb/201602/t20160229_1323991.html.

③ 中国政府网．中国牧区、半农半牧区县、旗一览表［EB/OL］．http：//www.gov.cn/test/2006-07/14/content_335844.htm.

积360万平方千米，约占全国总面积的37%。六个重要的牧区省区中内蒙古、西藏、青海三省区的牧区面积分别占本省区面积的66%、81%、96%，新疆、四川、甘肃三省区的牧区面积均占本省区面积的30%以上。① 根据国家扶贫办公室曾经公布的《国家扶贫开发工作重点县名单》显示，592个全国重点贫困县中牧区和半农半牧县（旗）有117个，占全国贫困县总数的19.8%，近1/5，占全国牧区和半农半牧旗县总数的44.5%，近一半。② 此外，全国263个牧区及半牧区县（旗）人口总数为4743.76万人，其中，六个重要的牧区省区牧业人口占全国牧业人口总数的35%。③ 通过以上数据可以看到，农村牧区面积广大，贫困人口比重较大，扶贫攻坚任务繁重。

牧区的自身独特性且兼具农村、民族双重属性。牧区具有自身的独特特征，牧区的牧户多散居分布在距交通干道较远的草原深处，户户之间联系程度较农村聚居社区低很多。在组织形式上比较松散，主要通过生产和销售牲畜产品进行组织链接。从农村属性上来看，该区域气候环境较差，交通闭塞，基础设施缺乏，远离社会经济活动中心，社会服务水平落后，生产和生活条件比较艰苦。从民族属性来说，该区域农牧民构成多为少数民族，多元文化交融，资源环境与经济发展矛盾突出，且多位于边疆地区，对于国防安全、政治稳定、民族团结有重要的影响。故研究总结该地区的扶贫开发工作成果，不仅是对巩固脱贫攻坚战胜利有重要意义，也是关系民族团结、政治稳定的重要工作。

（二）研究意义

本文的意义由现实意义和理论意义构成。关于现实意义，可从如下三点论述。

1. 可拓展社会工作服务领域

社会工作专业在我国已经发展了30多年的时间，从开始时期的“懵懵懂懂”到现在的“日渐精深”，社会工作专业在逐渐褪去西方外衣的过程中，不断地根据中国具体社会实际沿着本土化的道路在探索中前行。回顾这30年社会工作发展的历史，可以说我国社会工作在政府、高校以及专业学者的大力推动下已经取得了很多的成果，它从专业到职业再到一个行业，逐渐走入社会大众的生活中，在诸多服务领域开展得如火如荼。但从我国当前社会工作的发展状况来看，在地

① 张银花．中国本土化社会工作：牧区社会工作探析［J］．社会工作，2011（3）：34-36.

② 国务院扶贫办网站．国家扶贫开发工作重点县名单［EB/OL］．http：//www.cpad.gov.cn/art/2012/3/19/art_343_42.html.

③ 包玉山．对“三牧”问题的几点新认识［J］．内蒙古师范大学学报，2009（4）：65-69.

区分布上，东部沿海地区多于西部内陆地区、城市社区多于农村社区、南方地区多于北方地区、富有地区多于贫困地区、农区多于牧区。社会工作并不是“嫌贫爱富”而是受资源影响呈现此种状态，“帮助弱势群体”“助人自助”在最需要的地方反而发展最弱，出现了明显失衡。在服务领域上，我国社会工作已经形成了相对完善的服务体系，例如，针对人群属性的青少年、妇女、残疾人等社会工作服务领域，例如，针对社会行业的学校、工业、医务等社会工作服务领域，也有中国特色的“民族社会工作”。由于我国民族众多、文化多元复杂、地理环境差异较大等多方面因素，致使在社会工作服务过程中需要不断地根据具体情况细化并开拓出适宜的服务领域，这些都需要社会工作学者在理论架构、实践探索中去开拓和完善，在面对当前牧区社会工作发展“贫弱”状态时，笔者也是想以此研究为契机，以扶贫为切入点，对牧区社会工作的服务领域提供一些有价值的贡献。

2. 可推进社会工作在牧区扶贫开发领域的作用

社会工作是一个“助人自助”的专业，其专业理念和价值宗旨与反贫困事业契合度很高，可以说社会工作就是从社会扶贫事业中产生的。目前我国扶贫工作的主要模式是以政府为主导，其逐渐显露出弊端，社会工作介入扶贫开发，不仅是发挥专业优势，同时也是对该模式的一种补充和弥合，在我国扶贫开发的全局下，对贫困人口多、贫困程度高的牧区的社会工作介入是对扶贫工作的一项很大的助力，社会工作者发挥专业优势帮助牧区牧民脱贫，提升牧区社会发展的进程，是义不容辞的责任和义务。通过本次研究，笔者希望能利用自身的专业知识和专业方法，结合牧区当地的具体情况为社会工作介入该地区扶贫工作，加快为该地区居民减贫、脱贫提供一种模式，同时为加快牧区扶贫开发提供一定的助力。

3. 创新社会治理模式，发挥社会力量作用

创新社会治理，不仅是简单的政社分离，而是在政府的主导下，在提供政策、资金支持及法规条文的规范下，形成的一种“专业人做专业事”的状态。在这种社会治理模式下，政府管得少，管得高，管得精，社会力量充分发挥自身优势，在参与社会治理中，不断竞争、优化，达到成长目的，从而进一步推动社会服务水平。长期以来，扶贫工作一直是令各级政府头痛的社会问题，全国各地区也经常将社会力量拉入扶贫工作中，由于政府放得不开、管得不顺导致社会力量参与的效果并不明显。从党的十八大以来，政府通过各种简政放权的措施，增加了社会力量参与社会治理的比例和权力，在我国发达的东部地区，其城镇已经形成制度配套、功能齐全、层次多样和服务优良的社会服务体系，甚至在其乡镇也逐渐建立起了这样的社会服务体系。然而在中西部地区，特别是边疆地区中的

乡村牧区仍然是政府和社区干部在苦苦支撑各类社会服务事项。社会工作介入牧区扶贫开发，不仅能带动牧区扶贫工作的开展，更是在牧区率先加入社会力量，推进牧区社会治理创新服务的一个重要契机。

在理论意义方面，本文运用田野调查方法，深入调查、搜集以内蒙古自治区四子王旗为代表的农村牧区扶贫开发状况及成效，进而从社会工作专业服务视角出发，建构一个适合该区域扶贫工作的经验和模式，即社会工作介入的服务模式。从目前的相关研究来看，尽管我国学者对牧区社会工作、牧区扶贫工作、社会工作介入农村扶贫开发、社会工作介入民族地区扶贫开发等社会工作与扶贫的相关研究已呈现很多的成果，但明确就社会工作介入农村牧区的扶贫模式研究还寥寥无几，牧区包含于民族地区，牧区在具有民族地区共性的同时也有自身的特点，本文在社会工作介入民族地区扶贫工作的基础上，根据农村牧区的自身特性，更深一步对社会工作介入牧区的扶贫开发模式进行探索性的总结，为我国牧区反贫困工作提供新路径，巩固我国牧区脱贫攻坚的成果，同时也为牧区社会工作的研究和开展积累更多的材料和经验，对拓宽社会工作领域做出一份贡献。

本文可以说是针对牧区扶贫开发的社会工作介入模式的总结和构想，首先，由于笔者的学术水平和研究能力有限，在理论应用和模式构设上难免会有一定的漏洞和不完善方面。其次，在材料收集上，由于笔者本身不通当地语言，也不是所研究区域的居民，所以在访谈以及对当地扶贫成效的切身感受还有所欠缺，同时农村牧区社会工作在该地区基本没有开展，在一个几近空白的领域完成本次研究对笔者来说可以说是一项巨大的挑战。

（三）文献综述

1. 我国民族社会工作研究综述

到目前为止，虽然我国民族社会工作还没有成为一个严整的学科，但民族社会工作实践在很早之前就已开展，并具有非常丰富的实践经验。[①] 我国民族社会工作研究最早可以追溯到20世纪40年代，1944年李安宅出版了《边疆社会工作》一书，对边疆社会工作进行了具体的阐述和研究。何谓边疆？学者李安宅认为，边疆实际上是在以地形的边疆为基础的文化意义上的边疆，在他眼里边疆的重要区分就是文化意义上的。何谓社会工作？他认为，社会工作包括实践，即一点一滴时刻创新；目标，即一步一步不求速度；价值，即善与人同避名求实；原则，不越俎代庖助人自助。何谓边疆社会工作？他提出边疆社会工

① 王思斌．民族社会工作：发展与文化的视角［J］．民族研究，2012（4）：1-7.

作就是在利用社会工作一般方法进行服务过程中要照顾大边疆的特殊性，将普遍的社会工作与特殊的边疆结合起来。① 到1945年之后，由于国内战争形势的转变，我国的民族社会工作也就沉寂了下来。不过，他的研究对我国民族社会工作的开展和研究起到了基础性作用，王思斌（2012）在文章《民族社会工作：发展与文化的视角》中这样评价，“客观地说，我国社会学前辈李安宅的民族社会工作研究至今似乎还未被超越”②。

21世纪初，随着我国对民族工作的重视以及社会工作本土化的发展要求，我国民族社会工作也逐渐发展起来。2005年在张丽剑、王艳萍的文章中出现的“民族社会工作”一词，这是“民族社会工作”作为学术名词和研究主题的第一次亮相，在文章中被定义为：从民族的角度审视社会工作，将民族研究与社会工作相结合，是“以案主为中心，以民族为主线，在少数民族地区开展的针对少数民族的助人工作”③。同一时期，郑杭生（2005）也提出了具有代表性的“民族社会工作”定义，“民族社会工作是政府和群众团体依据国家的民族政策，在社会工作的理论与方法指导下，对在物质和精神等方面面临困境的少数民族个人和群体所实施的一系列救助服务活动”④。

紧接着，社会工作研究领域迎来了“民族社会工作”的研究热潮，相关学者就“民族社会工作”的内涵、工作对象、工作领域、工作视角、工作方法等方面，以及对民族工作、民族地区工作与民族社会工作的概念区分开始了大量的研究。

在民族社会工作内涵方面，除以上两种观点之外，还有李林凤（2009）提出的“民族社会工作是以少数民族个人或群体为服务对象，以促进少数民族全面发展为目标，主要对其在精神和物质等方面遭遇到的困境而开展的社会服务性工作”⑤。任国英、焦开山（2012）认为，“民族社会工作以国家民族政策和社会福利政策为根据，以面临困境的各民族群体或个人为对象，通过运用社会工作专业理论方法及价值伦理，帮助其解决民族内部与民族之间关系、民族文化的保护与传承、民族社会与经济发展等方面出现的问题”⑥。

在民族社会工作对象及工作领域的研究方面，从张丽剑、王艳萍（2005）提

① 李安宅．边疆社会工作［M］．石家庄：河北教育出版社，2012.

② 王思斌．民族社会工作：发展与文化的视角［J］．民族研究，2012（4）：1-7+107.

③ 张丽剑，王艳萍．从民族的角度审视社会工作［J］．中南民族大学学报，2005（6）：50-52.

④ 郑杭生．民族社会学概论［M］．北京：中国人民大学出版社，2005.

⑤ 李林凤．多元文化下的民族社会工作［J］．黑龙江民族丛刊，2009（2）：15-19.

⑥ 任国英，焦开山．论民族社会工作的基本意涵、价值理念和实务体系［J］．民族研究，2012（4）：8-16+107.

出以少数民族地区开展针对少数民族的助人工作，到郑杭生将范围扩大到面临困境的少数民族个人和群体，再到王思斌（2007）强调的以少数民族群体为服务对象，同时也要关注少数民族周边环境的拓展。①

在民族社会工作的视角和方法等方面，王旭辉、柴玲、包智明（2012）提出了从“边界跨越”与“文化敏感”的路径开展专业民族社会工作。② 李林凤（2009）强调从多元文化的视角探索民族社会工作的实践模式。③ 古学斌、张和清、杨锡聪（2007）指出在开展民族社会工作实践中要注意“文化识盲”的问题。④ 王思斌（2012）从发展的视角出发，提出社会工作不但关注民族地区的经济发展、社会发展，还注重人的发展。⑤

在民族社会工作以及相关民族工作概念区分方面，郑杭生、陈倩、王思斌（2005）等大量学者对此做了很多研究。除此之外，在民族社会工作的可行性、必要性、实务模式发展等方面也有一定数量的研究成果。

2. 牧区社会工作相关研究

牧区基本涵括在民族地区，开展牧区社会工作要以民族社会工作为基础。目前，我国就牧区社会工作的专题研究还很少，其中，张银花讨论了中国本土化牧区社会工作开展的迫切性需求、牧区社会工作发展路径的选择。⑥ 大多数研究是民族社会工作相关研究，或是在牧区开展儿童、老人、残疾人等领域的社会工作研究。在牧区社会工作实践开展方面，有介绍“青海湖黑马河乡社会工作站”的实践情况的作品。⑦ 目前，关于牧区社会工作的研究主要集中在内蒙古大学师生在四子王旗开展的实践研究。

综上所述，可以看出我国牧区社会工作研究还处于初步阶段，成果少，还未形成知识体系。作为一个新的领域，对牧区社会工作的研究还有待进一步的深化和拓展。

3. 社会工作介入扶贫开发相关研究

追溯社会工作的起源，其扶贫工作的出身是无法改变的。“在各个国家的反

---

① 王思斌．社会工作综合能力：初级［M］．北京：中国社会出版社，2007.

② 王旭辉，柴玲，包智明．中国民族社会工作发展路径：“边界跨越”与“文化敏感”［J］．民族研究，2012（4）：17-25.

③ 李林凤．多元文化下的民族社会工作［J］．黑龙江民族丛刊，2009（2）：15-19.

④ 古学斌，张和清，杨锡聪．专业限制与文化识盲：农村社会工作实践中的文化问题［J］．社会学研究，2007（6）：161-179.

⑤ 王思斌．民族社会工作：发展与文化的视角［J］．民族研究，2012（4）：1-7+107.

⑥ 张银花．中国本土化社会工作：牧区社会工作探析［J］．社会工作，2011（3）：34-36.

⑦ 中国新闻网．中国唯一牧区社工站，当地牧民的知心人［EB/OL］．http：//www.chinanews.com/sh/2015/05-15/7278818.shtml.

贫困计划中，都将社会工作者纳入到实施主体中，尤其是在各类社会计划的实施上。一般来说，从社会工作介入反贫困角度讲，社会工作并没有自身的优势或者说独到之处，只是因为社会工作面对的案主即贫困者是一个特殊的群体，需要运用到各种专业的方法，且这个群体非常具有代表性，所以，以贫困者为对象的社会工作领域就逐渐开展起来了。”①

在我国，扶贫一直以政府为主导，社会参与程度有限，这对扶贫开发工作的成效有一定影响，近年来随着我国社会工作的开展，国家创新社会治理的理念的实施，社会工作作为辅助性的扶贫措施介入扶贫工作，社会工作学者针对扶贫工作展开了大量的研究，不断提升社会工作在扶贫开发工作中的地位和作用。

（1）社会工作介入扶贫的缘由研究。所谓缘由，本文是指社会工作介入扶贫的必要性和可行性，根据社会发展的程度、扶贫开发工作的阶段以及社会工作的专业特色，相关学者对社会工作介入扶贫开发工作的“缘由”进行了一系列研究。

李潇、张红（2015）在其文章《社会工作介入农村扶贫开发的可行性分析》的研究中指出，社会工作在介入扶贫开发过程中，其必要性体现在以下三个方面：一是有利于缓解农村贫困，维护农村社会稳定；二是提供多种工作经验，增加农村扶贫开发的模式；三是提供更多专业的工作方法，培养专业扶贫人才队伍。其可行性也主要体现在以下三个方面：一是社会工作的宗旨理念与扶贫开发的思想目标有很多契合之处，社会工作介入扶贫开发很容易到位；二是社会工作专业方法和理论在针对贫困者这类群体上有很大的优势，扶贫效果会更好；三是社会工作作为社会力量介入扶贫开发，对打破原有政府僵化模式和理念，为农村扶贫开发注入一股新的力量具有重要作用。②

高飞、向德平（2016）在其文章《专业社会工作参与精准扶贫的可能性与可及性》的研究中根据我国现阶段“精准扶贫”的阶段特点，从三个方面解释了社会工作介入扶贫开发的缘由：一是“精准扶贫”与社会工作的内在契合性：对于个体疾苦的极大关注、对于社会公正的自觉追求、对于科学方法的推崇；二是社会工作在“精准扶贫”中的作用：准确识别贫困人口、动员社会力量对于贫困人口进行帮扶、采取专业手段使贫困人口有效脱贫；三是“精准扶贫”对社会工作的新要求。③

---

① 王思斌，李越美．社会工作专题讲座：第十八讲　反贫困与社会工作［J］．社会工作，2011（2）：20-24.

② 李潇，张红．社会工作介入农村扶贫开发的可行性分析［J］．新西部，2015（24）：8-15.

③ 高飞，向德平．专业社会工作参与精准扶贫的可能性与可及性［J］．社会工作，2016（3）：17-24.

李迎生、徐向文（2016）在《社会工作助力精准扶贫：功能定位与实践探索》中提到社会工作在理论层面和方法层面的“缘由”介入扶贫工作。主要体现在以下四个方面：一是基本理念相通，工作方法合宜；二是评估监督一体，彰显第三方优势；三是链接域外资源，推动多元合力；四是聚焦长远发展，巩固脱贫成果。突出强调了社会工作介入扶贫开发的优势与功能。①

可以说，社会工作介入扶贫开发是我国社会创新治理的题中之义，是我国扶贫工作的必要环节，是社会工作在我国深入开展的必然要求。

（2）社会工作介入扶贫模式研究。社会工作作为实践型专业，目前我国社会工作介入扶贫比较典型的模式有以下两种：一是相关理论的运用和发展；二是在工作实践中不断地总结经验的创设。

学者张和清、杨锡聪、古学斌（2008）在云南农村“绿寨”开展了扶贫开发实践研究。通过实践，他们指出了“缺乏视角”的社会工作模式的缺陷，在农村扶贫社会工作中，只关注问题和不足，以“问题模式”介入只会导致“越扶越穷”。社会工作介入农村扶贫应该澄清“贫困是什么”，社会工作者应该从社区和村民现有的资产和能力出发，而非从社区及村民缺少什么、出现了什么问题、社区的需要是什么入手。他们通过城乡合作项目，以能力建设和资产建设为核心，建立了“优势视角”的社会工作扶贫模式。②

学者李文祥、郑树柏（2013）通过吉林大学农村研究团队在“河村”的调研和实践对社会工作介入扶贫模式进行探索。并在随后发表的《社会工作介入农村扶贫模式创新——基于中国村寨扶贫实践的研究》一文中对当前反贫困模式进行了梳理，指出扶贫模式由传统的单纯提供物质援助的“救济型”扶贫到“增能型”扶贫阶段的转移。然后对“增能型”模式进行分析，认为由于贫困群体中贫困文化以及社会排斥的存在，“增能型”扶贫难以促使贫困群体打破恶性循环而走出困境。并在此基础上，进行社会工作介入实践深入分析，提出了“合作型”扶贫模式。③

（3）社会工作介入扶贫的困境研究。吕洁、杨晓娟、戴溥（2012）在其《社会工作介入我国农村反贫困的困境及对策分析——以河北省农村反贫困工作

---

① 李迎生，徐向文．社会工作助力精准扶贫：功能定位与实践探索［J］．学海，2016（7）：114-123.

② 张和清，杨锡聪，古学斌．优势视角下的农村社会工作——以能力建设和资产建立为核心的农村社会工作实践模式［J］．社会学研究，2008（6）：174-193.

③ 李文祥，郑树柏．社会工作介入农村扶贫模式创新——基于中国村寨扶贫实践的研究［J］．社会科学战线，2013（4）：198-203.

为切入点》的研究中认为，我国社会工作介入农村反贫困的主要困境有，“反贫主体单一，社会参与有限。行政扶贫为主，缺乏专业反贫困方法。救助主体与受助者单向互动”①。

李迎生、徐向文（2016）提出社会工作参与扶贫济困已经取得了不小的成绩，但是还存在两大局限和四个困境。两大局限：一是参考了刘伟和赵秀琴（2015）对广西首批社工“三区计划”实施情况的分析，提出社会工作扶贫的对象、内容、形式有限，介入广度不够。② 二是以李迎生、袁小平（2015）对社会工作发展要求的研究为参照，对扶贫社会工作者进行分析，认为社会工作者的专业水平、扶贫能力还很有限，介入深度不够。③ 四个困境：一是地方政府对社会工作投入的财政力度不大，从项目设置、岗位开发、机构数量、机构规模上都远不能满足地方扶贫需求；二是地方政府（特别是基层县乡政府）并未完全认识到社会工作在扶贫中的价值和作用，主观动力不足；三是社会工作扶贫的各项运行机制尚未建立、健全，整个行业缺乏制度保障；四是社会工作机构之间大都尚未建立有效协调、互动关系，各自为政，单独出击，扶贫能力难以大幅提升。④ 综合其他学者的相关研究，总体说明了社会工作介入扶贫开发工作困境主要来自社会工作自身能力与建设、政府与社会的专业认可以及我国扶贫的“强政府弱社会”模式三个方面。

（四）研究方法

本文主要采用的研究方式为非反应性研究和质性研究两种，主要运用的具体方法和技术为二手资料分析法、访谈法和观察法。

非反应性研究，以二手资料分析法为主，首先，笔者利用结构化观察法从频率、方向、强度和增幅四个方向对出现在报纸、期刊、杂志和电影媒体上的相关研究文本进行内容分析，以此了解目前相关研究的总体状况，为本文提供更多的思路和经验。同时，对来自专业期刊、研究专论、计划评估文件和硕博学位论文以及其他文献的与本文相关的工作报告进行了分析，旨在寻找社会工作介入的有

---

① 吕洁，杨晓娟，戴溥．社会工作介入我国农村反贫困的困境及对策分析——以河北省农村反贫困工作为切入点［J］．才智，2012（13）：314.

② 刘伟，赵秀琴．专业社工参与农村基层治理研究——基于广西实施民政部“三区”计划的思考［J］．中央民族大学学报（哲学社会科学版），2015（6）：66-71.

③ 李迎生，袁小平．经济新常态时期的社会工作发展：需求、挑战与应对［J］．教学与研究，2015（11）：5-13.

④ 李迎生，徐向文．社会工作助力精准扶贫：功能定位与实践探索［J］．学海，2016（7）：114-123.

效方式和理论，更精确地分析其研究设计和结果，为本文的完成提供更广阔的视野。其次，根据本研究的目标和内容，对各类统计年鉴、普查数据、民意测验和调查研究机构收集的大量材料等现存统计资料进行分析，以此来对我国扶贫开发情况、农村牧区扶贫情况以及四子王旗的脱贫状况有一个总体把握，对模式的构设提供现实的数据依据。

质性研究，资料收集方法以访谈法和观察法为主。访谈法，主要分为两类：一类是非结构的个别访谈（包括面谈与电话访谈），即对内蒙古自治区四子王旗民政局、扶贫办、工会、妇联、共青团的相关工作人员、社会组织工作者以及农村牧区基层党员干部和普通贫困群众进行非结构的个别访谈，了解该牧区的扶贫工作经历。另一类是专题小组访谈，即对牧区贫困户以见面会、微信群（根据实际情况选择）的方式，对牧区扶贫的实际受助人就成效、问题进行深度的信息搜集。观察法，采用非结构方式的局外（非参与）观察法，即笔者以游历、旅游等方式对四子王旗牧区进行无结构游览观察，对基础设施建设、医疗设备（卫生所）、住房情况、社会组织机构分布等表象情况进行观察记录，在游历过程中与该地区的民众进行沟通互动，了解其生活的大致情况。

（五）相关概念与理论运用

1. 相关概念界定

（1）贫困与反贫困。贫困作为国际社会普遍存在的现象，一直是困扰人类发展的永恒主题，同时也是人类不断追求破解的问题，各国在解决贫困问题上都做出了应有的努力，为世界反贫困增添了诸多生动的历史篇章。自古以来就有贫困，但在近代尤为突出，尤其是自西方工业革命之后，贫困的问题愈加凸显，1601 年英国伊丽莎白的《济贫法》可以说是近代第一部关于救济贫困的法案。从这部法案对贫困的定义以及对济贫的措施可以看出，起初人们对贫困的定义多局限在经济收入层面，是物质生活上的难以维持的贫困。后来，在社会工作领域出现德国的汉堡制、爱尔伯福制和美国的睦邻组织会社等多种济贫的体制方式，人们在贫困上又有了更广泛和深刻的认识，例如，增加了心理、权力等方面因素，这时贫困不再是一个单一的概念，而是一个综合性的概念。

随着社会发展，贫困也不断地变动，不同时期、不同地域对贫困也有着不同的理解，贫困是一个不断变动的过程，它既是一个绝对概念，又是一个相对概念，从学科上划分，贫困可以在经济学、人口学、社会学、政治学等学科上找到相关定义，我们这里只简单罗列经济学、社会学和政治学上的贫困概念。经济学上的贫困：主要是指生存物质条件得不到满足或获取经济资源的能力及水平有限。社会学上的贫困：文化、意识形态、价值取向是贫困的根源。政治学上的贫困：围绕获取资源的权力和能力来说，认为当一个人或者家庭在获取足够满足社会一般公认的生活必需的资源时，因权力受到剥夺或者社会环境不提供相关机会，从而在生活条件上低于社会基本的水平，那么就可以说他们处于贫困状态。

从对贫困问题的研究范围与角度差异性上分，贫困又可以分为很多种词义相对的种类，例如，绝对贫困和相对贫困、个体贫困和群体贫困、区域性贫困和非区域性贫困、资源约束型贫困和能力约束型贫困、生产性贫困和社会性贫困、精神贫困和物质贫困等。

总之，将目前我国的实际情况与学者对贫困的定义结合起来说，贫困就是社会上一部分群体因为各种原因，不能获取基本生活物质保障和社会生活机会，在生存状态上处于社会文化不能接受的水平。

反贫困，从字面意思上来说就是解决贫困所产生的问题，然而事实却不仅如此，反贫困还包含很多方面，也有着悠久的历史。最早提出“反贫困”概念的是冈纳缪尔达尔（在其著作《亚洲的戏剧》《世界贫困的挑战》中对反贫困进行了系统的阐述）。反贫困发展到现在，已经有了比较完善的解读体系，一种比较流行的理解认为，反贫困包括四个方面：一是减少贫困发生因素即预防与治理相结合；二是扶持贫困，即在贫困发生后对贫困给予物质、心理的支持，帮助其度过贫困期；三是减轻缓和贫困手段，即当贫困发生于不可抗因素时，贫困是无法通过常规手段进行治理的，那么退而求其次，采取措施和手段减轻和缓和贫困现状；四是根除贫困，即彻底解决贫困问题，由于贫困的定义不一，永远都存在相对贫困，所以此时根除的贫困的一般意义上的绝对贫困，也多为经济意义上的贫困。

（2）社会工作模式。社会工作模式是架通社会工作理论和社会工作实务的桥梁，也是贯穿于整个社会工作实务过程中的一条红线。① 社会工作模式是在社会工作实务过程中通过经验总结或者概念操作形成的一种普遍工作方法，可以说它脱胎于社会工作实务，同时也对社会工作实务具有很好的示范和指导作用。社会工作模式的归纳和提炼对提升社会工作服务水平也至关重要。

所谓模式，就是照着做的样板，标准样式。社会工作模式，即在社会工作实务过程中，开展社会工作服务时可以利用和套用的现有实务服务样板，从目前学界来看，根据价值取向以及社会工作理论的不同，已形成了个人主义价值取向和整体主义价值取向的多种社会工作模式，比较常见的，个人主义价值取向的有社

① 文军．论社会工作模式的形成及其类型［J］．社会科学研究，2010（3）：1-8.

会诊断模式、人本中心模式、危机干预模式等，整体主义价值取向的有任务中心模式、社区工作模式和一般系统理论模式等。

本文所要探究的社会工作介入牧区扶贫开发模式，不是现存的社会工作模式，但与现存的社会工作模式联系密切，是基于笔者的理论积淀与研究对象现实贫困状况的一种模式构设，对社会工作及牧区而言，既是对以往经验的总结，也是一种专业服务方法上的创新。

2. 研究视角

社会工作是一门助人自助的学科，其是综合性的应用性科学，社会工作理论在社会工作实务工程中具有很大的指导性作用，对助人服务也有很大的优势，笔者根据研究内容，综合利用社会工作涉及的多种理论，其中主要以优势视角理论、参与式理论为主。

（1）优势视角理论。优势视角理论是一种看问题的思维，它不聚焦案主和服务对象的问题，而是关注案主自身存在的优势，通过不断地挖掘案主和服务对象自身存在且没有被发现的能力和潜力，让案主提升自我，提高自己解决问题的能力，从而达到个人的成长和发展以及现有问题的间接解决。解决案主贫困问题，政府一直以“哪贫扶哪”的方法，针对问题本身的弊端就是贫困牧民自始至终无法真正得到帮助。物质的帮扶固然重要，但这不是长久之计，贫困牧民得不到个人的成长，其抗贫能力在扶贫工作结束后仍然得不到提高，也就又出现返贫现象。以优势视角来看贫困牧民，就是发现其拥有的优势，从历史传承上、从文化烙印上、从资源获取上等多个方面，只要能够采取一定的方法，就能发掘案主自身能力，能够自我解决贫困问题。

（2）参与式理论。我们通常所说的参与式理论是以研究者的身份对研究对象进行参与式的观察，深入到研究对象的生活中，同吃同住同劳动，以达到搜集资料的真实，关注研究对象的生活细节的目的。这里所说的参与式理论，是以服务对象为主要视角，参与到服务的一种方式。“参与”即案主与服务者及其他利益相关者对服务或项目从策划到实施再到利益分配全程的参与，参与既是目的也是手段，一方面，参与人有权利，参与强调民主，共同参与人本着平等原则参与服务，在保障权利的同时，能够保证案主能力的提升，能够保证服务的有效性和适用性；另一方面，在参与的过程中，能够激发案主的热情，增加其实践经验，通过参与行动，得到个人价值的实现。扶贫工作是一项系统性、长期性的工作，作为受扶对象，或者说是社会工作扶贫对象，牧民有权利且必须参与到反贫工作中来，只有通过共同参与，才能保证服务项目的切实可用，才能真正满足贫困牧民的切实所需。

笔者在实地调查期间，通过与嘎查书记及众多贫困牧民进行交流沟通，将构设的社会工作介入牧区的扶贫开发模式进行说明，得到了牧民的认可，具有可行性和可操作性，这也是笔者坚持本次研究的一个主要动力。

（六）研究框架

本文是对社会工作介入牧区扶贫开发模式的探究，以社会工作专业视角为出发点，以牧区为实践区域，结合牧区的区域特征以及目前其扶贫工作的状况，进行总结，对扶贫开发的社会工作模式的创设。

主要框架分为五个部分：第一部分绪论，主要包括六个小部分，一是研究背景，论述我国扶贫开发工作取得的成果与现状及牧区的主要情况，同时阐明社会工作介入牧区扶贫对专业、对牧区扶贫工作及创新社会治理的必要性；二是研究意义；三是文献综述，对民族社会工作、牧区社会工作及社会工作介入扶贫工作的相关国内外研究进行整理分析，对本文在理论上的创新点与不足进行了简单的叙述；四是研究方法，对使用的研究方法进行一个简单的概述；五是相关概念与理论运用，对与本文关联度较高的相关概念进行阐释，对利用的理论框架进行说明和解释；六是主要结构框架。

第二部分为国家和内蒙古自治区扶贫开发政策和现状概述。笔者在本章中对国家及内蒙古自治区在扶贫领域的政策进行统计和研究，将扶贫的具体措施归纳总结为几个阶段或者规划期，展示该地区扶贫开发的主要顶层设计，为更好地分析牧区存在扶贫工作问题是否存在政策性原因，同时也是把握牧区在全国及自治区扶贫不同阶段的主要开展情况。之所以选择国家和自治区两个层级：一是国家扶贫工作的顶层设计对全国扶贫工作具有指引性和主导性，能够很好地在整体体现全国扶贫的普遍问题；二是内蒙古自治区依据国家的政策指引，根据地区自身情况，制定了更加符合地区特色和实际情况的扶贫政策与扶贫措施，具有特殊性，也是本文研究对象的主要领导主体。通过这部分的叙述，能够更好地使笔者把握普遍性和特殊性（个别化）的政策及措施对牧区扶贫工作的指导和预见效果。

第三部分是四子王旗G嘎查反贫困的经历与成效概述，首先对选择该嘎查作为本文对象的缘由进行简单解释；其次详细描述该嘎查的具体情况、包括人数、面积、组织结构等方面；最后概括该嘎查在反贫困工作中政策落实情况、有无其他自身扶贫举措，以及扶贫出现的问题和相关原因的分析。笔者希望通过对选择的研究对象在扶贫举措及贫困问题的研究基础上，找到一个介入点，将社会工作专业理论、方法运用到牧区扶贫中，建构一个社会工作介入牧区扶贫的模式，通俗地讲，就是以四子王旗G嘎查为试点示范单位，探索模拟以扶贫为目的的社会工作工作模式。

第四部分为重点，也是本研究的主要部分，为总结社会工作介入牧区反贫困事业模式。主要分为两个小部分：一是社会工作介入牧区反贫困事业的可行性分析，从社会工作人员、政策、扶贫形式等多个角度进行了阐述；二是社会工作介入牧区反贫困模式的构设，主要从两个方面来讲：一是对牧民自身（内部）的社会工作介入主要从文化和发展（能力）两个角度；二是对牧区社会环境（外部）的社会工作资源链接和组织活动，开展以扶贫为主题的“公益创投”项目，通过社会工作者的资源和需求评估，生成牧区服务项目清单，在养老、医疗、儿童、教育、妇女、农牧、就业和土地等多个领域开展，形成以政府资金投入为主导，社会资本包括企业、银行、公益等资金为辅的“社区扶贫基金”，以项目化运作的方式将社工与牧区扶贫紧密联系在一起，发挥社会力量的作用，推动牧区扶贫工作的开展。

第五部分主要是结论，即对本次研究的整体总结，对从立题开始如何进行调查、研究、整理、分析到最后的撰写，对在整个研究过程中看到牧区现状的思考，以及对本次研究成果的辩证论述。

二、国家和内蒙古自治区扶贫开发政策和现状概述

（一）国家扶贫政策的过去与现在

我国的扶贫事业在改革开放之前的时期，主要通过国家的救济计划来实现的，其是一种自上而下的民政救济，受经济体制的影响，是以平均主义为主要特征的资源再分配。直至改革开放以后，随着我国市场经济体制的建立，才有了明确的严格意义上的减贫，主要减贫方式是扶贫开发，经历了以下五个阶段。

1. 制度改革阶段（1978~1985年）

改革开放之前，我国农村实行的生产体制是人民公社制度，从1978年底开始，我国政府开始对农村生产体制进行改革，开始实行家庭联产承包责任制，同时，较大幅度提高农产品价格，激发和调动了广大农民的生产积极性，农产品产量大幅增加，农民收入迅速提高，大大缓解了农村贫困问题。1983年实施了“移民搬迁”和“三西”地区农业建设政策，1985年开展“以工代赈”，通过增加就业来缓解贫困。这一阶段全国农村没有解决温饱的贫困人口从2.5亿人减少到1.25亿人，平均每年减少1786万人，贫困发生率从30.7%下降到14.8%。

这一时期主要的国家政策为1985年国务院批转民政部等部门印发的《关于扶持农村贫困户发展生产治穷致富的请示的通知》（国发〔1985〕65号），提出扶持农村贫困户要贯彻自力更生原则，辅之以国家和社会帮扶，要动员组织社会力量帮助其发展生产，摆脱贫困。

2. 扶贫开发阶段（1986~1993年）

经过上一阶段的制度性改革，绝大多数农村地区凭借自身的发展优势，经济得到快速增长，但农村发展不平衡问题开始逐渐显现。自20世纪80年代开始，大规模有计划、有组织的扶贫工作在我国全面展开，1986年国务院成立地区经济开发领导小组，制定专门的扶贫政策，安排专项扶贫资金，对传统的救济式扶贫进行改革，实行“科技扶贫”“社会扶贫”两种方式，确定开发式扶贫的方针。当时主要追求的是贫困地区经济实力的增长，其思路是在区域经济增长中带动贫困人口脱贫，建立“十八个连片区”，1988年确定了370个国家贫困县，具有明显的区域性特征。到1993年底，我国将没有解决温饱问题的1.25亿人通过开发扶贫政策减少到8000万人，以每年减扶贫640万人的成绩，使贫困发生率从14.8%下降到8.7%。

那时，国家主要政策性文件有1986年国务院办公厅转发的《民政部关于在全国大中城市募集多余衣被支援贫困地区请示的通知》（国办发〔1986〕80号）、1988年由国务院办公厅印发的《关于调整国务院贫困地区经济开发领导小组的通知》（国办发〔1988〕30号）及1989年由国务院印发的《关于加强华侨、港澳台同胞捐赠进口物资管理的若干规定》（国发〔1989〕16号）等。

3. 扶贫攻坚阶段（1994~2000年）

我国在开发扶贫阶段取得了显著的成效，农村经济持续发展，贫困人口连年减少，但现存的8000万贫困人口仍然制约着社会经济的发展，与此同时，随着东西部差距不断加大，贫困人口比重及贫困发生率严重向中西部倾斜。面对这样的贫困现状，1994年3月国务院公布实施了《国家八七扶贫攻坚计划》（国发〔1994〕30号），明确提出主要利用7年左右的时间，集中全国人力、物力、财力解决剩余贫困人口的基本温饱问题，到2000年实现基本消除农村绝对贫困这一目标。由此，中国进入了扶贫开发最艰难的攻坚阶段，扶贫工作也有了很大的变革，从道义性扶贫向制度性扶贫转变，由扶持贫困地区向贫困县转变（《国家八七扶贫攻坚计划》将国家贫困县调整为592个）。同时，较大幅度地增加了扶贫资金。1995年实施“贫困地区义务教育工程”、1996年实施贫困地区“小额贷款”政策、1997年实施相关定点扶贫。同时扶贫资金从1995年至1999年增加了1.63倍，并于1997年由国务院办公厅印发的《国家扶贫资金管理办法》（国办发〔1997〕24号)。到1999年底，我国农村贫困人口已降至3400万人，贫困发生率也由8.7%下降到3.7%。2000年，“八七扶贫攻坚计划”确定的战略目标基本实现。

4. 大扶贫阶段（2001~2010年）

经过“八七扶贫”阶段的努力，我国经济持续增长，贫困人口大幅减少，同时新的问题也出现了，绝对贫困人口尚存，出现返贫现象。在21世纪初期我国政府制定实施了第一个纲领性的中国农村扶贫开发十年规划，即《中国农村扶贫开发纲要（2001~2010年）》(国发〔2001〕23号)，被称为“大扶贫阶段”。扶贫工作的重点由贫困县转移到贫困村，扶贫工作重心也转移到西部地区，例如，2007年由国务院办公厅印发的《兴边富民行动“十一五”规划》(国办发〔2007〕43号)。同时，确定国家贫困村14.8万个，扶贫资金覆盖到非重点县的贫困村，注重发展贫困地区的科学技术、教育和医疗卫生事业，又如，2004年国务院办公厅转发民政部等部门的《关于进一步加强扶助贫困残疾人工作意见的通知》(国办发〔2004〕76号)，强调参与式扶贫，以村为单位进行综合开发和整村推进，承认城乡间人口流动是扶贫的一个重要途径。这一阶段贫困地区的基础设施建设、生态环境和科技教育等方面得到了大幅提升。2010年，国务院办公厅转发扶贫办等部门《关于做好农村最低生活保障制度和扶贫开发政策有效衔接扩大试点工作意见的通知》（国办发〔2010〕31号)，特别注重扶贫工作的表彰示范工作，鼓励扶贫事业发展，例如，2004年国务院印发的《关于表彰全国东西扶贫协作工作先进集体和个人的决定》(国发〔2004〕29号)，同时针对现实需求对扶贫工作领导小组的人员进行调整。

5. 脱贫攻坚阶段（2011~2020年）

2011年，国家颁布实施了《中国农村扶贫开发纲要（2011-2020年）》(中发〔2011〕10号)。这是“十二五”和“十三五”这10年我国农村扶贫开发工作的纲领性文件，对于进一步加快贫困地区发展，实现共同富裕，实现到2020年全面建成小康社会奋斗目标具有重要意义。

进入中国特色社会主义新时代的新阶段，面临新任务新挑战，习近平总书记于2013年11月在湖南考察时首次提出“实事求是、因地制宜、分类指导、精准扶贫”的重要指示，“精准扶贫”的扶贫思想开始成为本阶段的主要扶贫指导思想。2014年习近平同志进一步阐释精准扶贫概念，在2015年的减贫与发展高层论坛上，决定实施“精准扶贫”方略。“精准扶贫”的实施，通过对贫困户和贫困村的精准识别、精准帮扶、精准管理和精准考核，引导各类扶贫资源优化配置，实现扶贫到村到户，逐步构建扶贫工作长效机制，为科学扶贫奠定基础。

其主要内容为“六个精准，五个一批”，“六个精准”是指扶贫对象精准、项目安排精准、资金使用精准、措施到户精准、因村派人精准、脱贫成效精准；“五个一批”是指发展生产一批、易地扶贫搬迁脱贫一批、生态补偿脱贫一批、发展教育脱贫一批、社会保障兜底一批。与此同时，我国将提高扶贫标准，加大投入力度，把连片特困地区作为主战场，把稳定解决扶贫对象温饱、尽快实现脱贫致富作为首要任务。自实施精准扶贫以来，贫困情况在根本上得到好转，脱贫人数不断增加，为全面实现2020年小康社会的宏伟目标奠定了坚实的基础。

此阶段是我国扶贫开发的最重要时期，从党中央、国务院到各部委，下发了多个重要纲领文件。从整体扶贫工作布局上来看，主要有2011年由国务院办公厅印发的《兴边富民行动规划（2011-2015年）》（国办发〔2011〕28号），2014年由国务院办公厅印发的《关于进一步动员社会各方面力量参与扶贫开发的意见》（国办发〔2014〕58号），2015年由中共中央、国务院联合下发的《关于打赢脱贫攻坚战的决定》（中发〔2015〕34号），2016年由国务院印发的《“十三五”脱贫攻坚规划的通知》（国发〔2016〕64号），2016年4月由中办、国办印发的《关于建立贫困退出机制的意见》。

从扶贫工作的特殊地域方面来看，主要有2013年由中共中央办公厅印发的《关于创新机制扎实推进农村扶贫开发工作的意见》（中办发〔2013〕25号），2016年2月由中共中央办公厅、国务院办公厅联合印发的《关于加大脱贫攻坚力度支持革命老区开发建设的指导意见》，2016年由国务院办公厅印发的《关于贫困地区水电矿产资源开发资产收益扶贫改革试点的方案》（国办发〔2016〕73号），2017年2月由中办、国办联合印发的《关于进一步加强东西部扶贫协作工作的指导意见》。

从扶贫资金管理来看，主要有2011年由财政部、国家发展改革委等部门印发的《财政专项扶贫资金管理办法》（财农〔2011〕412号）及国务院办公厅印发的《关于支持贫困县开展统筹整合使用财政涉农资金试点的意见》（国办发〔2016〕22号）。

在扶贫工作考核方面，主要有2012年国务院扶贫开发领导小组印发的《扶贫开发工作考核办法（试行）》（国开发〔2012〕1号）及2016年10月印发的《脱贫攻坚责任制实施办法》，2016年2月中共中央办公厅、国务院办公厅联合印发的《省级党委和政府扶贫开发工作成效考核办法》。

在各部委支持扶贫工作方面，主要有2014年由中国人民银行等部门联合印发的《关于全面做好扶贫开发金融服务工作的指导意见》（银发〔2014〕65号），2014年由国家扶贫开发领导小组印发的《创新扶贫开发社会参与机制实施方案》(国开办发〔2014〕31号),2014年国家能源局、国务院扶贫办联合印发的《实施光伏扶贫工程工作方案》(国能新能〔2014〕447号),2016年由国家发展改革委等部门印发的《关于实施光伏发电扶贫工作的意见》(发改能源〔2016〕621号),2016年9月印发的《关于发挥资本市场作用服务国家脱贫攻坚战略的意见》和由国家发展改革委联合印发的《全国"十三五"易地扶贫搬迁规划》,2016年由中央网信办、国家发展改革委、国务院扶贫办联合印发的《加快实施网络扶贫行动关于促进电商精准扶贫的指导意见》(国开办发〔2016〕40号),2016年由中华人民共和国人力资源和社会保障部(以下简称人社部)联合印发的《关于切实做好就业扶贫工作的指导意见》(人社部发〔2016〕119号),2017年2月由中国残联印发的《贫困残疾人脱贫攻坚行动计划(2016-2020年)》,2017年由财政部等部门印发的《关于做好2017年贫困县涉农资金整合试点工作的通知》(财农〔2017〕4号)及《中央财政专项扶贫资金管理办法》(财农〔2017〕8号)。

(二)内蒙古自治区扶贫政策与现状概述

内蒙古自治区扶贫工作的开展,紧随国家扶贫工作开展的总体规划,根据国家《2011-2020年中国农村扶贫开发纲要》目标,以内蒙古自治区"十二五""十三五"规划为背景,同自身的实际情况和贫困特征相结合,有计划、有选择地开展具有内蒙古自治区地方特色的扶贫模式,在长期以来的扶贫工作中,不断拓展新的扶贫思路,对内蒙古自治区57个贫困县(国家级31个,自治区级26个),分批次、有重点、多方向地进行扶贫开发。尤其是自2013年以来,内蒙古自治区政府在扶贫政策指引和实际工作探索中不断创新,一系列扶贫新政策相继出台,纲领性的扶贫政策文件,例如,内蒙古自治区人民政府办公厅印发的《内蒙古自治区集中连片特困地区区域发展与扶贫攻坚"十三五"实施规划》(内政办发〔2016〕170号)、《内蒙古自治区"十三五"时期民政事业发展规划》(内政办发〔2016〕175号)等,多个具有针对性的扶贫项目开展,又如,"三到村三到户""十个全覆盖"等工程,在消除贫困人口、建设小康社会方面取得了显著的成效,主要体现在以下七个方面:

(1)扶贫资金管理。扶贫资金的管理与分配是扶贫工作的重中之重,资金管理的科学化、制度化和规范化,不仅能够提高资金的使用效益,充分发挥资金的作用,而且是助力扶贫工作顺利开展的重要保障。在国家"三七扶贫攻坚阶段",自治区政府根据自身特征,在扶贫工作中,制定了扶贫资金管理制度,1997年由内蒙古自治区人民政府办公厅印发的《内蒙古自治区扶贫开发资金及项目管理暂行办法》（内政办发〔1997〕17号）是全区扶贫工作中资金管理的统领性文件，为顺利开展扶贫工作奠定了坚实的资金管理基础。2013年3月时任内蒙古自治区党委书记的王君同志在自治区贯彻全国“两会”精神的大会上提出了内蒙古自治区“8337”发展思路，即“八个建成”“三个着力”“三个更加注重”“七个重点工作”。这一思路对内蒙古自治区创新发展作用很大，同时对内蒙古自治区扶贫工作的要求又有了新的期待，就如何举全区之力实施“扶贫攻坚工程”，如何合理配置公共财政资源，形成合力攻坚，把有限的资金用在刀刃上，提出了具体的规划。2016年面对内蒙古自治区扶贫新形势，内蒙古自治区人民政府办公厅印发《关于贫困旗县统筹整合使用财政涉农涉牧资金试点工作的实施意见》（内政办发〔2016〕101号），形成了“多个渠道引水，一个龙头放水”的扶贫投入新格局，对充分调动和激发贫困旗县内生动力，鼓励和帮助贫困旗县围绕本旗县突出问题，有效整合各类涉农涉牧资金及项目进行集中攻坚扶贫，提高财政涉农涉牧资金使用精准度和效益。

（2）人才队伍建设。扶贫工作者是扶贫工作实施的主要因素，选择专业水平高、工作经验足的人才参与到扶贫工作中来，能推动扶贫工作的有效开展。针对内蒙古自治区贫困旗县高素质人才缺乏，人才队伍建设还不完善的现状，2009年10月10日内蒙古自治区扶贫办开发领导小组办公室提出《关于加强贫困旗县人才队伍建设的意见》，建立了两个五年目标，在人才数量上有了具体量化要求，在人才结构分布和质量提升上也做了相关说明，为增加扶贫开发工作人才培养提供了有力的制度保障和政策支持。

（3）金融扶贫。扶贫工作一直以来是以政府财政资金为主导，内蒙古自治区以扶贫富民为出发点，通过资金信贷的市场化运作模式，从金融领域对主要扶贫重点旗县进行新的扶贫模式。2013年内蒙古自治区人民政府办公厅印发《内蒙古自治区金融扶贫富民工程实施方案（2013-2017年）》以五年为实施期，通过与各类商业银行合作，建立信贷项目资金，以低息贴息等方式对重点扶贫县的农牧民个体户、农牧民专业合作组织和扶贫龙头企业三个群体进行帮扶，解决其融资难、缺资金的问题，推动其发展和生产。这已经从“输血式”扶贫模式向“造血式”扶贫转变，是扶贫工作在金融领域的运用。通过开展此项扶贫工作，不断加大政府投资力度，同时也增加信贷的资金，更多的扶贫对象得到了帮助，是对自治区扶贫工作的贡献。

（4）交通扶贫。内蒙古自治区地处我国北疆，尽管拥有幅员辽阔的平坦草原，但是交通硬件设施建设水平仍然较低。“想致富，先修路”这句话在这里尤其适用，丰富的旅游资源和矿产资源需要便利的交通条件才能转化成经济效益，扶贫致富少不了便捷的交通，同时交通设施建设又会提供大量的就业岗位，提高当地农牧民收入，带动沿线经济。2012 年内蒙古自治区人民政府办公厅印发《关于做好集中连片特困地区交通扶贫开发工作的通知》（内政办发〔2012〕77 号），在国家专项扶持资金基础上，追加自治区相关建设资金，并做了详细规划，加快以扶贫为目标的自治区贫困地区交通建设。2017 年 3 月内蒙古自治区人民政府办公厅又印发了《内蒙古自治区交通扶贫工作实施方案（2016-2020 年）》（内政办发〔2017〕26 号），进行了阶段性的交通扶贫规划，在铁路、公路（高速、省干、农村）和机场等多方面进行设计，力争到 2020 年，在贫困地区建设广覆盖、深通达、提品质的交通网络，使贫困地区的铁路覆盖率达到 97%以上，高速或一级公路全覆盖，乡镇苏木和条件允许的嘎查村实行路面全硬化，区域机场建设达到 50%。

（5）产业扶贫。内蒙古自治区的区位优势和地理特征使其具有众多特色产业，例如，丰富的矿产资源、风力资源、太阳能资源等自然资源，独特的蒙古族民族文化和草原生活习俗等人文资源，充足的牛、羊、马铃薯和草料等经济资源等，发掘这些产业资源，对扶贫开发工作意义重大。2016 年内蒙古自治区政府产业精准扶贫工作领导小组成立，9 月印发了《内蒙古自治区“十三五”产业扶贫规划》，对牛羊肉等 7 个产业生产和开发上给予了政策、资金和组织等保障，推动产业扶贫的开展。2016 年内蒙古自治区人民政府印发《关于实施光伏发电扶贫工作的意见》（内政发〔2016〕108 号），就通过开发区内光照资源进行扶贫工作给予明确指示，提出了到 2020 年以前，通过在贫困旗县投资建造达 140 万千瓦的光伏工程，为 5.6 万户建档立卡的贫困户包括残疾人，每年每户稳定增加收入达到 3000 元以上，并且持续 20 年。

（6）生态与异地移民扶贫。长期以来，由于众多原因，导致内蒙古自治区很多地区生态环境恶化，例如，荒漠化、缺水等，使农牧民生产生活得不到保障，在恢复自然生态的同时，将原地区农牧民安置到小城镇或水土较好的地区，不仅能够有效地缓解原地区生态压力，加快生态恢复，还能够解决这部分农牧民的贫困问题。2001 年内蒙古自治区人民政府批转自治区发展计划委员会《关于实施生态移民和异地扶贫移民试点工程意见》（内政发〔2001〕57 号），对生态移民扶贫工程给予主要指导方针，2013 年内蒙古自治区人民政府办公厅印发《自治区生态脆弱地区移民扶贫资金管理办法的通知》（内政办发〔2013〕115 号），对移民扶贫资金管理又给出了明确的规定。

（7）社会扶贫。扶贫工作在政府的强有力主导下取得了成效，同时也存在一系列的弊端，在创新社会治理，提倡“政社分离”的治理理念下，积极引导社会力量参与到扶贫工作中来，是大势所趋，也是弥补政府“一手独揽”扶贫工作弊端的重要举措。2016年内蒙古自治区人民政府办公厅印发《关于进一步动员社会各方面力量参与扶贫开发的实施意见》（内政办发〔2016〕34号），坚持政府引导，以“主体多元，群众参与，精准扶贫”为原则，主动吸纳军警部队、企业商会、社会组织团体、个人等多个群体参与内蒙古自治区的扶贫工作。在2009年内蒙古自治区人民政府办公厅印发《关于调整内蒙古自治区和北京市对口帮扶结对旗县（区）的通知》（内政办字〔2009〕22号）工作的基础上，进一步完善对口帮扶工作安排。

在其他方面，例如，2007年内蒙古自治区人民政府印发《关于进一步扶持老区经济社会发展的意见》（内政发〔2007〕45号），对内蒙古自治区内地理自然条件差、农牧民生产生活水平低以及地方财政收入低的15个贫困老区旗县（包括四子王旗）给予重点扶持，同时以自然环境、生产情况和贫困状况为标准，每个旗县选出4个苏木乡镇（共计6个），每个苏木乡镇选出5个嘎查村（共计300个）作为重点扶持的对象，以“缺啥扶啥”的原则给予扶持。2011年内蒙古自治区人民政府印发《关于建立低收入居民生活临时补贴标准与物价上涨挂钩联动机制的通知》（内政发〔2011〕110号），对城乡低保群体、农村牧区的五保户、贫困地区的优抚对象、社会福利机构的孤儿、城市“三无”人员、高等院校家庭经济困难学生等群体，以居民消费价格指数为参照，即指数每上涨1个百分点，给予城镇户口的补助对象每人每月10元、农牧区户口的补助对象每月5元的补贴。

（三）内蒙古自治区开展的主要扶贫项目

自内蒙古自治区开展扶贫工作以来实施了多个扶贫项目，取得了成效，其中以“十个全覆盖”和“三到村三到户”效果最为显著。

1. 十个全覆盖

2014年1月，内蒙古自治区政府就推进新农村新牧区建设工作，决定利用三年时间实施农村牧区的“十个全覆盖”工程，即“危房改造工程，安全饮水工程，街巷硬化工程，电力村村通和农网改造工程，村村通广播电视和通信工程，校舍建设及安全改造工程，标准化卫生室建设工程，文化室建设工程，便民连锁超市工程，农村牧区常住人口养老医疗低保”。涉及科教、文卫和社会生活等多个领域，该工程既是提高农村牧区公共服务水平的惠民工程，又是扶贫攻坚工作的重要组成部分。

自该工程实施以来，农村牧区硬件设施得到改善，生活水平稳步提高，截至

2016年10月，政府累计投入资金近1000亿元，实现9338个行政村的全覆盖，占全区行政村数的84.4%，建成了8000多个行政村的水泥路，增加了6000多个嘎查村的便民超市，满足了180多万农牧民的健康饮水需求，完成了50多万户的危房改造，在硬件上给予扶贫工作大力支持和保障。

2. 三到村三到户

在精准扶贫的背景下，为瞄准靶向，回答好“扶谁，谁扶，怎么扶”的扶贫问题，真正将内蒙古自治区扶贫工作落到每一村每一户，发挥领导干部的帮扶作用，2014年内蒙古自治区党委、政府办公厅印发《深入推进扶贫攻坚工程“三到村三到户”工作方案》（厅发〔2014〕13号）[①] 决定开展为期三年的“三到村三到户”项目，即“规划到村到户，项目到村到户，干部到村到户”。自该项目开展以来，内蒙古自治区2834个嘎查村搭配了一个帮扶单位，并配对了一支驻村工作队，确定了一名干部责任人，从内蒙古自治区、盟市旗县抽调1.1万余名干部，进行定点扶贫工作，每年每嘎查村安排45万项目资金，顺利完成50多万户、150多万贫困人口的贫困识别、建档立卡工作，投入资金将近40亿元，扶贫项目5000多个。

三、四子王旗G嘎查扶贫开发的经历与成效

（一）实地调查情况

本文选择乌兰察布市四子王旗G嘎查，主要有以下两个方面的考虑：一是四子王旗是内蒙古自治区33个纯牧业旗县、19个少数民族边境旗县之一，是国家级重点贫困县之一，其不仅符合牧区的特征，更具有贫困特征，与多数贫困牧区情况一致，契合本文的主题；二是G嘎查是内蒙古大学建立牧区社会工作实习基地的驻点单位，在社会关系、研究设备上对我们开展相关研究工作具有很大的便利和保障，尤其是已有一定的第一手资料基础，这对社会工作介入牧区的扶贫模式探究是一项有力的帮助。

前往四子王旗牧区进行牧区相关调查的研究工作是开展本项研究的重要环节，也是作者专业研究方向——牧区社会工作的一个关键工程，通过这次课题实践的机会，与牧民同吃同住，参与到牧民的日常生活中，尤其是在嘎查书记家能够接触到牧区扶贫在基层工作中的环节和过程。在嘎查书记的介绍下，我们前往

① 由内蒙古自治区党委办公厅自治区人民政府办公厅签发。

草原深处对乌兰察布市四子王旗G嘎查的主要贫困牧户进行了走访，并进行了为期半个多月的社区调查与资源评估工作。本次实地调查与贫困资源评估的主要方法是采用调查问卷和半结构式访谈的方法来了解该社区的资源情况与社区牧民的生活、生产等状况。调查问卷的主要信息包括被调查人的基本信息、社区基本情况、村民基本情况、生产情况、生活状况、健康卫生与村庄组织状况六大基本方面，对社区资源存量有一个了解，以便搜集资源，对社会工作的介入提供更多可利用的有效资源。半结构式访谈的主要内容为对牧民的宗教、价值观以及风俗状况及牧民贫困现状表象，贫困的原因，社会工作的认知及扶贫的接受方式，扶贫的成效等方面进行相关了解和交流。

在走访调查过程中，由于牧区牧户分布较为分散，户户之间距离较远，在调查过程中必须要有合适的交通工具，笔者调查以驻扎点为中心，向四周扩散走访，在这半个月的时间中多数都是行驶在路上，同时由于个别牧户放牧需要，其不停地在茫茫草原移动，没有一个较固定的安居点，又缺乏放牧路线信息，因此在整个调查过程中共计采访和调查了46户牧户，有效地回收了46份问卷，并做好相关的访谈记录。由于受采访的多数牧民是留在牧区的中老年人，其学历水平较低，所以问卷由调查人员根据受调查者的意图填写答案。

在本次调查过程中，通过与牧区牧民之间的交流互动，我们与该嘎查牧民建立了深厚的友谊，在深入了解相关信息后也得到了他们的热情款待，这对我们后续工作的开展和研究工作起到了很大的帮助作用。在调查评估的最后一天，笔者与我们一个团队的其他研究人员（根据自己的研究需要组队前来调查）进行了相关总结，使我们更加清晰和整体地把握了该牧区的基本扶贫资源和贫困状况。

在46户被调查家庭中，接受我们采访与填答问卷的男性有25人、女性有21人，整体年龄为28~84岁不等，主要集中在40~50岁，且多从事牧业，仅有4人从事牧业兼从事旅游业，1人属于外地前来牧区打工（开车和放牧工作）。从最浅显的调查信息我们可以观察到，该嘎查现存牧民的年龄偏大，年轻的劳动力人口缺失，贫困状况严重的有20多户，约占总数的一半，近几年来通过“十个全覆盖”工程的实施，有固定居所的牧户房屋得到整修或者翻盖，在物质生活上较之前有了很大的提升，但是通过收入与支出的对比发现多数牧户收支相抵，所调查的牧户在文化和心理层次上的贫困尤为严重，存在留守老人、外来文化冲突等多个问题。

（二）G嘎查基本情况与社区中存在的问题

1. 嘎查基本信息

四子王旗地处内蒙古自治区中部、乌兰察布市西北部，北部与蒙古国接壤，牧区面积20000多平方千米，农区面积近5000平方千米，查干补力格苏木G嘎查在四子王旗中部，距旗政府所在地35千米，S101省道和四子王旗旅游专线贯穿全嘎查。嘎查辖区总面积464.1平方千米，草场总面积69.6万亩，总户数226户518人，其中，蒙古族346人，占总人口的70.5%，常住户127户364人，贫困户52户135人。

2. 牧户生活状况及相关问题

（1）家庭成员的民族构成与相关信息。由图1我们可以看出，在受调查的46户贫困牧民家庭成员民族结构中，全是蒙古族的有38户，占总调查户数的83%，全是汉族的有8户，占总调查户数的17%，而其他民族构成为零，并且很少有一个家庭中出现不同民族的现象。在调查过程中，我们了解到有5个家庭属于外来迁入人员，其中，有3户为汉族居民。在调查中发现，这3户汉族居民为农区迁入，有两家在嘎查牧区与农区的交界处进行种植农事，与牧民关系较差，经常有纠纷发生，主要表现在“地下水之争”及修的水泥公路距这两家门口距离很远。

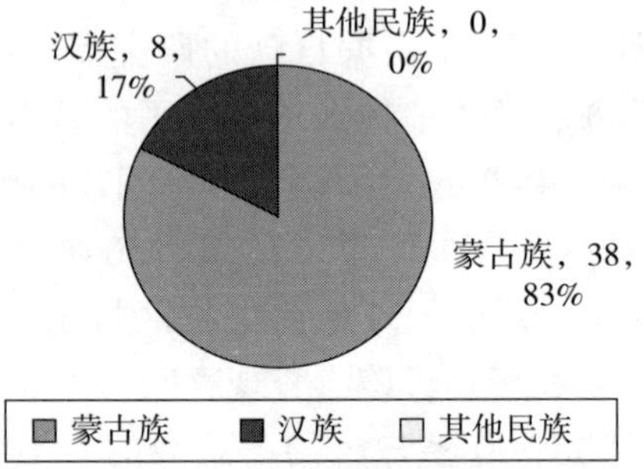

图1　家庭成员民族分布

（2）家庭的居住、职业与外出情况及其问题。通过访谈数据的分析，多数受调查家庭属于联合家庭，祖辈、父辈和孙辈三代人生活在一起，祖辈和父辈年龄分别在60岁和40岁左右（个别祖辈在80多岁），在家留守从事放牧业，儿孙辈的年轻人外出打工、上学，且以乌兰花镇为主要外出地点，回家探亲次数工作者一周或两周一次，上学者半年一次。留守的老人较多，容易突发疾病，同时老年人养老问题亟待解决。

在居住情况方面，多数家庭房院面积大，无院墙，多为3~5间住房，面积100平方米到200平方米不等的砖瓦材质建筑，其中，有8户为2014年“十个全覆盖”工程的补贴建筑房，其余都曾得到过房屋补修国家补贴。除了供人居住的房屋外，每家都有家畜棚圈、仓库等其他建筑，个别家庭有一到两个蒙古包（贷款修建，拟发展旅游住宿）。尽管扶贫工作给予很多修房盖房的补贴，但仍需牧民自己出一部分资金，由于个别农户担负这部分资金有困难，因此，仍住在水泥和木材混合建造的危房中。

（3）主要生产活动与相关问题。关于草场，调查数据显示，受调查者的家庭草场面积为1000~10000亩不等，主要集中在4000~6000亩，结构构成也比较复杂，有的是承包别人的草场，有的是自家原始分的，有的是与其他牧户合并的。多数草场都有围栏，仅有7户牧民草场没有围栏，主要原因是草场较差，不适宜放牧，围栏成本投入不值得，在这46户牧民中，几乎没有秋割，因为近几年自然气候较为干旱，草场秋天没有可收割的草。草场受气候因素影响较大，不可控因素太多。

在养殖的牲畜方面，作为草原畜牧业主要的经济收入来源，主要养殖种类有羊（山羊、绵羊）、牛、马、骆驼、其他（猪、鸡）为主，狗作为牧民的伙伴，是每个牧户都必须养的，有的牧户甚至养了6条体型较大的狗。通过数据显示，我们看出养殖的主要种类以羊、牛为主，少数养马，骆驼更为稀少，其中，羊主要是绵羊，山羊对草场破坏力较大，尽管其价值高，但对自家草场的破坏使多数牧民选择绵羊养殖。养殖结构较单一，市场竞争能力差，利润多被中间商的“牛羊贩子”挣取。

在种植方面，由于地形地质原因很少有牧民进行以种植为经济来源的活动，有少数人在适宜的地里种一些草果子留作自用，在嘎查的中部地区有一块农业的“新区”主要从事农业生产，种植作物为向日葵和土豆，大概有两户人家在这里，也是唯一一片农业区。在这里就出现了一个新的问题，目前该嘎查居民饮用水来源主要有两种水井：一种是深水井，即人工打造抽地下水；另一种是旱水井，即打造一个储水池，然后去买水来放进井里。这两种用水方式都有弊端，深水井是地下水，在灌溉期或干旱期地下水位下降，居民饮水不够用。旱水井是一直储水，像一个大型的“水缸”，长时间的存储水质不好，对身体有伤害。饮水问题一直是困扰牧区居民的一个严重问题。

（4）家庭的收入与支出的相关问题。总的来说，几乎90%以上被调查的家庭收支情况可以用“入不敷出、贷款支撑”来形容。牧民的主要收入来源有（按比例从大到小）：畜牧产品的出售、草场补贴（1.5元/亩非禁牧期）和其他。

近年来，受市场波动影响，尤其是牧民畜牧产品的经销渠道受限，导致产品价格低廉，收入极速降低，最近几年的气候异常干旱，导致牲畜饿死冻死，在访谈中我们了解到，在2015年冬天有一户牧民的骆驼受冻受饿一个冬天死了40多头，损失惨重。从2007年到目前为止，羊皮的价格由几十元一张到现在几毛钱都没有人收，很多牧民将羊皮烧了也不那么“廉价”地送出去。总的来说，牧民的收入越来越少，渠道有限。

牧民的主要支出项目按比例从大到小分别为：生产材料购买（干草、饲料）、房屋建修、吃、搭礼、供学生、医药以及其他。近几年物价飞涨，尤其是生产材料，例如干草平均1400元/吨和饲料1800元/吨，每个牧户根据牲畜数量要购买干草5~10吨、饲料8~12吨，这是每年必需的开支，且逐年增加。个别牧户住房需要重建或修葺，尽管国家有相应的1万~5万元不等的补助，但牧民自身也要出很多的经费，还有吃穿和供养学生等必要支出。一个非常值得注意的现象是，该社区的“搭礼”钱很大，普通的红白事要随礼500元，在内地农区，农村一般也就200元，所以这项支出每年要出去1万~2万元。通过比较可以看出，支出项目繁多，数额较大，而收入途径单一且较少，导致了这种入不敷出的状态，又不能放弃赖以生存的牧业，只能通过借贷款来维持现状，形成一个恶性循环。

所以说经济状况较差，入不敷出的情况是牧民家中普遍存在的现象。正如上述的数据分析结果一样，经济问题不仅是一直困扰牧民的一个最重要的问题，也是导致贫困问题的主要因素，所以如何解决好该问题对于社区自身的能力建设和管理有着非常重要的意义。

（5）家庭生活、健康卫生状况与相关问题。牧民的总体生活较规律，早晨起得很早，多为5~6点起床，进行放牧活动，中午有一个小时的午休时间，晚上9~10点准时睡觉，因为没有多余的业余活动，所以一天的生活节奏很单调，但同时也较有规律。在调查中，我们可以看到多数社区的牧民主食为米面（更偏爱面食），主要是莜面，常吃的菜是土豆、白菜和辣椒，吃的肉多为牛羊肉，多数人喝酒。早晨不吃早餐，喝点奶茶带上些肉干就去放牧，中午如果不回来就在外面吃带的食物，中午返回则吃一些烩菜和馒头，晚餐是比较正式的，一般做得比较丰盛。

由于牧民的生活多以肉食为主，在放牧的过程中野外环境恶劣，导致很多人患有心脏病、高血压和关节病，这是一个普遍的现象，牧民说都习以为常了，不会影响自己的生活。在整个嘎查社区有一个医疗室，但没有固定的值班大夫，在苏木有一个赤脚医生，有什么病基本要跑到苏木去看病。

（三）G嘎查扶贫政策落实情况

按照国家扶贫规划及自治区扶贫工作相关要求，G嘎查在党和政府的指导下，以村委班子为行动主体，充分利用扶贫资金，落实国家和自治区扶贫政策，取得了一定的成效。

以2014年为起点，嘎查中享受国家“低保”照顾的由416人下降到347人，其中，享受最低生活保障待遇的200人，景观带纳入另类管理的147人，养老保险参保331人，合作医疗参保由364人上升到518人，参保率达到100%。该嘎查主要以畜牧业为主要产业，有少量的农区，2014年牧民人均收入3700元，到2016年时上升到5400元，继续脱贫10户，最终2020年实现了全部脱贫。

在开展扶贫工作期间，在2012-2013年进行危房改造中，该嘎查原有危房156处，新建和改造了87处，其中，新建66处，改造21处。2014年“十个全覆盖”工程中新建37处，维修10处，采取的是自建与统建相结合的方式。在该工程项目里共计安装广播电视“户户通”148套，新打人畜饮水井16眼，新建卫生室1处60平方米，标准文化活动室1处120平方米，建有便民超市1处，实现高压电的覆盖，主要干线路实现硬面化。由于地广人少的牧区特色，在福利文体设施、学校建设以及无线网络和社区广播电话还未普及。

自“三到村三到户”工作开展以来，嘎查支部采用了苏木干部、嘎查两委干部、党员中心户、党员、牧户五位一体的为民服务模式。充分利用结对帮扶干部现有资源，进行产业扶贫开发，2014年以来，按照四子王旗推行的“党员中心户和合作社”模式创办多个养殖专业合作社，由党员中心户带头组织，带领牧民探索出种植小草场、建标准化暖棚、建设人工草场、建青储窖等养殖存储方法，推动牧民参与、加入合作社，共同起到规模效应。

（四）G嘎查贫困原因分析

1. 外部因素

（1）自然原因。

1）气候异常，经济收入受影响。近年来G嘎查及其周边牧区气候异常，2015年冬季，突降大雪，极速降温，使牧民损失惨重，就调查的贫困户访谈信息显示，仅2015年这一个冬天，冻死的牛、羊、骆驼等牲畜就有170多头，这还仅仅是受访的46户牧民，直接造成的经济损失使很多牧民一年的收入成为泡影，这类突发事件直接揭开了贫困的篇章，有几家牧户因为次自然灾害，到现在经济也没有缓过来。根据访谈，笔者了解到，这只是近年来出现的其中一起变异气候事件，在2000年至今，已经多次发生类似的极端恶劣天气，导致牧民直接财产损失，同时牧民的经济抗压能力不够，是造成贫困的直接原因。

2）草原干旱缺水，经济支出加大。草场干旱缺水，一方面，使自然草料提供量减少，牧民需要支出更多的经费用于从外地购买昂贵草料，同时还要提供额外支出打井或者建造蓄水池；另一方面，干旱缺水的草场易生长一种“恶劣”植物，它既不能给牲畜食用，又长满硬刺，易给牲畜造成伤害，牧民需要增加开支建造围栏，将该植物集中区围起来。所以草原的干旱缺水，增加了牧民的经济负担，增加了牧民的贫困发生概率。

（2）社会原因。

1）交通状况较差，资源不易开发与利用。从整体来看，该嘎查贫困家庭，主要区域位置多数是远离公路的草原深处家庭，尽管这里草场情况相对较好，旅游资源丰富，但交通不便严重制约着这里的资源开发，在这些地区基本没有硬面路，人车走哪里，哪里就成了路，并且经常迷路，交通不便导致资源得不到开发，草原深处的牧民封闭在自己的空间里，但又不得不与社会进行经济互动，这样形成了物质交换的不对等，长期发展导致贫困发生。

2）市场地位低，交易处于劣势。长期以来，牧民在交易牲畜上都是处于劣势，由于距离城市较远，没有一个畅通的销售渠道，同时买卖数量每户较少，所以只能卖给前来收购的牛羊贩子，这些牛羊贩子以低廉价格从牧民手中购买牲畜，通过长途运输以高额价格卖到远方城市，赚取较高的差价，而牧民所获利润几乎与饲养成本持平。一段时间内，牧民也尝试打破这种市场不平等状况，采取了两个方式：一种方法是成立养殖及销售合作社，希望通过集聚效应增加竞争能力，增加市场价格的话语权，但是二道商贩（牛羊贩子）选择不购买，或去其他区域收购，时间长了，牧民之间存在种种分歧，有的不顾合作社约定，偷偷销售自家的牲畜，合作社也就名存实亡了；另一种方法是购买大车直接将牛羊肉销售到城市，结果是拉来一车牛羊到城市，没有货源渠道，商家不认，无人问津，最终购买大车的钱与来回的交通费用使成本又增加很多。这种市场不平等地位，或者说是处于被垄断的交易地位，使牧民主要的收入来源得不到保障，想富难富。

3）政府扶贫政策落实不到位，不能充分发挥作用。从国家和内蒙古自治区角度来看，扶贫政策是科学和有效的，然而落实到地方尤其是基层，由于基层干部自身水平和能力有限，同时眼界不高，小农思想比较严重，外加扶贫资金到位慢等原因使扶贫政策落实满足不了牧民需求。就“十个全覆盖”工程的几个小项目而言，尽管路面硬化提供了很好的政策，但牧区牧户本身户户之间距离较远，深入草原，为了跟进政策，非要不顾实际地硬上，在草原上修一道道白色的“伤疤”，根本就没有调研过牧民是否需要这条硬面路。同时，修路的路线多数是由村委上报给苏木政府，这个过程中嘎查干部的主观性太大，怎么修，修哪里不是根据科学调研，多数是根据嘎查干部的喜好或利益来修建。危房改造，政府有专项资金支持危、差房改造重建，但也需要牧民自己出一部分资金，在这个操作过程中需要牧民先改造或者重建，才能下发资金，前期的资金需要牧民垫款，很多贫困牧民没有资金垫付改造，就只能放弃了这样的扶贫项目机会。所以说，虽然政策的设计很好，但在基层落实到人到村时，由于操作流程和操作人员等环节的问题，使政策落实不彻底、有水分。

4）社会力量介入少，扶贫主体单一。在这个典型的牧区中，基本看不到外来社会力量介入牧区扶贫，尽管在2015年内蒙古大学建立了牧区社会工作实践基地，但前来实习与调查的学生和老师多数是前期数据的搜集，就扶贫来说，仅有政府在不停地投入，诸如企业、银行、社会组织等社会力量都没有介入到这里，主要和我国城乡二元机构有关，但更多的是缺少能够将这些社会力量带到牧区的媒介，也就是缺少像社会工作者这样能够整合各方资源的专业人员。

2. 内部因素

（1）过度放牧开发导致草场严重退化，经济收入来源减少。草场的过度开发有其历史性原因，自1998年禁止流动放牧以来，草场的承包制实施，牧户根据人口数量获得相应数量的草场，长年累月地在自家的固定草场放牧，由于追求经济效益，忽视草场自然承受力，过量养殖牲畜，致使草场遭到初始破坏。该嘎查自2000年以来，据不完全统计，牛、羊等牲畜增长数量达3万多头，在禁牧期进行放牧的现象屡禁不止，草地由于过度放牧，致使退化成沙石地或者沙地的面积达到1/7，河流减少3条。同时，工矿开发、砂石挖掘以及硬面路的修建等人为破坏，使草场承载量日益降低，牧民为追求利益不断增加牲畜数量，导致恶性循环，这是致使牧民贫困的深层原因。

（2）城镇化与文化生活的断裂。传统游牧文化习俗一直是该嘎查众多放牧人所秉承的精神，放牧卖羊，逐水草而居一直影响着牧民的行为和思想。长期以来，牧民在水草丰沃时进行放牧活动，冬春季节则在家休息，顺应自然，已然成为多数牧民的生活常态。在城镇化进程中，很多牧民被安置到城镇，草场以“收购”的方式，获得一笔资金，从自由的草原到现代化的城镇，从扶贫者的视角认为这是一种好的措施。但是，带给牧民的却是风俗、生活的断裂。同时，城镇同样充满着更多的诱惑，很多牧民在将安置资金用光之后，既没有了草场又没有了生活来源，进而造成返贫现象。并且，长期的这种状态会导致一部分贫困者对政府和亲朋的依赖，出现“贫困文化”。

四、社会工作介入牧区扶贫开发的模式

（一）社会工作介入牧区反贫困事业的可行性

1. 党和政府的大力支持

扶贫工作不能脱离政府，不能少了政府支持与引导，政府的大力支持是社会工作能够介入牧区反贫困事业的主要保障。2014 年国务院办公厅印发的《关于进一步动员社会各方面力量参与扶贫开发的意见》（国办发〔2014〕58 号）明确提出，要培育多元社会扶贫主体，积极引导社会组织扶贫，支持社团基金会以及民办非企业等社会组织参与到扶贫开发工作中来，同时为此提供了政策支持、激励体系、宣传工作和组织管理等方面的保障，自此，社会力量参与扶贫工作在我国广大地区开展得如火如荼，逐渐由城市向乡村转移，由发达地区向中西部偏远地区转移。2017 年中共中央办公厅、国务院办公厅印发了《关于加强乡镇政府服务能力建设的意见》，在该意见中明确提出了“积极健全城乡社区治理机制，完善社区服务体系，充分发挥社会工作专业人才在乡镇公共服务提供中的作用”①。对社会工作在乡镇公共服务中的作用给予肯定，大力支持和引导社会工作入驻乡镇，开展社会工作专业服务。总的来说，政府的政策支持和资金保证为社会工作介入牧区反贫困事业提供了机会。

2. 牧区社会工作人才的培养

专业社会工作介入牧区扶贫开发，少不了专业的社会工作者，尤其是需要能够熟悉牧区生活环境和文化习俗，能够用少数民族语言与牧民正常交流沟通，能够具有专业的科班社会工作系统教育经历的专业社会工作者。这是开展牧区社会工作介入牧区反贫困事业的首要因素。从内蒙古地区来看，内蒙古自治区有 12 所本科层次的高校，其中，有 8 所高校开设社会工作专业，其中有 5 所具有社会工作硕士授予资格。在这 8 所高校中有 6 所高校社会工作专业（本科、硕士）都在有计划培养针对民族地区的专业人才，包括牧区社会工作专业人才。以内蒙古大学来看，2003 年开设社会工作本科专业，2014 年获得社会工作专业硕士授予资格，在培养面对民族地区和牧区的社会工作专业人才。综合全国来看，青海

---

① 中华人民共和国中央人民政府网［EB/OL］. http://www.gov.cn/zhengce/2017-02/20/content_5169482.htm，2017-04-03.

省、新疆维吾尔自治区和西藏自治区等牧区省份都开设有本地区民族授课的社会工作，这些民族社会工作的教育，源源不断地为牧区社会工作提供专业人才，也为社会工作介入牧区反贫困事业提供了行动主体。

3. 民族社会工作的开展提供了基础和经验

从前文中就可以清楚地看到，由于我们国情，在社会工作本土化过程中，我国的社会工作分类并不那么清晰。牧区社会工作还没有一个明确的定义，如何开展牧区社会工作几乎是一片空白，如果就借鉴社会工作介入农村扶贫的方式，那么就忽略了牧区的独特性，在介入过程中也就容易出现诸多问题。不过，我国边疆社会工作发展依旧，从学者李安宅开始，边疆社会工作便拥有深厚的历史经验。近年来，随着国家对民族工作的重视，社会的聚焦点转到民族地区，各领域学者也将研究方向纷纷对准民族区域，社会工作专家学者也对民族社会工作有了很多的研究成果，在这些研究成果基础上，给我们展示了众多在民族地区开展社会工作的宝贵经验，为我们今后能够在民族地区开展理论研究和社会工作实务服务打下了坚实的基础。这些基础和经验为本文研究社会工作介入牧区的扶贫开发模式提供了强有力的支撑。

（二）社会工作介入牧区反贫困事业模式构设

本模式构设充分发挥社会工作资源整合专业优势，以嘎查委办公室为主要工作地点，以“三社联动”的模式为出发点，将以社区为平台、社会组织为载体、社会工作专业人才为支撑参与到牧区扶贫工作中来，社会工作者充当的角色为资源获取者和组织策划者，主要工作步骤分为五步：第一步，进行前期调研工作，对该牧区贫困情况进行调查，包括建档立卡的贫困户、贫困牧民基础资料，牧民现存问题，牧区现有资源，牧民的主要需求等信息，从而先生成一份嘎查牧区的资源与需求评估分析报告；第二步，根据资源与需求评估报告，对嘎查牧区贫困问题进行罗列，生成预解决问题清单；第三步，将繁乱的贫困问题清单整理归类，形成几个体系，在贫困牧民的参与下，确认问题需求，并进行项目招标的初始设计；第四步，链接外部资源，向驻村对口干部汇报情况，向城镇或者当地社会组织和其他社会力量进行创投征集；第五步，对征集的众多项目进行初审、评定以及后续项目的跟踪评估。其中，项目的资金主要依靠通过政府购买服务方式（来源于财政预算）和建立以政府资金为主导，其他社会资金为辅的“牧区扶贫基金”。

1. 介入的工作模式

如图 2 所示，笔者对社会工作介入牧区扶贫开发的工作模式，以驻嘎查的社会工作者为主要行动主体，集合了配对干部（“三到村三到户”工程)、嘎查党委班子、贫困牧民以及其他外部赞助资源四个主体，形成“一个中心，四个轮子”的行动小组，社会工作者主要工作为对嘎查牧区进行调研评估，明确资源存量，发现贫困的症结点，并做出扶贫方案初步设计。配对干部监督管理政府资金，发挥自身优势资源，争取更多的扶贫款项，与村民及嘎查党委班子和贫困牧民一起审议扶贫方案。嘎查党委班子及干部积极配合配对干部的资金管理和使用工作，配合社会工作者制定相关扶贫方案，同时做好宣传工作，为下一步的项目实施提供本地的支持和辅助。贫困牧民作为受扶对象，既是服务的接受者，又是服务的参与者，在这个过程中强调贫困牧民参与服务方案的制定的修改，使之更能满足他们的需求，同时也是服务质量的反馈者，以及扶贫成效的说明者。赞助资源主要是通过其他四类主体通过自身或者社会关系拉到的对扶贫公益事业具有意向的企业、金融机构等赞助单位。之所以将这类主体放在工作小组中，主要是一方面增加扶贫资金的可用量，不能只靠政府投入；另一方面引入这些类商业的人员，提高扶贫方案的质量。

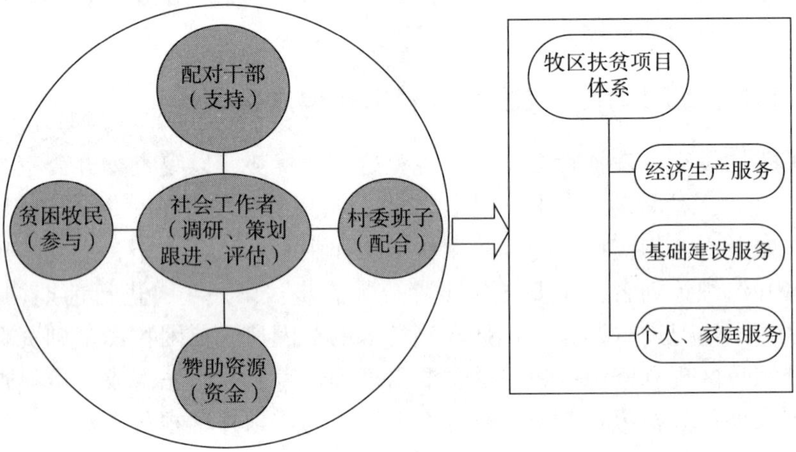

图 2　工作模式

在明确行动小组各类主体的相关责任及权力后，我们开展以社会工作者提出的并通过小组成员讨论通过的牧区扶贫项目，根据前期调查，主要将项目分为三大类：经济生产服务类、基础建设服务类和个人家庭服务类。三个大类的服务体系的子项目在下一部分叙述。

2. 介入项目介绍

社会工作介入牧区扶贫开发模式，注重社会发展、个人发展、文化发展以及优势资源的利用。

（1）经济生产服务类。开展经济生产服务项目，社会工作者以优势视角为发现社区资源，充分探索和利用牧区自然、经济资源优势，发挥草场环境，牛羊畜牧业的品牌等优势资源，通过整合生产流程，提升经济收入，达到扶贫目的（见图3）。

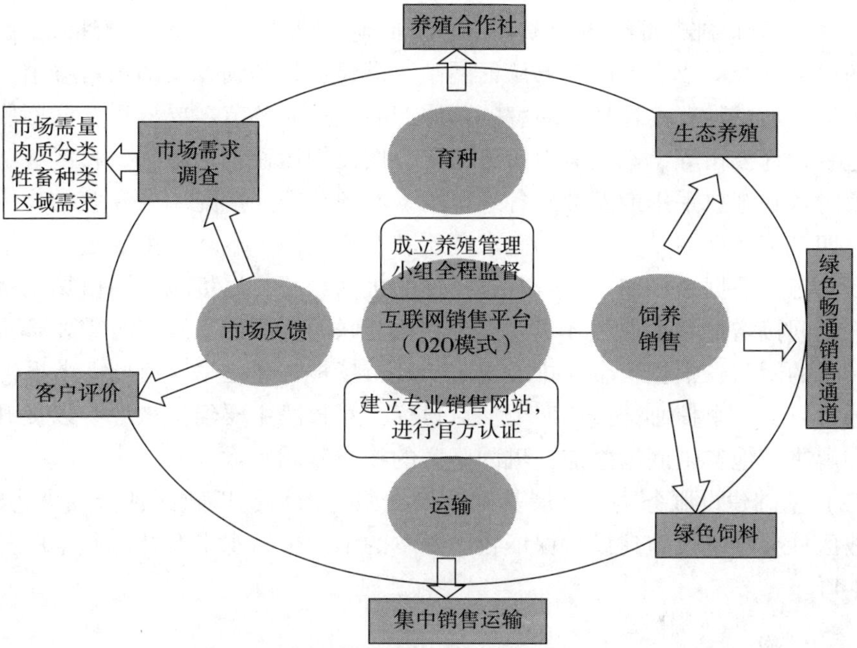

图3　经济生产服务体系

畜牧业作为G嘎查牧民们的第一产业，在很大程度上决定了牧民的经济收入水平，同时，牧民的很多生活必需品也来源于养殖的牲畜，所以发展好畜牧业，保证牧民的市场工作地位，守住牧民的经济源泉，是嘎查牧区扶贫的首要任务。通过调查发现，牧民养殖的牛羊品种单一，养殖效率不高，饲料昂贵，造成成本增加，草场过度放牧，草原破坏严重，与养殖形成了恶性循环，同时在买卖牲畜的过程中，处于市场交易的逆风位，被中间商赚取高额利润，极为被动。

基于此，笔者设计了如图3所示的经济生产服务体系图。该项服务项目体系以互联网服务为平台，充分发挥互联网的联动互通功能，形成一个从育种到养殖到餐桌到反馈的科学体系，其主要分为四个方面的项目目标：一是牲畜养殖育种，充分发挥闲置的养殖合作社及兽医站资源，积极引进适合本地区的优良牲畜品种，增加市场适应能力，提高养殖效率，从而在源头上增加经济存量。此项目需要募集类似农牧科学院等单位的支持和帮助，主要征集对象以育种公司、养殖科研机构为主。二是饲养与销售，在本环节提倡生态绿色养殖放牧，天然生态环境是嘎查牧民们拥有的最宝贵的资源，是取之不尽的宝藏，在放牧养殖过程中要注意两点：注重养殖草场保护；坚持可持续性放牧。坚持生态绿色养殖是长远之计，在此过程中要注意两点：①要引进优良草种；②要注重科学放牧，保护草场生态，就是间接的增收，就是预防贫困的重要措施。同时，在销售上做到线上线下共同开拓渠道，线上成立专门官方认证网站，搭建从牧场到餐桌的销售渠道，线下拓展市场，形成具有本地特色品牌的草原产品。在此环节需要募集互联网服务机构及包装设计公司等。三是努力搭建稳定、便捷的运输快运体系。牧区各项产品能够及时送到客户手中或发散到各地市场。本环节需要搭配一个专业的物流货运公司。四是市场反馈，包括市场需求调研和客户反馈。本环节主要是为了清晰把握市场动态，根据市场需求进行有选择性的机动养殖，尽量减少因市场动荡造成的损失，间接增加收入。本环节要充分利用互联网资源信息，同时需要募集一个市场调研的团队，根据资金安排，决定年度市场报告还是季度市场需求报告。

通过以上一个核心链接和四个项目目标，对牧民主要经济来源予以提升和把握，在解决其他贫困问题之前，巩固坚实的物质基础。

（2）基础建设服务类。开展基础建设类服务项目，以牧区社会发展为视角，完善牧区社会基础设施建设，保证牧区基本的生产生活水平及社区基本服务能力（见图4）。

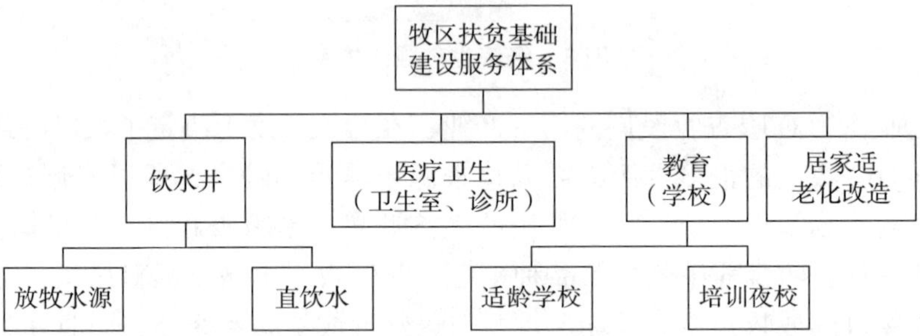

图4　基础建设服务体系

牧区基础设施建设是牧区扶贫的重要方面，根据前期调查和分析，G嘎查在水资源开发利用上，在医疗卫生保健上，在基础公共教育上，在家庭养老设施改造上主要存在以下四个问题：一是在水资源利用上，由于嘎查牧区水资源匮乏，牲畜与人饮用水不能得到很好满足，尽管在近几年的政府扶贫中，多打了一些井，但是随着牲畜养殖增加，气候干旱，用水量需求不断增大，因此水井的数量和质量就成为基础建设的重要一环。在这个基建环节，募集一支优秀的打井队伍，根据牧民生活和养殖需求，合理打造一定数量的水井至关重要。二是在嘎查医疗卫生保健建设方面，虽然已建设一个卫生室，但长期闲置，需要与专业医科院校建立合作协议，或者募集流动的医疗小队，定期对牧民的医疗问题进行走访解决，同时轮流派驻一名职业医生，保证牧民及时就医的需求。三是在教育领域，分为两个层面：一个是对年龄较小不适宜去城镇上学的孩子提供可以学习的类似幼儿园的场所，启迪低龄儿童智力成长，同时发挥朋辈群体的作用，提高牧区儿童的发展水平。另一个是对牧区妇女进行手工或其他零活技能培训的学校（小组），通过与外部链接一些小作坊任务，在闲暇时增加牧民家庭收入。四是在养老设施改造上，由于牧区贫困家庭多为留守老人，其子女远离，得不到很好的照顾，在家庭养老设施设备上也有很大的缺陷，如起床的扶手、防滑的脚垫等，在这方面需要专业的适老化改造机构提供专业的支持。

（3）个人与家庭服务类。开展个人家庭服务项目，是对个人家庭成长过程中的文化及能力建设，以人本主义为出发点，关注个人心理方面问题和家庭关系方面问题，同时，以服务推动牧民传统保守思想的转变，提高其接受新事物，适应现代社会变迁的能力，达到精神文化上的扶贫（见图5）。

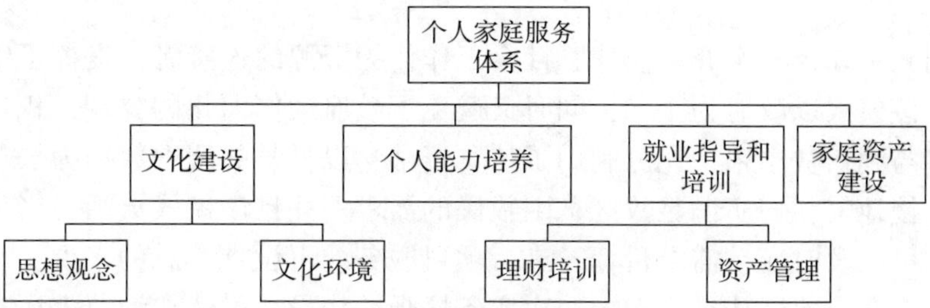

图5　个人与家庭服务体系

在分析嘎查牧民贫困原因中，固然社会和自然原因占据大部分，但个人和家庭问题也会导致贫困的发生，在前文中我们就分析了牧民自身文化传统和家庭建设导致的贫困发生问题。如图5所示建立的个人与家庭服务体系中，主要针对贫困牧民个人进行文化环境塑造、陈旧思想观念改造和个人就业培训指导以及个人综合能力培养。针对家庭的资产能力建设，包括理财培训、资产管理等，同时对家庭夫妻关系、亲子关系也有一定涉及。在本体系中，主要募集专业的社会工作服务组织，以开展小组、个案的活动方式帮助贫困牧民个人成长和家庭资产建设。

（三）项目操作流程

通过以上几个环节的准备，接下来我们主要的目的就是募集相关团队和机构，以政府扶贫资金及募集的社会资金为主要资金来源，根据各个方案的重要程度，分配相关数量的经费，并向社会公布，面向旗县城市的相关行业社会组织、企业单位进行募集设计方案，并按照如图 6 所示流程进行操作。

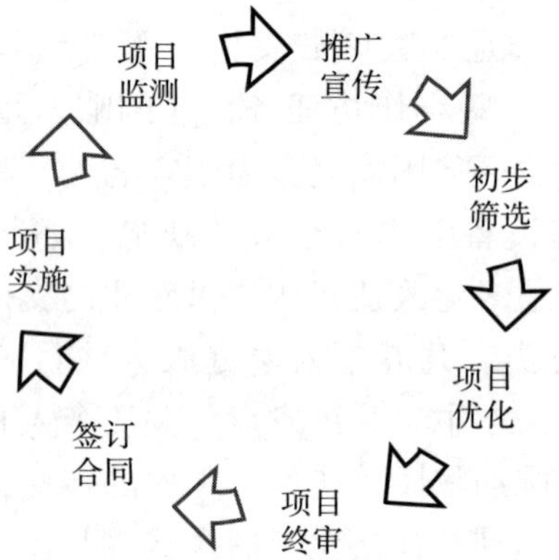

图 6　项目实施操作流程

由图 6 可知，整个介入模式，社会工作作为资源的连接者，发挥了组织策划的作用，该模式以政府为主导，同时又避免了政府运作僵化的弊端，积极引入社会力量参与到扶贫中来，充分利用了扶贫资金，以科学的调查数据为扶贫开发服务依据，接地气，切实满足牧区贫困牧民的需求。并且该模式灵活，当一个问题解决后，可以及时变动需求目标，进行项目服务的再设计。总的来说，本模式是社会工作在介入牧区扶贫开发中一次实务性强的构设，虽然在细节上还有一些有待商榷的地方，但总体思路是可行的。

五、结论

社会工作是一个实务性非常强的应用性学科，通过其专业理论和方法，对反贫困工作发挥巨大的作用。本文以牧区扶贫开发为研究对象，以社会工作为介入媒介，对牧区扶贫开发的社会工作介入模式进行了探索。本文社会工作介入牧区扶贫模式构设与以往学者的最大差异在于，以往学者对社会工作介入牧区扶贫多是在理论层面的探讨，对具体实际操作的可行性及效果欠缺实践层面的分析。而本文更多关注如何去实际操作，以社会工作者的身份，扎根牧区，构建适合牧区扶贫的一套操作工具，也可以说它是牧区扶贫社会工作服务的实施方案。笔者认为，在牧区扶贫社会工作介入理论研究的基础上，将理论方法落地，探索社会工作参与实际服务，解决反贫困的实际问题更能呈现社会工作专业理念和追求。在以上的模式构建中，笔者以自己为介入的社会工作者，以牧区 G 嘎查为研究对象，通过身体力行，将这个项目根据实际情况演变完整，旨在试探建立一种介入模式，开展反贫困工作，可节省大量的扶贫人力、物力、财力，也有利于保证脱贫攻坚成果的巩固，对整个牧区反贫困工作来说，尤其对社会工作牧区扶贫实务来说具有创新性及参考价值。

参考文献

［1］国家统计局．中国统计年鉴 2015［M］．北京：中国统计出版社，2015.

［2］国家统计局网站．2015 国民经济与社会发展统计公报［EB/OL］．http：//www. stats. gov. cn/tjsj/zxfb/201602/t20160229_1323991. html.

［3］中国政府网．中国牧区、半农半牧区县、旗一览表［EB/OL］．http：//www. gov. cn/test/2006-07/14/content_335844. htm.

［4］国务院扶贫办网站．国家扶贫开发工作重点县名单［EB/OL］．http：//www. cpad. gov. cn/art/2012/3/19/art_343_42. html.

［5］包玉山．对“三牧”问题的几点新认识［J］．内蒙古师范大学学报，2009（4）：65-69.

［6］［美］威廉·富特·怀特．街角社会——一个意大利人贫民区的社会结构［M］．黄育馥译．北京：商务印书馆，1994.

［7］杨恕，李捷．当代世界民族政策评述［J］．世界民族，2008（1）.

［8］马威，邹银娇．美国族裔社会工作方法与实践转向［J］．世界民族，2015（6）：97-105.

［9］D. S. Sanders. Multiculturalism：Implications for Social Work［J］. International Social Work，1980（23）.

［10］［美］查尔斯·H. 扎斯特罗．社会工作与社会福利导论［M］．孙唐水等译．北京：中国人民大学出版社，2005.

［11］［美］O. 威廉·法利，拉里·L. 史密斯，斯科特·W. 博伊尔．社会工作概论（第 11 版）［M］．隋玉杰等译．北京：中国人民大学出版社，2010.

［12］E. Gross. Deconstructing Politically Correct Practice Literature：The American Indian Case［J］. Social Work，1995（40）.

［13］ B. B. Solomos. Black Empowerment ：Social Work in Oppressed Communities［M］. New York：Columbia University Press，1976.

［14］ 干思斌. 民族社会工作：发展与文化的视角［J］. 民族研究，2012（4）：1-7+107.

［15］ 李安宅. 边疆社会工作［M］. 石家庄：河北教育出版社，2012.

［16］ 张丽剑，王艳萍. 从民族的角度审视社会工作［J］. 中南民族大学学报，2005（6）：50-52.

［17］ 郑杭生. 民族社会学概论［M］. 北京：中国人民大学出版社，2005.

［18］ 李林凤. 多元文化下的民族社会工作［J］. 黑龙江民族丛刊，2009（2）：15-19.

［19］ 任国英，焦开山. 论民族社会工作的基本意涵、价值理念和实务体系［J］. 民族研究，2012（4）：8-16+107.

［20］ 王思斌. 社会工作综合能力：初级［M］. 北京：中国社会出版社，2007.

［21］ 王旭辉，柴玲，包智明. 中国民族社会工作发展路径："边界跨越"与"文化敏感"［J］. 民族研究，2012（4）：17-25+107-108.

［22］ 古学斌，张和清，杨锡聪. 专业限制与文化识盲：农村社会工作实践中的文化问题［J］. 社会学研究，2007（6）：161-179+244-245.

［23］ 张银花. 中国本土化社会工作：牧区社会工作探析［J］. 社会工作，2011（3）：34-36.

［24］ 中国新闻网. 中国唯一牧区社工站，当地牧民的知心人［EB/OL］. http：//www. chinanews. com/sh/2015/05-15/7278818. shtml，2017-03-21.

［25］ 内蒙古民政厅. 我区牧区社会工作实践基地在四子王旗挂牌成立［EB/OL］. http：//neimenggu. mca. gov. cn/article/mzyw/rssg/gzdt/201510/20151000884338. shtml，2017-03-27.

［26］ 王思斌，李越美. 社会工作专题讲座：第十八讲　反贫困与社会工作［J］. 社会工作，2011（2）：20-24.

［27］ 李潇，张红. 社会工作介入农村扶贫开发的可行性分析［J］. 新西部，2015（24）：8-15.

［28］ 高飞，向德平. 专业社会工作参与精准扶贫的可能性与可及性［J］. 社会工作，2016（3）：17-24+124.

［29］ 李迎生，徐向文. 社会工作助力精准扶贫：功能定位于实践探索［J］. 学海，2016（7）：114-123.

［30］ 张和清，杨锡聪，古学斌. 优势视角下的农村社会工作——以能力建

设和资产建立为核心的农村社会工作实践模式［J］. 社会学研究，2008（6）：174-193+246.

［31］李文祥，郑树柏. 社会工作介入农村扶贫模式创新——基于中国村寨扶贫实践的研究［J］. 社会科学战线，2013（4）：198-203.

［33］吕洁，杨晓娟，戴溥. 社会工作介入我国农村反贫困的困境及对策分析——以河北省农村反贫困工作为切入点［J］. 才智，2012（13）：314.

［34］刘伟，赵秀琴. 专业社工参与农村基层治理研究——基于广西实施民政部“三区”计划的思考［J］. 中央民族大学学报（哲学社会科学版），2015（6）：66-71.

［35］李迎生，袁小平. 经济新常态时期的社会工作发展：需求、挑战与应对［J］. 教学与研究，2015（11）：5-13.

［36］文军. 论社会工作模式的形成及其类型［J］. 社会科学研究，2010（3）：1-8.

［37］中华人民共和国中央人民政府网［EB/OL］. http：//www.gov.cn/zhengce/2017-02/20/content_5169482.htm，2017-04-03.

牧区慢性病健康管理问题和社会工作介入研究

格　格

【内容摘要】牧区医疗服务资源、服务方式及救助对象集中在重、大、急症患者，而慢性病医疗服务水平低且牧民防治意识淡薄。慢性病引发牧区各种社会问题，如因病致贫、老龄化问题等，值得关注的是慢性病患者呈年轻化趋势，40岁以下患者持续增长。健康管理是治疗慢性病、预防并发症的有效方法，广泛应用于城市医院及社区，为慢性病患者提供正确治疗，适当预防病情恶化。由于牧区存在慢性病健康管理水平低、相关政策效率低、医疗资源不足、医护人员缺乏专门教育培训等问题，牧区慢性病的预防和治疗工作得不到有效开展。牧区普遍存在的慢性病，是因为地方特性、生产方式、饮食、生活习惯等方面原因以及缺乏对疾病的认识与管理，已经严重影响牧民的身心健康及生产生活。本文以四子王旗G嘎查为例，笔者采用实地研究法、通过访谈法、参与式观察法收集资料，分析牧区基本情况、医疗服务现状。在了解慢性病健康管理服务及牧民医疗服务需求的基础上，分析牧区慢性病管理存在的问题及其原因，论述社会工作介入慢性病健康管理的重要性和途径。

【关键词】牧区；慢性病；健康管理；社会工作

一、引言

（一）研究背景

基本医疗卫生服务是城乡居民基本医疗的重要保障，也是人民对美好生活的基本需求。习近平总书记在党的十九大报告中提出“实施健康中国战略”，绘制了“健康中国”建设蓝图，着重强调以基层为重点，着力提高基本医疗卫生服务能力。内蒙古牧区是我国四大牧区之一，由于地广人稀、居住分散、交通不便等多种因素，医疗卫生服务的可及性较差，导致一些地区缺医少药，防病治病任务难以落实。根据第五次国家卫生服务调查分析报告，慢性病患病率急剧增加，农村增长近1倍①。目前，农村牧区的慢性病死亡率居高不下，严重影响着农牧民的生命安全和农村牧区的生产、生活质量。据调查，慢性疾病导致的死亡率占40%以上，特别是近几年农村心血管疾病的死亡率高于城市②。《中国防治慢性病中长期规划（2017-2025年）》中指出，建立健康管理长效工作机制，明确政府、医疗卫生机构和家庭、个人等各方在健康管理方面的责任，完善健康管理服务内容和服务流程。《"健康内蒙古2030"实施方案》提出，实施基层卫生服务能力建设项目，强化旗县级医疗卫生机构、苏木乡镇卫生院以及嘎查村卫生室能力建设，完善以"小药箱"为载体，固定与流动相结合的农村牧区卫生计生服务体系，加强慢性病健康管理。卫生部在《2012中国慢性病防治高峰论坛》上指出，在慢性疾病的治疗中，传统医院的医疗方法只能起到30%的作用，而另外70%的作用在于对患者的健康管理③。健康管理是防治慢性病的有效方式，目前社区、苏木卫生服务机构对慢性病患者的健康管理服务能力低，不能有效控制慢性病的患病率。面对牧区慢性疾病的健康管理，内蒙古自治区党和政府领导也非常重视，内蒙古自治区主席布小林要求有关部门加强提高家庭医生服务质量，加强健康教育和慢性病防治。牧区医疗服务能力与以往相比有了较大的提高，牧民基本医疗服务、公共卫生服务、基层医疗保障工作取得了一定成效。牧区的慢性病管理服务是主要通过建立健康档案、"小药箱"服务、家庭医生签约制度等医疗服务进行健康管理工作的，但仍有一定的地区差异性。近些年部分牧区慢性病患者不断增加，预防和治疗效果较低，慢性病的患病率不能得到有效控制，在医疗服务过程中，存在医护人员专业性和服务能力低、医疗资源不足、慢性病健康管理服务普及率低、慢性病预防和治疗方法宣传不足等问题，迫切需要相应的医疗服务政策出台。除此之外，牧民学习健康知识的途径较少，学习健康知识意识较低，自身健康管理水平不足等问题也较为突出。

慢性病健康管理不仅是患者进行自我管理而控制病情，还需依靠医疗服务及家庭成员的照顾。《中国慢性病防治中长期规划》指出，通过政府购买服务等方式，鼓励第三方机构参与慢性病患者病情评估、健康咨询和健康管理，培育以个性化服务，整体式促进的健康管理服务。社会工作的根本宗旨是助人自助，是专

① 胡盛寿，高润霖，刘力生，朱曼璐，王文，王拥军，吴兆苏，李惠君，顾东风，杨跃进，郑哲，陈伟伟．中国心血管病报告2018概要［J］．中国循环杂志，2019，34（3）：209-220.

② 国家卫生计生委统计信息中心．第五次国家卫生服务调查分析报告［M］．北京：中国协和医科大学出版社，2015：150-151.

③ 郭岩松．中国慢性病防治工作规划（2012-2015年）［J］．中国医药导刊，2012，14（7）：1100.

业社会工作发展的初衷和遵循的价值观。社会工作介入医疗领域的服务，以医疗机构、社区、健康事业等为主，不仅帮助患者及其家属解决现实问题，而且可以链接社会资源，提高医疗卫生服务的质量，促进疾病的预防与治疗。社会工作者介入医疗服务，可以使传统生物医学模式向现代“生物—心理—社会医学”模式转化①。本文立足牧区实际情况及牧民的医疗需求，旨在从社会工作的角度探索介入牧区慢性病健康管理的途径，提升牧民的医疗服务水平。

（二）研究意义

社会工作介入牧区慢性病健康管理服务，是在满足牧区医疗服务需求的同时，也为医疗服务领域带来了社会工作介入的新视角。运用专业社会工作方法，在牧区有效链接社会资源和医疗卫生资源，通过健康管理减轻慢性病患者的心理及经济负担，使慢性病得到预防和准确的治疗，促进牧民享受社会福利的权利。本文致力于促进牧区慢性病健康管理服务的发展和完善，提高牧区医疗服务能力，保障牧民获得慢性病健康管理服务，具有重要的现实意义。

在学术理论上，牧区是中国多民族聚集、生计方式独特的“另一类”空间，与中国其他城市和农村区域有显著的差异，可以说是中国社会工作本土化的重要领域之一②。目前我国牧区社会工作的研究相对较少，相关研究主要侧重于贫困问题、老龄化问题、健康问题。本文在学习国内外社会工作实践经验的基础上，通过牧区社会工作实践，力求探索出适合牧区的本土化社会工作理论及实践。牧区社会工作实践对于探索中国社会工作的本土化具有重要理论价值与现实意义。通过在实践中验证社会工作理论和方法，拓展社会工作服务领域，为今后牧区社会工作的发展提供借鉴。

（三）文献综述

1. 关于农村牧区医疗服务问题的研究

萨如拉等（2018）的研究指出，内蒙古自治区牧区乡镇卫生院人才队伍存在人员数量不足和固定医护人员不足的问题，专业技术职称结构不均衡以及城镇与农村牧区存在较大差距。主要原因是医疗机构激励机制不足、人事管理不合理以及医改政策执行不力等。戴宏等（2018）分析了我国农村卫生室的医疗服务能力，对于存在的问题，提出加大对贫困地区的财政政策支持力度，从而提高农村

① 莫黎黎．医务社会工作［M］．台北：台北桂冠图书股份有限公司，2001.

② 张银花．中国本土化社会工作：牧区社会工作探析［J］．社会工作（学术版），2011（3）：34-36.

卫生室的医疗服务能力；李明锋（2014）认为，农村牧民因病致贫返贫现象普遍存在，公共医疗卫生供给水平与人们的实际需求仍有较大差距。王勇勇（2015）认为，在民族地区，自然条件恶劣、地广人稀、经济落后等原因造成的基础设施和卫生资源严重不足、政府财政投入和补偿机制不健全等问题制约着我国农村牧区合作医疗服务的发展。对于农村基层卫生人员短缺问题，田明（2010）认为，目前基层卫生服务人员不足，技能素质偏低，人员配置不合理。仇蕾洁等（2018）认为，基本医疗服务要因地制宜，合理调整人员结构，通过引进方式保持人员配备平衡；刘天梦（2015）指出，新农合政策执行存在滞后，新农合门诊报销和起付线比例等方面各地差异较大。总之，我国在农村医疗服务问题上的研究，多从医疗资源问题、各地区政策的差异、农村医疗工作者技能素质、新型农村合作医疗制度问题等宏观层面来研究农村医疗的整体性问题。对结合地区实际分析医疗服务问题的研究以及对提高医疗卫生服务能力的系统研究不足。尤其对少数民族地区，如新疆、内蒙古地区基层医疗卫生服务的研究相对较少，特别是对牧区存在的特殊医疗服务问题的研究更少。

2. 农村牧区慢性病健康管理的研究

乌云高娃和黄月香等（2011）指出了内蒙古自治区农牧民的生活方式与高血压、糖尿病和肥胖等慢性病之间的紧密联系，阐述了对农牧民进行健康教育的重要性，尤其是重视农牧民常见慢性病的各种基本知识的普及，不良生活方式的改变，从而有效降低慢性病的发生率；傅海虹等（2016）认为，要建立流动医疗服务体系，通过帮扶提升旗县医院服务能力，推行牧区家庭医生制度；柴云（2010）通过对社区慢性病建档率、规范管理率和管理模式进行研究，首次分析了分级式管理和契约式管理相结合的慢性病管理模式对于社区慢性病管理产生的效果；陈旭（2017）认为，健康管理在社区的有效实施与公共卫生服务密不可分，要研究其相辅相成的关系，把健康管理实施到社区医疗服务中，从而促进社区居民身体健康发展。代宝珍等（2013）基于农村医疗保障制度设计出慢性病健康管理的理论框架，认为在分散居住的牧区环境下建设流动医疗服务，既能解决空间性困难，又能创造便利的医疗服务条件。总的来看，尽管慢性病健康管理在政策层面、基本医疗服务层面、患者层面都存在问题以及有相应原因的分析，但从社会层面的研究相对较少。因此，在社会层面，通过分析慢性病患者的生存环境、生活习惯等方面的原因，提高人们的健康意识，提倡健康管理的重要性，并促进医疗服务机构与患者之间的良好互动关系，对于推动健康管理具有重要作用。本文考察了牧区健康管理存在的问题，地区特殊性、专业型人才缺乏、新农合政策中的报销问题等影响慢性病健康管理服务的因素并提出了对策建议。

3. 有关慢性病医疗服务的社会工作介入研究

社会医疗领域的社会工作介入研究以城镇医院或社区医疗服务机构的临床社会工作为主，对农村牧区的研究较少。张洁风、王红幸等（2015）主要采用小组工作对冠心病患者术后继续护理的人员进行健康教育研究，对冠心病患者入院前和出院后的情况进行调查，通过小组工作能有效提高对心脏病护理的认识，促进组员之间的相互支持；熊瑶（2016）提出，以医务社会工作的优势，可以推动慢性病患者从医院就诊过渡到社区管理，逐步实现以家庭为基础、社区为依托、专业机构为指导，社会广泛参与的慢性病防控格局。宋雨婷（2018）认为，可通过开展小组工作，增强老年人对慢性病的认识，提高老年慢性病患者健康管理的意识和能力，从理论上和实践上进一步论证了老年慢性病患者参与健康管理的必要性和可行性；陈雪和（2018）认为，在微观层面开展健康教育培训活动，可以提高慢性病知识普及率，在宏观层面上提倡建立农村社区医疗服务中心、照料中心，进一步探讨医疗服务中心所需的配套设施问题；廖梦微（2019）的研究认为，以个案工作和小组工作的方法介入社区老年人健康管理服务，结合社区老年人的需要，开展对老年人的专业服务。建立老年人健康管理小组，采用小组工作的专业方法，让患者正确认识自身病情，通过沟通与学习获取更多的健康知识，从而提高自身健康管理水平。国外学者对健康管理的研究集中在医学、教育学和社会工作等学科，注重社区环境对健康的影响。从国内社会工作介入慢性病的范围来看，主要研究对象集中在城镇居民或在城镇就医的农牧民，对农村健康管理研究较少，尤其是对牧区慢性病的健康管理研究更是少之又少。此外，对慢性病患者健康管理的研究大多集中在理论层面，不仅缺乏具体工作上的实践，也缺乏对具体工作过程的阐述，医疗服务问题的研究理论与现实的结合不足。农村牧区医疗服务问题日益突出，与城镇存在明显的时空差异。因此，本文基于城市医疗机构及社区开展健康管理的社会工作实务经验与教训，采用社会工作的专业方法，探索适合农村牧区的健康管理服务模式。

4. 关于牧区社会工作的研究

王思斌（2012）认为，社会工作者为民族地区提供实际服务，要在了解民族文化的基础上进行；王俊敏（1993）认为，牧区社区是与农村社区、城市社区并列的一种新型社区，将牧区社区的层级结构分为：以家庭为小区，以嘎查为卫星区，以苏木为中心区；苏米雅（2016）立足民族社会工作的概念建构，明确民族社会工作进程中服务对象、工作者及研究者协同实践的社会工作价值体系的构建过程，探讨协同实践在民族社会工作实践中的价值；张银花（2011）认为，牧区社会工作是在牧区开展的社会工作专业服务，以牧民为主要服务对象，以解决牧区、牧民、畜牧业问题为服务内容，通过运用社会工作的专业方法，推动牧区社会发展与进步；张丽璇（2017）从自然原因、政策原因、牧区市场化影响、人口流动等方面分析牧区社区脆弱性，并从政策倡导、资源整合以及小组工作等方面探讨社会工作介入的路径；切吉卓玛（2018）从优势视角分析了在牧区实施互助组的必要性和可行性，探讨了专业知识与社区传统文化有机结合的具体过程以及在牧区社区开展社会工作专业服务的意义。作为牧区的基本社会福利，医疗服务备受研究者关注。近年来也有关于牧区疾病问题、因病致贫、牧民健康管理等方面的研究论文。海日（2018）针对牧区地方性疾病提出健康管理方案，社会工作者通过社会支持、资源整合、政策结合等方式，提出牧民地方性疾病健康管理方案；苗欢欢（2017）分析了内蒙古牧区养老的问题和原因，结合牧区的特殊性，就牧区养老问题提出了改进建议，运用社会工作的专业方法，以养老院为例，对牧区养老问题进行了深入探讨。阿润（2019）在研究牧区社会工作嵌入性问题时认为，驻村形式的社会工作是适合牧区社会工作的服务方式，深入牧区各个方面，与牧民进行深入沟通，评估牧区的总体需求，从而促进牧区发展。我国牧区社会工作研究主要集中在新疆、青海、内蒙古等地区，研究领域以贫困问题、老龄问题、教育问题为主，也有研究分析了牧区生活习惯、生活方式、社区问题，并从社会工作视角探讨专业介入的必要性及可能性。从相关文献或自身实践经验来看，由于牧区社会工作的特殊性，不断给社会工作实践带来挑战和困难。因此，本研究在整理现有文献的基础上，从社会工作视角对牧区慢性病医疗服务问题进行分析，通过社会工作服务帮助牧区慢性病患者获得更好的健康管理服务，从而改善牧区慢性病医疗服务环境。

（四）研究方法和研究内容

本文通过实地研究法，深入牧区社会生活，采用观察、访谈等方法收集相关资料。首先，采用访谈法对G嘎查46名牧民进行访谈，其中，对25名慢性病患者进行深入访谈，主要了解患高血压、糖尿病、慢性呼吸系统疾病、慢性病、关节病等疾病患者自我健康管理情况、医疗服务需求及社会支持情况等。通过对牧区医生的访谈，了解到牧区医疗卫生服务、慢性病患者健康管理服务及其实施情况。笔者在研究期间，居住在G嘎查牧民家中，通过开展与参加牧区社会工作相关活动，与当地牧民及嘎查工作人员建立了信任关系，为之后了解嘎查情况和开展研究工作奠定了基础。在资料收集过程中，笔者通过参与式观察方法，参与到牧民的生活，了解受访者的基本情况和慢性病病历及管理问题，在健康教育讲座、义诊活动、小组工作中观察并记录患者行为与患者家属或医疗工作者沟通情况。笔者为进一步探讨社会工作介入医疗领域的必要性，在内蒙古自治区人民医院实习，参与医院社会工作部的日常工作，观察医院社会工作日常开展情况及医疗工作者与患者的沟通互动情况，了解当前医务社会工作开展方式与实施情况。

本文共由五部分组成：第一部分包括研究背景、研究意义、文献综述、研究方法和研究内容、理论依据、概念界定等内容；第二部分介绍了G嘎查概况及慢性病医疗服务现状以及基本医疗保障、医疗卫生服务资源、慢性病相关政策、医疗卫生服务条件等内容；第三部分主要从社会工作角度分析上述牧区慢性病医疗服务中存在的问题及原因，包括慢性病医疗服务政策、牧区医疗服务资源、牧民健康管理等方面的问题及其原因；第四部分以牧区社会工作服务为例，探讨社会工作介入的过程及必要性，社会工作者通过在这一过程链接社会资源，在牧民医疗需求满足方面提供有针对性的服务，并为牧区慢性病健康管理服务提出建议；第五部分为结论部分，阐述了研究结论及思考。

（五）理论依据

1. 社会支持理论

社会支持理论鼓励人们增强自身正式和非正式的支持网络，其中，正式的支持来自单位或机构，非正式的包括亲属、朋友和其他人。社会支持网络可以为人们提供更多的社会资源，可以从心理上或物质上提供支持，帮助人们解决问题或困难。社会工作服务不仅可以利用社会资源直接为服务对象提供帮助，还可以帮助服务对象构建社会支持网格，提高服务对象相互作用和利用社会支持网络的能力。研究发现，牧区慢性病患者的社会支持网格相对缺乏，可用的社会资源有限。因此，社会工作者通过扩大牧民的支持网络，争取更多的社会支持和资源支持，以达到慢性病健康管理问题得到解决的目的。通过社会支持理论，社会工作者帮助他们拓展社会网络资源，以社区工作、小组工作和个案工作的方法，构建服务对象的资源支持体系，充分发挥调动社会资源，从而构建服务对象的社会支持网络。

2. 增能理论

在本文中，社会工作者运用增能理论，使服务对象认识自身存在的问题以及自身的潜能，以此促进其更好地解决自身面临的社会问题。增能是一个较长的过程，社会工作者协助服务对象增强认识自身的能力，提高服务对象自己解决问题的能力。增能理论以人为本，认为慢性病患者具有潜能解决问题，而对牧区慢性病患者进行资助式的药物提供，并不能从根本上解决预防和治疗慢性病的问题，甚至会形成“等靠要”的思想。因此，通过增能理论视角，社会工作者协助牧民增强健康意识，掌握更多的健康管理知识，提高自我健康管理能力。在社会工作者的协助下，使服务对象不断增强自身的信心，牧民通过自身努力形成健康观念和习惯，主动学习健康知识，了解医疗服务政策，增强自我健康管理能力。

（六）概念界定

1. 慢性疾病

世界卫生组织（WHO）认为，慢性病是指以生活方式、环境因素为主引起的肿瘤、心血管疾病、糖尿病、慢性阻塞性肺部疾患等为代表的一类疾病①。慢性病的主要特点包括患病时间长、难以治愈、病因复杂、长期积累等。牧区慢性病是指由于地域特点、当地生产方式、气候条件、生活习惯等原因造成的慢性疾病。牧区慢性病具有地方性特点，常见的慢性病主要包括心脑血管疾病、糖尿病、慢性呼吸系统疾病，其中，心脑血管疾病包括高血压、脑梗死和心梗等疾病，另外，还有慢性布鲁氏菌病、关节炎疾病等。许多牧区牧民患塞有上述慢性病，还有一些牧民同时患有上述几种疾病。

2. 健康管理

健康管理是在监测个人健康状况的同时，分析存在的风险因素，评估健康状况，根据人们的实际情况提供健康咨询和指导以及对健康胁迫因素进行管理的过程②。慢性病健康管理的服务对象包括慢性病患者、潜在慢性病患者及健康人群。慢性病健康管理是通过对服务对象的健康教育和健康培训，培养患者自我健康管理的学习以及提高自我健康管理能力，从而认识慢性病的正确治疗知识与方式。

3. 医疗卫生服务

医疗卫生服务是指政府卫生部门指定的医疗机构为患者提供医疗设备、医疗器械、救助运输、病房住宿等服务，对患者进行疾病预防和管理工作③。牧区医疗卫生服务是由牧区医疗机构为牧民提供的疾病诊疗服务，包括疾病预防、卫生健康和健康教育等服务。

---

① World Health Organization. The World Health Report 2006 [J]. Public Health Nursing, 2006, 2 (1): 11-12.

② 陈君石. 健康管理师 [M]. 北京：中国协和医科大学出版社，2007：15-16.

③ 苗豫东，张研，李霞等. 我国医疗服务体系“碎片化”问题及其解决途径探讨 [J]. 医学与社会，2012，25（8）：28-30.

二、内蒙古牧区医疗现状与G嘎查基本情况

（一）内蒙古牧区医疗卫生情况

内蒙古自治区共有33个牧业旗县，占全国总数的20.45%，内蒙古牧区以畜牧业为主，面积达到内蒙古自治区可利用草原面积的92%。农村牧区人口299.93万人，占内蒙古自治区总人口的26.57%①。截至2018年底，全区医疗卫生机构总数为24613个，是1947年自治区成立时的455.79倍。苏木乡镇卫生院1301所，嘎查村卫生室13539所，91.31%的苏木乡镇卫生院和96.36%的社区卫生服务中心有蒙医科、蒙药房或中医科、中药房，64.68%的嘎查村卫生室和82.24%的社区卫生服务站能够提供蒙中医药服务。嘎查村卫生室人员20402人，其中，执业（助理）医师2413人，注册护士350人，乡村医生和卫生人员17639人，平均每个嘎查村卫生室1.51人。

内蒙古自治区牧区地广人稀，牧民居住分散，交通不便，造成医疗服务成本高，牧区医疗卫生服务与农村地区差距大。由于牧区的实际情况，大多数乡镇卫生院的服务范围达到几十千米，个别牧户甚至达到100多千米。牧区受医疗条件落后、卫生服务人员缺乏、服务能力不足、交通不便等因素的影响，许多牧民看病不便，得不到及时治疗。在牧区，距离医疗机构5千米内的住户占29%，通过最快的交通方式，在30分钟内能到达最近医疗机构的牧户仅占14.5%。从2011年起，为预防慢性病，在内蒙古地区普及“小药箱工程”，为每家牧户配备药物小盒，药箱内配备感冒药、降压药和针对一些慢性病的治疗药物，小药箱基本药物均由家庭医生结合健康档案和健康体检安排。牧区以小药箱为抓手，建立牧区家庭医生上门服务机制，即医疗工作者每半年整理补充一次小药箱，通过通信和出诊方式，指导牧民正确用药和自我健康管理。牧区苏木卫生院工作人员将小药箱转送到牧民家，由医疗工作者对牧民进行一次入户体检，登记牧民的身体状况信息，建立健康档案，并开展慢性病定期督导咨询、老年健康管理与预防服务等工作。

（二）关于G嘎查基本情况以及医疗服务现状

1. G嘎查基本情况

四子王旗位于内蒙古自治区中部、乌兰察布市西北部，总面积约25513平方

① 刘银喜，任美．中国牧区可持续发展研究［M］．北京：中国经济出版社，2015：133-135.

千米，其中，牧区20843平方千米，农业区4670平方千米，全旗有5个苏木，3个乡，5个镇，1个牧场，共14个行政区。乌兰察布市四子王旗牧区面积约占全旗总面积的84%，是以畜牧业为主，农牧结合的少数民族聚居地区，是全区33个牧业旗县与19个少数民族边境旗县之一。查干补力格苏木位于四子王旗北部22千米处，总面积3186平方千米。其中，常住人口653户1735人，草场面积396.9万亩，耕地面积5800亩，主导产业以畜牧业为主。查干补力格苏木G嘎查位于四子王旗中部，距旗政府所在地35千米，S101省道贯穿该嘎查。G嘎查总面积464.1平方千米，草原总面积69.6万亩，总户数262户518人，其中，蒙古族人口346人，占总人口的70.5%，常住户127户364人。2020年全村贫困户实现全部脱贫。格根塔拉旅游中心位于G嘎查，丰富的旅游资源为当地牧民提供了额外的经济收入。G嘎查牧民生计生活方式多以放牧为主，旅游服务为副业。

G嘎查作为内蒙古大学牧区社会工作的实践基地，为本研究的实施提供了便利条件。牧区社会工作实践基地立足牧区、牧民和畜牧业，运用专业社会工作知识，以提高牧区社会福利和社会生活水平为宗旨，推动牧区和谐稳定发展。自2015年牧区工作实践基地成立以来，基于牧区地方性疾病预防与治疗项目，对牧民的健康状况、医疗需求、医疗费用等方面进行有效介入，为牧民开展免费体检服务，发放疾病防治手册等医疗服务活动，为牧民的生活提供了诸多便利。2019年暑期研究团队前往G嘎查，分别住在嘎查“山前”“山后”的牧民家，小组成员分别对居住地区附近的牧民家进行访谈工作。研究初期，每天走访2~3户人家，每周两个小组联合召开一次周会，讨论总结走访了解的情况，在此基础上进行下一步工作的规划。此次我们第一组走访了G嘎查46户牧民，对牧民进行了首次访谈，了解基本情况，还有针对参与过牧区地方性疾病预防与治疗项目活动的牧民进行深入访谈。以访谈信息为基础，两个小组分别开展健康教育、义诊活动及小组工作。通过对G嘎查医疗服务需求的评估以及对收集的资料进行分析，发现慢性病问题是该嘎查大多数牧民需要解决的基本问题之一，因为慢性病不仅影响牧民的健康问题，也给牧民带来了经济负担。因此，笔者从牧区慢性病及其医疗问题等方面进行了解，将该地区慢性病健康管理问题作为研究主要内容。

2. G嘎查基本医疗服务

据统计资料，乌兰察布市四子王旗有医疗卫生机构238个，其中，旗级医疗卫生机构6个，民营医院3个，苏木乡镇卫生院25个，社区卫生服务中心2个，社区卫生室78个，个体诊所30个，嘎查村卫生室94个。全旗共有卫生技术人员837人，其中，高级职称21人，中级职称92人，执业医师337人，注册护士

194 人。平均每千人拥有卫生技术人员 3.91 人，每千人拥有执业医师 1.57 人，每千人注册护士 0.91 人。查干补力格苏木卫生院共有 7 名医生，药品不全，医护人员不足。G 嘎查有 1 个卫生室，无其他诊所或药店，村医是赤脚医生，在家里放牧，不经常在医务室工作。嘎查为老年人和贫困户提供一年一度的免费体检服务，须在旗定点医院进行检查。从走访情况来看，90%的嘎查牧民不在苏木或嘎查医疗机构看病买药，多数是小病到旗县大医院、蒙医中医医院、妇幼保健院等地就诊，大病到呼和浩特市区内的医院就诊。大部分牧民参加了农村合作医疗保险。保险费 2016 年是 120 元，到 2020 年已提高到 295 元，儿童费提高到 170 元。

自 2016 年起，在查干补力格苏木开展"小药箱"装箱服务。小药箱是指每户配备一个家庭药箱，箱内配备家庭常用的基本药物和治疗慢性病的药物。药箱有心脏病药物、棉签、创可贴、消毒纱布、体温计、咳喘药、降压药等。苏木卫生院的医疗工作者给牧民发放药箱后，每年要将药箱中的药品补充一次。每个家庭药品小盒的药品都由卫生院的医生开处方，指导用药。当地苏木卫生院的医疗服务主要包括健康档案管理、健康教育、0~6 岁儿童健康管理、孕产妇健康管理、老年人健康管理、高血压健康管理、Ⅱ型糖尿病健康管理、严重精神障碍患者管理、肺结核健康管理、中医药健康管理等。G 嘎查结合健康扶贫工作，为贫困户提供免费体检服务，实行看病先诊后付、先付报销制度，为贫困人群提供便利服务。

3. G 嘎查慢性病医疗服务情况

2017 年在开展牧区地方性疾病防治项目的牧民体检活动中，共有 165 名牧民参加体检，体检结果显示慢性病占全部病种的 60%以上。其中，心血管疾病者 76 人，"三高"患者 32 人，调查对象平均年龄为 52 岁。在实际调查过程中，发现一个家庭患有多种慢性病或一人有两种以上慢性病的问题。当地医疗机构在健康管理和防治方面的能力有限。根据嘎查 2019 年贫困户致贫原因统计，在 32 户中因病致贫户共 11 户，8 户家庭成员患有慢性病。根据体检和后期随访观察情况，嘎查慢性病患者年龄主要在 50 岁左右，嘎查慢性病有年轻化趋势。

由于牧区患病特殊性、病情不同以及新农合保险对不同慢性病的报销比例有所区别，慢性病患者在治疗支出上也存在一定差异。G 嘎查一位牧民患有糖尿病，新农合的慢性病药物报销比例 70%，因此他的医疗支出每年在 1 万~3 万元。还有一位牧民因患有糖尿病又患有脑梗，每年的治疗费用中有 1 万元左右的治疗费用不在新农合报销范围内，增加了家庭经济负担，出现入不敷出的情况。由于贫困户家庭的主要生活来源是靠扶贫补助以及养老金或低保等补助，因此慢性病的医疗费用负担比较重。慢性疾病多为终身性，病程可持续数年或数十年，早期病情较轻，患者不易察觉，如不及时治疗，病情会不断加重，常伴有严重并发症，死亡率高。近年来，新型农村合作医疗对慢性病采取按病种管理的措施，即2020年1月出台的“内蒙古自治区完善城乡牧民高血压糖尿病门诊用药保障机制实施方案”的规定，高血压、糖尿病药品不设定起付线，报销比例达到50%，年最高限额为高血压300元，糖尿病600元，“两病”600元。

三、牧区慢性病健康管理的问题及原因

（一）G嘎查慢性病及其健康管理问题

根据嘎查的实际情况，对慢性病健康管理问题与原因，本文从医疗机构服务、医疗工作者、牧民自身健康管理等方面进行了分析。

1. 医疗机构服务

目前苏木卫生院对高血压、糖尿病等慢性病的管理措施还停留在监测、建档阶段，还未能满足慢性病健康管理的需要。查干补力格苏木有1个卫生院，3个村卫生室，乡卫生院有7名医疗工作者，每个村卫生室有1名赤脚医生。查干补力格苏木共有8个嘎查，但只有3个嘎查有卫生室，其余嘎查未达到国家规定的人口标准，因此未设立卫生室。可以看出，牧区卫生室覆盖率低，缺少服务设施和医疗设备，进一步增加了就医难度，也增加了健康管理成本。目前，牧区医疗机构对慢性病的预防和管理机制不够完善，苏木卫生院、嘎查卫生室只停留在建立健康档案，基本未开始实施慢性病健康管理。新型农村合作医疗实施的慢性病管理措施只关注门诊报销或贫困户健康体检等，缺乏系统性管理服务，没有进行其他有针对性的疾病风险评估和相关健康管理措施。例如，虽然健康体检是慢性病的主要预防措施，早期预防是慢性病防治的关键，但享受免费健康体检服务的牧民很少，只有面向贫困群体的免费体检，仅占全嘎查人数的6%。目前，新型农村合作医疗服务对老年人也实行了免费体检工作。通过这一措施，可促进老年慢性病患者早发现、早诊断、早治疗，确诊后将慢性病直接纳入新型农村合作医疗，并接受病种管理。但是在具体实施过程中，未采取有针对性的后续疾病危险评估和相关疾病预防等干预措施，直接影响了对这些慢性病患者的最佳预防时间。

案例1：采访时间2019年6月。G嘎查牧民M已患糖尿病8年，问他医疗机构是否有慢性病防治方面的宣传时，他说：“那东西好像没有，前几年发过一张传单，小药箱里有一个预防手册。”关于健康体检方面，他说：“我得病后，大约一年或两年要做一次体检，去旗医院就行了，自己检查最低要花2000元，报销不了。”

自“关于实施健康扶贫工程的指导意见”颁布实施以来，虽然政府已采取措施减轻贫困户看病就医负担，但由于医保报销范围有限，报销比例低，贫困慢

性病患者负担依然沉重。新型农村合作医疗制度首先对慢性病病种管理只试行高血压和Ⅱ型糖尿病，慢性病患者在享受原新型合作医疗入院费用报销政策的基础上，对其慢性病门诊费用按比例报销或给予一定补助。对于新型合作医疗的保险金额逐年增加，苏木医生×××说："虽然保险金增额加了，但报销范围也在扩大，例如，针对慢性病、高血压、糖尿病，取消门诊开付限制，在此基础上，规定按50%的比例报销。"在门诊慢性病的申报范围方面，对门诊慢性病实行申报认定制度，但规定必须在定点医疗机构就医或购药才能申报，如果在非定点医疗机构和零售药店就医购药不给支付统筹金，这对慢性病患者很不方便。

案例2：访问时间2019年6月。G嘎查牧民格××是贫困户，患有糖尿病、脑血管栓塞症、高血压等疾病，他说："我们家看病都不去嘎查苏木医院，小病就去旗医院，大病就去呼市的医院，这几年看病，花了很多钱，单是糖尿病一年的治疗费用就有1万多元，加上其他病情的治疗花费3万多元，在呼市看病的费用60%已报销，在旗里看的费用到了一年还没给报销。"

2. 医疗工作者

牧区医疗工作人员缺乏的问题，不仅阻碍了当前慢性病的医疗服务，也严重影响了牧区整体医疗卫生服务的发展。一方面，由于医疗工作人员学历和专业水平较低，只能从事基本医疗服务，缺乏对慢性病的专业知识，对牧区牧民的某些疾病缺乏及时诊断和治疗，错过了最佳治疗时机。苏木卫生院工作人员中具有高级职称和高学历的专业技术人员很少，医生既要承担日常疾病诊治工作、各项卫生保障任务、基本医疗服务、传染病防治监管等，又要承担大量的行政工作。用于专业学习的时间很有限，部分人员业务素质低，业务水平和工作积极性不高。医疗工作者短缺已成为牧区医疗卫生公共服务最明显的问题。目前许多基层培训教育工作过于形式化，缺乏系统性、实用性和连续性，难以满足村级医生更新医学知识的需要，不能很好地调动他们参与学习和培训的积极性。慢性病患者数量逐年增加，慢性病相关宣传普及工作量加大，对慢性病管理人员业务能力的需求也在提高。仅有一名医疗工作者为全村牧民提供健康管理服务力不从心，此外，嘎查医疗工作者工作积极性低，执行力度弱，嘎查健康管理服务还停留在健康档案阶段，实际管理能力落后。可见，牧区医疗服务人员缺乏，能力不足是制约慢性病健康管理服务开展的主要因素，也是目前亟待解决的问题。另一方面，牧区医疗工作者的老龄化问题严重，很多医生原来是赤脚医生，没有健康管理专业背景，更没有医师执业资格证书。目前，G嘎查只有一名赤脚医生，缺乏专业化的、高素质的医疗服务专业人员，缺乏胜任医疗服务管理的医疗工作者。此外，由于牧区医疗卫生专业技术人员短缺，一部分投入或购置的医疗设备没有得到有效利用，许多设备还处于非利用状态，造成公共服务资源浪费。从访谈过程中发现，有的牧民说村里没有医生，有的牧民说有 1 名医生。我们小组在牧民大叔的帮助下，到医生家走访，医生家在邻村，距嘎查卫生室约 25 千米，嘎查医生是汉族，55 岁，工作 8 年，现在主要工作是为贫困户健康管理，从事健康档案、药箱药品的补充工作。这名医生多在家里放牧，其工作方式是“半牧半医”。在咨询嘎查医生工作情况时，医生说：“有事就去村里（卫生室），平时在家里放牧。旅游期间，给办旅游业的牧户送急救药等，秋天给牧民送家庭药箱。G 嘎查因病贫困的有 12 个贫困户，给他们送家庭药箱，了解病情，做健康档案。”

3. 慢性病患者

从牧民自身的健康管理来说，慢性疾病治疗时间长，病因复杂，需要有针对性、持续性和可及性的信息支持。特殊的地理环境，使牧民与牧区以外的社会联系较少，获取的信息不足，牧民的健康知识和自我健康管理意识较低。有的牧民在非正规的诊所就医或到药店随意购药，自行改变医生规定的服药标准，调整服用的次数和剂量，加重病情的情况不在少数。慢性病患者对疾病的防治知识不足，获取健康知识和指导途径少等因素，导致患者不能进行有效预防疾病，多是在症状出现后进行药物治疗。根据访谈得知，牧民很少获取有关健康知识的学习资源，对慢性病发生的危害及如何预防慢性病的认识程度不高，对现有的慢性病医疗政策了解不够，牧区患慢性病的老年人更是问题重重。我国慢性病总患病率为 20%，老年慢性病患病率高达 64. 5%。尽管新型农村合作医疗是我国农村主要实行的医疗政策，但慢性病的起付金仍然较高，老年人对医疗服务政策的了解程度较低又由于手续烦琐和意识限制，不主动不参与。慢性病患者的健康管理参与率较低，对健康管理的认识也较差。患有慢性病的老年人，不仅要承受身体上的痛苦，还要承受精神上的折磨。尤其是一些与子女分开居住的老年人，缺乏子女的关爱和照顾以及专业医师的指导。

案例 3：G 嘎查牧民 A，男，62 岁，患高血压疾病多年，笔者向牧民了解其平常饮食习惯时，牧民 A 说：“一般在家里就喝茶，吃果子或肉，早上喝茶，中午要做饭，晚上要喝茶，活动时间不是固定的，一天五六个小时，主要是放牧，其他时间就在家里，儿子和儿媳都在旗里打工，一般一个人在家。”

（二）牧区慢性病患者健康管理服务问题的原因

1. 牧区医疗资源配置

健康管理是国家基本公共卫生服务，也是苏木卫生院及嘎查卫生室向牧民免费提供的 14 项服务之一。通常医疗服务机构的资金由政府提供，各级政府对牧区慢性病健康管理投资不足，导致不能提供优质的医疗服务。疾病预防部门与医疗服务机构业务活动相分离、协作性差，慢性病管理服务缺乏具体的服务内容和连贯性等是导致医疗资源缺乏以及利用不充分问题的重要原因。牧区医疗服务机构对慢性病的宣传教育力度不够，大多通过宣传手册方式进行健康宣传，成效一般。牧区缺乏长效的慢性病管理机制，慢性病患者的健康教育及疾病管理因牧区地域广阔，导致医疗人员无法经常指导。健康管理工作仅依靠传统的慢病管理模式，互联网、移动医疗等技术在牧区慢病管理工作中的运用还很落后。

卫生院和嘎查卫生室工作条件很艰苦，地区财政困难，医疗卫生经费较少、功能设施不足、卫生技术人员待遇低，这些因素使基层医疗机构难以留住较高水平的卫生技术人员。由于牧区条件差，现有的医疗工作者工作积极性低，嘎查医生“半牧半医”，对医疗知识培训学习兴趣不大。各级卫生行政主管部门组织的卫生技术人员业务培训及人才培养仅限于城镇级卫生人员，未将村医纳入其培养范围。嘎查医生年收入仅2万元左右，工资待遇与医疗业务素质形成一种恶性循环。牧区医疗工作者队伍质量逐年下降，且老龄化程度严重。由于城乡经济、社会、文化等方面的原因，大多数接受过系统性专业医疗卫生教育的青年医生不愿在基层工作。牧区医疗机构人员配备不足、专业医学毕业生不愿到基层工作，许多退休的乡村医生不得不重新上岗。其中，部分医生跟不上现代医疗技术和革新，尤其对慢性病的健康管理工作理解模糊，工作效率低。目前乡卫生院绩效考核存在缺陷，绩效考核的重点偏向于医疗诊治，而慢性病服务和管理被忽视，慢性病服务和管理人员的绩效工资普遍低于从事临床工作的医疗工作者，同工不同酬现象严重。

2. 牧区的特殊性

牧区的特殊性在一定程度上影响着慢性病的健康管理服务的质量。从自然条件上来看，牧区地域广阔、居住分散、气候条件差等因素严重影响医疗服务的发展。特别是居住在相对偏僻地区的牧民，因交通和通信不便，给医生的工作带来了一定的困难。查干补力格苏木医生吉××说：“我们查干补力格苏木距离旗中心最近，卫生院共有10名工作人员，健康档案常住牧民都有，有时要去牧民家更新档案。对我们来说，服务环境很不利，涉及范围很广，距离最远160千米，比较远，附近3个村都有卫生室，其他5个村没有卫生室，因为还未达到国家规定的标准。对我们的牧区来说按人口制定卫生室很不合理。”这不仅给医疗工作人员带来了困难，也在一定程度上削弱了他们的工作积极性。

关于牧区通信方面，牧民S说：“我们这里很多电话都不通，站在山上或门口才能打电话，能接到微信。”在访谈有关参加嘎查医疗服务互助小组活动时说：“前几天闹洪水了，电话也断了，过两天才接到嘎查群里的通知，想去也没能去。”由于牧区居住分散、人口稀疏、网络普及率低，牧民之间的互动性较低，忙于放牧生活，无暇看电视或者看书。牧区的生产方式以及高原地区气候寒冷的原因，使牧民患一些疾病，其中关节炎疾病多见，部分牧民在青少年时期就患关节病，这种病随着气候的变化而产生疼痛，虽然可以通过吃药、打针、用药膏等方法来治疗，但只是暂时缓解，又会复发。

3. 牧民健康管理

从牧民的角度来看，牧民的文化水平以及健康意识促低导致多慢性病患者在对待慢性病问题上有误区。这些误区会导致自身疾病的治疗滞后以及人力、财力的浪费。近年来牧区慢性病增长速度很快，患病率最高的是心脑血管疾病、呼吸系统疾病、糖尿病、高血压等。慢性病患者也有年轻化的趋势，这对牧区劳动力构成了极大的威胁。长期在慢性病的折磨下，慢性病患者的身体状况和精神状态都越来越差，许多慢性病都伴有一些并发症。长期处于慢性病的影响下，有的甚至丧失了劳动能力。在访谈过程中发现，患病年数多在10年以上，甚至有20年患病史。牧区慢性病患者由于缺乏对慢性病的认识和重视，逐渐由轻度慢性病转变为重度慢性病。以糖尿病为例，在遗传因素、环境因素和生活方式等因素的综合作用下，患糖尿病的年龄从50岁以上向三四十岁发展，给许多牧民的正常生活带来了很大的心理压力。关于有效预防和控制慢性病的措施，通过日常运动、健康饮食等方法，80%以上的心血管疾病和糖尿病均可得到一定程度上的控制。但由于牧民饮食习惯、慢性病预防措施不足等原因身心长期受折磨，家庭的经济压力也加重。在牧民日常饮食习惯与慢性病患病之间关系方面，内蒙古国际蒙医医院B医生说：“牧区普遍存在的高血压、高血脂等慢性病，大多是由于牧民每天食盐摄入量高，并且有长期吃丰富蛋白质、高能量的羊牛肉、茶、乳制品的习惯，忽视吃水果蔬菜，成为各种慢性病的诱发因素，使慢性病患者加重病情的危险”。可见，牧民饮食安排不合理，食物的多样性得不到保证，导致慢性病的发生或加重。由于牧区条件限制，许多牧民不方便购买蔬果，如离G嘎查最近的副食商店仍在查干补力格苏木，与大多数牧民家有20千米左右的距离，也有的牧民生活条件较差，不方便储存新鲜的蔬果。

四、社会工作介入牧区慢性病健康管理的探索

（一）社会工作介入牧区慢性病健康管理的必要性

1. 牧区慢性病患者的医疗服务需求

牧区慢性病患者的医疗服务需求多样化，患有慢性病的牧民在慢性病的治疗

上需要多种医疗服务资源的支持。慢性病治疗具有长期性、治愈困难等问题，使慢性病患者存在身心折磨，更需关心照料。对于牧区慢性病患者来说，他们面临着经济负担、家庭生活负担、身心痛苦、社会影响等多方面的困难和压力。慢性病患者单靠自己的努力还无法解决自身面临的困难，社会工作者需要整合各方面的社会资源和力量，为慢性病患者提供多方面的有效服务。社会工作服务的目的是提高服务对象的能力，建立社会支持网络，重新开始正常的社会生活。牧区慢性病患者在康复过程中会遇到诸多障碍，每个患者遇到的问题都有其独特性。因此，采用健康管理模式，注重服务内容的系统性和服务方法的多样性，形成全面的服务照料体系网络，有利于社会工作深入有效开展。社会工作强调医疗资源整合传递，由“以疾病为中心”向“以病人为中心”转变，改变单一疾病诊疗的状况，强调疾病的整体性及系统性。社会工作者对慢性病患者及其家属的需求进行评估，关心他们的生活困难，积极帮助他们解决生活中遇到的现实问题。通过建立社会支持网络，提供心理支持，帮助他们培养抗逆力。社会工作在分析问题时，持有人与社会环境相互依存的观点，以人与环境的互动作为社会工作服务的基本原则。社会工作者要全面考虑人们的环境，从生理、心理、社会等多方面了解与分析服务对象面临的问题，并提供符合其个人需要的对策。

在帮助服务对象的同时，注重以人为本，保证慢性病患者得到有效的照顾和支持，社会工作者要对服务对象进行各种支持，促进服务对象与社会环境的适应，应重点关注慢性病患者、患者家属、健康管理机构之间的沟通和联系。其中，患者家属是患者重要的支持，家庭应给予患者足够的关爱与照料。健康管理机构应为患者提供诊疗指导，患者应加强自身健康管理，最终形成三者良性互动的关系。牧区慢性病患者有不同的需求，例如，牧区患有慢性病的老年人行动不便，慢性病带来的困扰较多，自理能力较低。对于牧区贫困慢性病患者来说，由于经济条件的限制，难以获得有效的医疗资源，加上社会支持联系逐渐减弱，其心理更加消极，进一步影响其身体健康，形成恶性循环。在牧区医疗服务多样化需求下，社会工作可以采用个性化健康管理模式，整合医疗资源以及社会资源，注重为服务对象提供个性化服务，对服务对象提供有效的帮助和支持。

2. 牧区健康管理服务的需求

牧区健康教育资源的有限性，以及患者由于自身生活方式、健康意识、环境等因素，获得健康教育资源的能力较低，而且对疾病的系统管理认识不足。牧区慢性病患者的健康管理多依靠医生的嘱咐，处于药物依赖状态，未将饮食控制、运动锻炼等健康管理内容相结合。慢性病患者的健康管理主要在牧区医疗层面进行，由于面临一些现实问题，医疗服务还未得到完善，缺乏各项医疗保障。社会工作者在健康管理服务中主要扮演宣传者、教育者以及服务提供者等角色。社会工作介入健康管理，不仅是患者提高自身疾病的管理能力的现实需要，也是改善牧区慢性病健康管理效果的重要途径。通过社会工作专业方法，促使牧民了解慢性病的相关知识以及健康管理服务内容，提高牧民对慢性病的正确预防与治疗方式，有效改善慢性病患者的生活质量，减轻患者身心的负担以及家庭与社会的各种负担。社会工作者结合医院医疗资源及牧区医疗服务资源，进行有效链接，并运用社会工作的专业理念和方法，推动医院和牧区医疗机构的合作与协调。社会工作在健康管理服务中，可以有效弥补医疗工作者对患者心理因素的忽视。患者由于多年受病情折磨，而心理层面形成的压力，仅靠药物治疗难以完全康复的。因此，慢性病健康管理中也可以纳入社会工作的心理辅导服务，社会工作者通过进行心理疏导，通过提升健康意识，帮助患者发挥积极因素的作用，降低消极因素的影响，鼓舞他们战胜病痛。社会工作者与医疗工作者共同参与牧民的健康管理服务，以患者为中心，进行有效的互动与互助，最终实现生理以及心理上的健康。社会工作者基于社会工作增能理论以及社会支持理论，开展社会工作服务，促进服务对象发掘自身潜能及社会支持资源，并有效开展慢性病健康管理活动，提高慢性病患者自主自我管理能力。

（二）社会工作介入慢性病健康管理服务

1. 需求评估及针对性服务

社会工作介入牧区慢性病健康管理，需要进行牧民需求评估和牧区资源评估。从 2015 年起，内蒙古大学牧区社会工作实践基地在牧区地方性疾病预防与治疗项目的支持下，医疗服务相关的社会工作实务得到有效开展。自项目实施以来，据不完全统计，共对 141 名牧民进行了访谈工作，占嘎查常住人数的 50%左右。2017 年 7 月，社会工作实习学生访谈 G 嘎查 46 户，对牧民生活与医疗需求进行了评估，其中，布氏杆菌病 8 例，高血压 13 例，心脏病 15 例，患病时间多在 10 年以上。从患者就诊需求来看，患者希望医疗专家到嘎查里看病，以及详细讲解预防和治疗疾病的知识，为牧民定期开展全身检查等基本医疗服务，以及城市医院就诊导引与咨询等需求。嘎查牧民×××，38 岁，男，大学毕业后回嘎查做旅游业，他说：“现在有些牧民在城里看病不方便，不了解在医院看病的程序，还有一些人对心理疾病更不了解，如果有专门的人带牧民去看病当然最好了。”

牧区社会工作实践基地于 2017 年 12 月就四子王旗 G 嘎查牧民体检与嘎查工作人员进行协商，与内蒙古××蒙医医院签订牧民体检合作协议。2018 年 1 月，共有 165 名牧民，分四批前往呼和浩特参加体检。由于体检时间是牧区接羔的繁忙时期，有的牧民即使想参加体检，但最终也未能参加。关于对体检工作的访谈，牧民×××说："那次在医院检查身体很有用，治疗很及时，我们秋天比较轻松，放牧时没有其他时间，以后这样的体检工作最好是九、十月进行。"此次体检工作不仅使牧民在关注健康方面有所感触，使其疾病得到早期诊断和治疗，而且为牧民提供了更多的医疗资源。

虽据G嘎查牧民体检结果发现，高血压、高血脂、高血糖、关节病、肝病、心血管病、胃病、布病等疾病为牧区最常见的疾病，其中，超体重者35例，肥胖者40例。在本次活动之后，为医院与牧民之间搭建了沟通与交流的平台，为之后的体检项目创造了一定的基础与条件。牧民×××说："最近开展的××医院提供免费体检服务，只要付20元车费就能到呼和浩特市体检了。"可见，社会工作通过整合资源，为牧区医疗带来了持续性的服务，为牧民提供了长期性、稳定性的医疗资源服务。当体检结果出来之后，基地师生邀请医院的医疗工作者到G嘎查向牧民讲解体检结果。在此基础上，也邀请内蒙古国际蒙医医院医生，对牧区疾病预防诊治进行讲解，整理出蒙汉双语牧区地方性疾病预防治疗宣传手册，并对G嘎查进行了入户健康知识宣传。

2. 健康教育服务活动

健康教育是通过向人们传递健康信息，对人们进行健康观念、健康技能的培训，可以帮助服务对象掌握健康知识，树立正确的健康观念，预防疾病，提高健康水平。从G嘎查患者情况的访谈中可以看出，大多数慢性病患者缺乏健康管理的基本知识，患者对病情不了解，认为健康管理无关紧要，不能自主管理与控制，使病情日益加重。针对此问题，2019年6月，实践基地链接医疗资源，邀请内蒙古自治区人民医院五名医生，内蒙古国际蒙医医院三名医生前往G嘎查进行健康知识讲座以及义诊活动，共有26名牧民参加。

健康教育服务活动流程：

（1）前期准备：为更好地向牧民宣传疾病预防，正确认识患病原因及病情，科学健康管理知识等，基地师生与内蒙古自治区人民医院和国际蒙医医院社会工作部联系，邀请医院为牧区提供健康教育服务。在医院领导与医生的支持下，共同与嘎查工作人员探讨活动的实施方案，并决定在嘎查会议室开展健康教育讲座活动。嘎查书记用微信群通知牧民参加，详细说明了活动的时间、场地、内容及注意事项等。

（2）确定服务对象：愿意接受服务的G嘎查牧民。

（3）确定活动场所：嘎查会议室。

（4）活动时间：2019年6月26日14：30-16：30。

（5）活动目标：通过相关专家的讲座及义诊，对牧区进行预防知识宣传，提高牧民自身健康状况、预防疾病、治疗方式，提高牧民应对疾病的能力和健康意识。

（6）健康教育讲座：首先，由社会工作实习学生介绍参与活动的医生、活动内容及活动目的；其次，由医生开展健康教育讲座。讲座主要内容围绕牧区常见疾病的预防与治疗，其中，包括布鲁氏菌病的防治、慢性呼吸系统疾病的预防与治疗、糖尿病健康管理等内容，具体内容主要从对疾病的认识、饮食习惯、健康养生知识、康复训练方面进行讲解。

（7）义诊活动：在健康教育讲座的基础上，医生通过专业的仪器对前来就诊的每一位牧民都进行了仔细的检查。义诊活动现场，内科、骨科、蒙医科、妇科等科室的专家医生坐诊，开展健康义诊，为牧民把脉问诊。针对牧民普遍存在的高血压、高血脂问题，医生给出生活习惯、饮食等方面的建议。在此过程中社会工作实习学生将医生的联系方式以及医嘱做好记录，并交给牧民，对义诊过程中蒙汉语言交流沟通进行了翻译工作。

（8）评估：此次活动通过对牧民的需求评估，确保医疗工作者有针对性地进行讲座。虽然活动目标基本实现，但活动过程中出现部分牧民参与度低、社会工作实习学生组织管理不力、慢性病健康教育内容吸引力不足、牧民对内容的关注以及兴趣较低等问题。从活动的局限性来评价，牧民的健康观念和行为习惯在短期内难以改变，社会工作实习学生无法保证健康教育服务的连续性，影响健康教育的效果。因此，确保这种活动的可持续性，需要社会各界的支持，而且服务前的需求评估非常重要，更需要立足牧民实际需求，提供有针对性的服务。

3. 小组工作实施的可行性

根据牧民医疗服务需求，为了进一步拓展牧区医疗服务资源，实践基地师生邀请内蒙古自治区人民医院蒙医科关节炎专家医生，与牧民共同参与小组工作。2019 年 7 月 23 日，内蒙古自治区人民医院医生来到四子王旗 G 嘎查参加小组工作。由于嘎查牧民居住分散，考虑交通因素，小组工作分两组进行。第一组在嘎查会议室，第二组在牧民×××家。两组分别进行小组工作，活动内容相同，每组有 10 个牧户家庭参加。小组工作在社会工作实习生的引导下，通过小组成员之间的经验分享与沟通交流，从而达到实现牧民互动与互助的目的。在医生的配合支持，以及社会工作实习生的引导下，组员之间分享看病经历，医生给予指导与建议，帮助患者及其家属解决存在的医疗服务问题。

通过小组工作，巩固了患者的社会支持网络，不仅可以为患者解决当前面临的问题提供支持，而且还可以预防疾病带来的诸多问题。社会工作实习生引导组员了解自身健康管理的问题及解决方式，并通过组员之间的经验交流分享以及医生的指导，改变不正确的健康观念，从而形成正确的健康意识观念，促进组员之间建立积极协作、相互支持的网络。但此次小组工作未能完全按照计划方案实施，究其原因存在以下两个方面问题：一方面是医生以直接看病开药为主，小组工作计划对牧民的服务和设计存在问题，社会工作者未能与医生达成一致的工作目标；另一方面是社会工作实习学生在牧区小组的实践经验不足，控场能力、团体组织和协调能力等综合能力不足。虽然此次小组工作没有取得令人满意的成效，但对牧民的需求以及牧区社会工作实践有了深入理解，为今后在牧区开展小组工作积累了实践经验。在以后的牧区社会工作实践中，需要搭建一种基于信任的专业关系，加强双向或多向的沟通互动，不仅要进行单纯的牧民需求评估，而且也要将工作计划与服务结合起来。因此，笔者认为，在牧区慢性病患者健康教育中，运用小组社会工作法是可行有效的（小组工作计划表见附录一）。

（三）牧区慢性病健康管理建议

1. 提高牧民自我健康管理意识

国务院办公厅印发的《中国慢性病中长期规划（2017-2025年）》提出，慢性病治疗是一项社会系统工程，需要各级政府、各有关部门以及全社会共同参与，要健全政府主导、有关部门协同、全民共同参与的慢性病综合防治机制。慢性病的治疗需要各部门以及社会力量共同行动，单靠一方面的力量，不能保证其持续性。在牧区开展健康教育活动是提高牧民健康管理意识的主要方式，了解牧民自我健康管理的同时，也要提倡家属承担健康教育责任，关注患者健康并提供适当的健康支持与指导。将健康教育纳入当地经济社会发展的各项政策，在牧区开展多样化的健康教育活动，对各类人群开展有针对性的健康教育。例如，针对牧区交通不便、就医成本高等问题，开展远程网络咨询、电话咨询等形式的健康教育，定期更新健康教育相关材料。

牧区医疗机构通过宣传牧区健康教育，提高预防和治疗疾病的意识，并提供有针对性的健康教育讲座及健康知识宣传活动，合理利用各种媒体资源，设计内容丰富且形式多样的健康教育活动，从而不断提高牧民的健康意识。在做好健康教育服务的前提下，邀请相关专家医生进行义诊，积极倡导健康理念，增强牧民健康意识，促进形成良好生活方式，提高健康水平和素质。针对牧区常见慢性病开展早期预防和排查，着力消除影响牧民健康的致病因素或危险因素，持续提高健康水平。提高牧民的慢性病管理意识，对牧民的健康管理有很大的促进作用。此外，慢性病管理应以预防为重点，通过有关部门共同对慢性病患者进行健康教育，按照三级预防策略采取综合防控管理措施，加强慢性病的检查、监测、干预、管理工作，提高患者健康意识以及对慢性病的认识，针对牧民的生活习惯和生活方式制定相应的健康管理方案。

2. 提升慢性疾病医疗服务能力

牧区医疗工作者应在慢性病患者健康管理中发挥主导作用。牧民生产生活方式的特殊性要求牧区“家庭医生”提供医疗服务。家庭医生是家庭健康管理、用药指导、一般医疗服务的主要提供者。加强牧区家庭医生制度，为牧民进行健康宣传、疾病预防指导，特别是慢性病预防指导，开展健康讲座和心理咨询。以“小药箱”为载体，设计个性化健康管理服务。根据慢性病服务标准，对家庭医生开展慢性病健康管理培训活动。培训内容应包括各类慢性病的治疗、预防并发症、正确用药方式以及合理的饮食习惯倡导等。患者往往愿意与工作经验丰富的医生建立稳定的医患关系，只有家庭医生的健康管理效率高，才易于与患者建立长期稳定的信任关系。在牧区现有全科医师数量严重不足的情况下，可加快村医知识培训与技能培养，加强继续教育，着力培养有基层经验的医疗服务人才。

面向在职医生举办医疗卫生服务进修班，有针对性地开展医疗卫生技术培训，并鼓励有经验的医疗工作者到基层卫生服务机构开展指导工作。提升牧区慢性疾病医疗服务能力，还需进一步完善基层卫生人才培养制度，制定基层卫生人才优惠政策，对长期在农村基层工作的卫生技术人员在职业发展以及社会地位方面给予一定的政策优惠，建立健全吸引基层卫生人才长效机制。建设一支能够专心为牧民群众服务的高素质的医生队伍是当前牧区医疗服务发展的迫切需求。苏木、嘎查医生要有足够的医学知识和医疗服务能力，要具备为牧民提供连续性和综合性健康管理的能力与资格。上级医院专家定时定点在牧区医疗机构坐诊，或者支持基层医疗机构的医生到上级医院进修学习，上下级医疗机构加强长效合作。确保上下级医疗服务方案的连贯性与稳定性，进一步提升牧民对牧区卫生服务中心的认同感。

3. 完善牧区慢性病健康管理体系

政府要加强对慢性病管理服务的各项投入，满足患者对基本卫生服务的医疗需求。结合牧区实际情况，不断强化慢性病管理医疗基础设施建设，定期举办慢性病管理知识宣教工作以及慢性病义诊活动，建设符合地区实际的慢性病健康教育服务。制定适合牧区的慢性病防治政策，解决牧区就医用药问题，发放疾病预防宣传单，讲解用药方法等，为提高牧民慢性病健康管理意识提供切实帮助和支持。牧区医疗卫生机构着力充分依托信息化手段，建立牧民“固定与流动相结合”的服务机制，在牧区卫生院设置“流动卫生服务站”。“流动卫生服务站”

需要配备血压、血糖监测及体温测量等基本设备，以及为慢性病患者提供健康管理的系统性服务。

政府应采用激励制度，提高流动服务站卫生人员的工作积极性，对当地牧民开展健康教育、免费体检工作、健康教育管理服务等，充分发挥“小药箱”及“流动卫生服务站”的作用，保证当地牧民得到及时、有效的医疗卫生服务。通过优化牧民电子健康档案和电子健康信息数据库，及时记录牧民慢性病防治跟踪和分析，方便牧民及时了解慢性病相关知识，优化健康信息资源。还要将健康管理与医疗机构信息平台结合起来，有效利用互联网和媒体资源，邀请慢性病专家开展网上咨询服务和远程诊断，形成嘎查卫生室、慢性病患者、远程专家相互协调互联的网络平台，实现慢性病患者与医生的信息实时传递。除此之外，采取政府购买服务的方式，购买医院提供的家庭医生签约服务或者社会工作机构服务。通过政府购买服务的方式积极为牧区慢性病患者提供服务，以促进健康管理的多样化服务。

五、结论

通过本研究发现，牧区牧民慢性病患病率高，而相应的健康管理服务效率却低，给慢性病患者及其家庭带来了沉重的身心负担和经济负担。由于牧区医疗服务滞后，给慢性病的健康管理带来了诸多困扰，存在慢性病管理资金资助不足、牧区医生不足、医疗工作人员年龄老化和收入结构不合理以及慢性病管理相关部门配合意识差等问题。这也导致慢性病健康管理效果较差。从慢性病患者的现实需求来看，健康管理服务是非常迫切的。然而牧区慢性病健康管理十分薄弱，远低于同期城市社区水平。一方面，牧区经济条件差，医疗卫生基础设施和服务功能不足，未能形成为患者提供持续性管理服务链条；另一方面，牧区健康知识普及率较低、慢性病疏于预防、治疗不及时、咨询服务不足等问题严重。因此，客观认识当前慢性病管理的状况及特点，评估重点服务人员的服务需求，总结行之有效的牧区慢性病医疗服务输送内容和方法，从而进一步改善当前以新型农村合作医疗为基础的慢性病医疗服务与管理体系。

本文从牧区慢性病健康管理的社会工作实践出发，以专业社会工作的方法为指导，基于社会支持理论和增能理论，对牧区慢性病患者的健康管理需求进行评估，通过整合社会资源，开展健康教育、小组工作等活动，促进医生与患者的互动，为患者提供医疗资源，满足牧民的医疗服务需求。当前社会工作介入牧区医疗服务领域的实务和服务，存在着社会认可度低、缺乏相关制度规范、牧区社会工作专业服务人才匮乏等问题。因此，提高牧区医疗卫生服务水平需要全社会的共同努力，才能更好地完善牧区医疗服务体系。遵循社会工作者助人自助的价值理念，进一步探讨社会工作者在慢性病健康管理中的重要角色，促使牧区社会工作的专业服务水平提高，是今后值得继续探究的重要议题。本文通过对G嘎查慢性病健康管理问题的分析和社会工作介入路径的探讨，为实际解决牧区慢性病患者面临的医疗服务困境提供了思路，为促进社会工作的本土化发展做出了贡献。

参考文献

[1] 李安宅. 边疆社会工作 [M]. 石家庄：河北教育出版社，2012.

[2] 许爱花. 社会工作理论与实践 [M]. 北京：中国民主法制出版社，2010.

[3] 莫黎黎. 医务社会工作 [M]. 台北：台北桂冠图书股份有限公司，2001.

[4] 陈君石. 健康管理师 [M]. 北京：中国协和医科大学出版社，2007.

[5] 刘银喜，任美. 中国牧区可持续发展研究 [M]. 北京：中国经济出版社，2015.

[6] 风笑天. 社会研究方法 [M]. 北京：中国人民大学出版社，2013.

[7] 常宝，齐·巴特尔. 民族社会工作 [M]. 上海：华东理工大学出版社，2013.

[8] 郭岩松. 中国慢性病防治工作规划（2012-2015年）[J]. 中国医药导刊，2012，14（7）：1100.

[9] 周业勤. 论慢病管理的对象及方法 [J]. 中国卫生事业管理，2011（10）：788-790.

[10] Berkman B. The Emerging Health Care World：Implications for Social Work Practice and Education. [J]. Social Work，1996，41（5）.

[11] Rosalie Pockett. "Health in all Placements" as a Curriculum Strategy in Social Work Education [J]. Social Work Education，2014，33（6）.

[12] Roberta Wells Imre. The Nature of Knowledge in Social Work [J]. Social Work，1984，29（1）：41-45.

[13] 王俊敏. 一种新型社区——牧区社区 [J]. 内蒙古大学学报（哲学社会科学版），1993（2）：11-19.

[14] 王思斌. 民族社会工作：发展与文化的视角 [J]. 民族研究，2012

(4)：3-7.

［15］苏米雅．基于协同实践的民族社会工作价值体系建构［J］．社会工作，2016（1）：11-15+121-122.

［16］张银花．中国本土化社会工作：牧区社会工作探析［J］．社会工作(学术版)，2011（3）：34-36.

［17］张洁风，王红幸等．基于小组工作的健康教育在老年冠心病 PCI 术后延续护理中的应用［J］．中华现代护理杂志，2015，3（8）：891-897.

［18］代宝珍，周绿林．农村医疗保障制度的老年居民慢性病管理理论框架构建［J］．西北人口，2013，34（4）：83-89.

［19］胡盛寿，高润霖，刘力生，朱曼璐，王文，王拥军，吴兆苏，李惠君，顾东风，杨跃进，郑哲，陈伟伟．《中国心血管病报告 2018》概要［J］．中国循环杂志，2019，34（3）：209-220.

［20］陈雪和．社会工作介入农村老年慢性病管理——以潮汕某小镇为例［J］．太原城市职业技术学院学报，2018（6）：187-188.

［21］应亮，杨辉．澳大利亚慢性病管理计划对中国的启示［J］．中国全科医学，2019（8）：1-6.

［22］陈旭．社区卫生服务与健康管理在慢性病防治中的作用分析［J］．辽宁医学杂志，2017，31（1）：41-42.

［23］傅海虹，萨如拉，毅和．内蒙古牧区基本公共卫生服务一体化研究探索——小药箱模式［J］．中国卫生事业管理，2016，33（5）：381-383.

［24］仇蕾洁，张雪文，马桂峰，郑文贵，李秉航，马安宁．基于供给侧视角的基层医疗机构卫生人力资源短缺问题研究［J］．中国卫生事业管理，2018，35（11）：804-808.

［25］萨如拉，傅海虹．内蒙古牧区乡镇卫生院卫生人力资源现状分析［J］．中国初级卫生保健，2018，32（11）：13-15+28.

［26］乌云高娃，黄月香，吴和平，苏秀兰，王培玉，尤莉莉，刘爱萍．内蒙古某地蒙古族牧民和农民主要慢性病流行病学调查［J］．中国慢性病预防与控制，2011，19（5）：448-451.

［27］廖梦微．社会工作在老年人健康管理中的应用研究［D］．贵州大学硕士学位论文，2019.

［28］切吉卓玛．社会工作培育牧区互助组织的个案研究［D］．青海师范大学硕士学位论文，2018.

［29］海日．牧民健康管理方案建设探究 ——以内蒙古四子王旗 G 嘎查为例

[D]. 内蒙古大学硕士学位论文，2018.

[30] 苗欢欢．内蒙古牧区养老问题调查研究 [D]. 内蒙古大学硕士学位论文，2017.

[31] 宋雨婷．社会工作介入老年慢性病患者健康管理的研究 [D]. 贵州大学硕士学位论文，2018.

[32] 田明．西安市社区卫生服务机构人力资源现状问题及对策 [D]. 西北大学硕士学位论文，2010.

[33] 阿润．从驻村到下乡 [D]. 内蒙古大学硕士学位论文，2019.

[34] 张丽璇．牧区社区脆弱性和社会工作介入探析 [D]. 内蒙古大学硕士学位论文，2017.

[35] 王勇勇．民族地区乡村医疗卫生服务问题研究 [D]. 中央民族大学硕士学位论文，2015.

[36] 丁丽丽．小组工作在老年慢性病患者健康教育中的实践探索 [D]. 甘肃政法学院硕士学位论文，2018.

[37] 萨其仍贵．牧区因病致贫问题及社会工作介入探索 [D]. 内蒙古大学硕士学位论文，2018.

附录一　小组工作计划

时间	地点	目的	内容
9：00—9：30	格日乐图雅嘎查会议室	使牧民与医生相互认识，了解本次小组工作内容	社会工作者介绍参加本次活动的医生、牧民以及小组工作的具体内容及相关事项
9：30—9：50		了解牧民医疗服务需求及医疗服务方面存在的问题及困难	牧民分享看病经历以及看病过程中遇到的问题
10：35—11：00		使牧民正确了解自身疾病，对患病原因及健康管理有较清楚的认识	根据牧民分享的经验，医生给出有关疾病的预防和治疗建议
11：00—11：20		整体回顾，总结深化主题	社会工作者对本次活动进行总结，对牧民进行满意度调查，确定下次小组工作时间

附录二　论文访谈提纲

一、G 嘎查慢性病患者访谈提纲

1. 基本信息：姓名，年龄，文化程度
2. 您目前的病情怎么样？
3. 您患这个病多长时间了？
4. 您是怎样治疗疾病的？
5. 你的家属有患慢性病吗？
6. 您一般在哪里看病？在嘎查或苏木医疗机构看病或买药吗？
7. 您一年看病的费用是多少？其中报销的比例是多少？
8. 您和家人的三餐饮食方式是什么样的？
9. 您一天的运动时间是多少？
10. 您的家属或邻居对您看病或护理有什么帮助和支持？
11. 目前嘎查医疗机构提供哪些服务？
12. 您平常学习关于您的疾病方面的健康知识吗？主要通过什么方式学习？
13. 您一年做几次体检？
14. 您有哪些医疗服务方面的需求？

二、G 嘎查医疗工作人员访谈提纲

1. 基本信息：年龄，民族，工龄，文化程度
2. 牧区常见的慢性病有哪些？
3. 牧民是否在嘎查或苏木的医疗机构就医？
4. 您认为牧区医疗机构能满足牧民的医疗需求吗？
5. 您的工作中关于慢性病的宣传工作有哪些？
6. 牧区发放的小药箱每年补充多少次药品？
7. 关于预防慢性病正在开展的活动有哪些？
8. 牧区慢性疾病的健康管理服务是如何运作的？
9. 您认为牧区目前存在的医疗服务问题有哪些？

社会策划模式下的牧区反贫困工作的经验与启示

管唯一

【内容摘要】改革开放40多年以来，我国的扶贫工作在党和政府的推动下深入开展，经过几代人长期不懈的努力，实现了脱贫攻坚战的目标，取得了辉煌的成就。牧区作为内蒙古自治区的重要组成地区，其经济发展与社会稳定对全区以及国家的社会建设都具有重要影响。贫困曾经常年困扰牧区，牧民因受贫困的影响生计困难，难以实现自我发展，这使生活在牧区的广大牧民寄希望于牧区的扶贫工作，希望通过扶贫开发改善自身的生存条件和提高生活水平。牧区的扶贫开发工作是国家脱贫攻坚的重要组成部分，牧区的脱贫与否也直接影响着国家的脱贫进程，因此牧区扶贫开发工作在各级政府的带领下顺利展开。需要注意的是，尽管牧区的扶贫工作进展顺利，脱贫取得成效，但反映在脱贫工作中的问题却不容忽视。本文以四子王旗G嘎查为个案，通过访谈收集了扶贫工作中各主体的认识和态度，整理出牧区扶贫工作中存在的一些突出问题。同时，以社会工作为支撑，以社会策划模式为视角，深入考察分析在牧区扶贫工作中出现的一系列问题，并以社会工作为落脚点，提出对策建议，明确了社会工作助力牧区扶贫的意义及方式，强调了社会工作者在牧区扶贫中可发挥的作用，旨在巩固脱贫成效，防止牧区出现返贫现象。

【关键词】社会策划模式；牧区；脱贫

一、绪论

（一）问题的提出

1. 研究背景

按照《内蒙古自治区“十三五”脱贫攻坚规划》，内蒙古2018年全年实现减贫 23.5 万人，贫困发生率下降到 1.06%。[①] 在此基础上 2019 年进一步推进扶贫工作，2020 年全区的贫困地区与贫困人口一同实现脱贫，进入了全面小康生活。

内蒙古共有牧业旗县 33 个，牧区的稳定与发展对于内蒙古经济发展、社会进步以及地区稳定有重要的影响，贫困曾经是牧区发展中影响最大且最棘手的问题，牧区贫困不仅是国家和政府高度关注和重点解决的对象，更是牧区自身前进的绊脚石。内蒙古自治区政府认识到在牧区开展扶贫工作的重要性，一方面，牧区扶贫工作开展成功与否，切实关系着牧民生存条件的改善和生活水平的提高；另一方面，做好牧区的扶贫开发工作，也是国家打赢脱贫攻坚战的关键一环，同时更是维护边疆地区稳定和谐的重要保证。政府已经投入大量的人力物力和财力竭力解决牧区的贫困问题。尽管扶贫工作取得成效，牧区已经实现脱贫，但扶贫工作的开展并不尽善尽美，在此过程中，扶贫工作出现的一些问题也悄然凸显。例如，对当地资源禀赋、市场形势没有深入调研，乱开方子，扶贫措施并未真正帮助到当地居民；又或是急于求成，忽视了当地居民真正的需求；一些被扶持对象产生严重的依赖心理，靠贫困补贴和各种福利生活。这些问题给国家扶贫工作带来了不良影响，扶贫措施不得当影响了地区的可持续发展，因急于求成而使地区脱贫后又返贫，有可能使国家脱贫工作的成就和质量受到此类问题的干扰。及时考察分析上述扶贫工作中存在的问题，能够为脱贫巩固和有效发展提供参考，起到警示牌的作用，避免后续牧区在可持续发展中出现类似问题，同时也为国家的乡村振兴提出有益的对策建议。

社会工作起源于西方的贫困救济和慈善事业，最初是为解决因工业化出现的社会问题产生，社会工作为西方国家缓解社会压力、解决社会问题、维护社会稳定发挥的巨大作用。无论是过去还是现在，西方或是东方，尽管存在很多差异，但社会工作始终是解决贫困问题的重要力量。《民政部、财政部、国务院扶贫办关于支持社会工作专业力量参与脱贫攻坚的指导意见》中指出，要将专业社会工作纳入当地党委政府扶贫工作安排中，使社会工作者能够运用社会工作专业知识技能，以助人自助的理念帮助当地人民实现自我脱贫，自我能力发展。[②] 本研究以社会工作中的社会策划模式为视角，考察分析在牧区扶贫工作中存在的真实问题，进而找出其背后原因从而提出相应的解决策略。

---

① 内蒙古自治区人民政府［EB/OL］. http：//www.nmg.gov.cn/art/2019/2/27/art_1972_253757.html.

② 国务院扶贫开发领导小组办公室［EB/OL］. http：//www.cpad.gov.cn/art/2017/8/8/art_46_67164.html.

2. 研究意义

（1）考证社会工作在牧区精准扶贫中发挥的作用。纵观古今，世界各国的经验告诉我们，社会工作应该积极参与扶贫开发工作。尽管学界始终强调社会工作要在脱贫攻坚中发挥作用，但新道路新模式需要不断地探索和检验，在《中共中央国务院关于打赢脱贫攻坚战的决定》中，第一次在国家反贫困政策中提及社会工作，同时指出，要实施扶贫志愿者行动计划和社会工作专业人才服务贫困地区计划①，这充分说明了国家对社会工作参与扶贫开发工作的重视，同时也为社会工作助力精准扶贫提供了制度基础。社会工作要参与到脱贫攻坚工作中来，既要用社会工作专业知识分析脱贫工作出现的另类现象，也要用社会工作的专业视角挖掘贫困成因，制定脱贫方案，社会工作要起到预防脱贫出现问题和解决已经出现的问题的作用。通过社会策划模式分析G嘎查脱贫过程，探讨总结社会工作在牧区脱贫攻坚中发挥的作用。这就是本文的最终目的，希望可以总结一条具有适用性的社会工作参与牧区脱贫攻坚的道路。

（2）回顾和反思牧区扶贫工作存在的问题。内蒙古自治区为牧区贫困地区贫困人口的脱贫，注入了莫大的人力、物力、财力，实施了易地搬迁、生态移民、“轮牧禁牧”、城镇化等诸多政策。经过几年的辛苦努力，内蒙古自治区的扶贫工作取得了巨大的成绩，2020年实现了贫困人口全部脱贫。在脱贫攻坚战中，政府以及社会组织等部门全力以赴，交出了令人满意的答卷。但在扶贫工作中也存在不少的问题，总结成功经验，反思工作中存在的问题，分析其出现的原因，完善工作内容，才能更好地巩固脱贫成效，在接下来的乡村振兴中取得更大的胜利。牧区地广人稀，不如其他贫困地区人员密集，因此牧区的反贫困工作更应因地制宜，制订个性化的方案。当前我国牧区反贫困工作存在急于求成、针对性不强、“造血”效果不明显等问题，只有将这些问题解决，才能为接下来一年的扶贫开发工作提供良好借鉴。

（二）国内外文献综述

1. 国外相关文献

（1）社会策划模式的相关研究。1979年，美国学者罗夫曼将社会策划模式划分为社区工作三大工作模式之一。之后，罗斯曼又提出“社会策划模式是针对问题本身从事科学化的探究，通过理性的行动决策，来解决社区的问题，从而引

① 中华人民共和国中央政府［EB/OL］. http：//www.gov.cn/zhengce/2018-08/19/content_5314959.htm.

导社会的变迁与进步”[①]。社会策划模式强调理性，可以用来解决社会变迁和社区发展中的一系列问题，美国学者 Jeank Quan 等（1986）认为，可以用理性的和实际的方式来解决社区内青少年违法、身心健康以及住房问题。社会策划本身也是一个很广泛的领域，涉及许多不同类型的活动，大到经济规划和国际规划，小到项目的实施，例如，社区内精神病患者的社区护理计划，都可看作是社会策划[②]。英国学者 A. Twelvetrees（1991）认为，在社区发展的诸多方法中，社区工作之所以特殊正是在于其社会策划的广泛和频繁应用，社会工作者都在参与社区的社会策划，社区工作也都包含了社会策划的因素。[③] 社会策划的范围远不止于此，加拿大学者 J. David Hulchanski（1995）认为，社会策划不仅限于政府活动，还包括私人部门或机构的活动，以及社区外部的社会运动、职业以及其他有着共同社会目标的社会组织。他认为社会策划是社区对生活质量方面或社会生活问题的目标和策略方面做决定的过程，更关注社会的外部，社会福利以及再分配。

（2）国外扶贫工作方式的相关研究。部分国外学者认为可以建立一种生态扶贫模式。Tim Daw（2011）则分析考察了生态系统服务与扶贫减困之间的关系，试图通过两者之间的关系建立一种生态扶贫模式。[④] Koning 等（2011）在生态环境保护与扶贫关系的研究与之前几位学者很相似。[⑤] Verma 等（2011）的研究将前人的生态扶贫模式具体到湿地生态系统，并论述了湿地生态系统与扶贫减困之间的关系。[⑥] Toledo（2014）考察分析了热带地区的生态系统与扶贫工作之间的关系，并站在历史演变的角度，探索出一个生态扶贫模式，并且适合巴西经济发展。但也有人同时指出，生态扶贫并不能真正消除贫困，[⑦] Suich 等（2015）

---

① 张天乐．社会工作概论（第七版）［M］．上海：华东理工大学出版社，1997：46.

② Mary Wirtz Macht，Jean Kathleen Quam. Social Work：An Introduction ［M］. Princeton：Merrill Publishing Co.，1986：98-99.

③ A. Twelvetrees. *Social Planning Approaches to* Community［M］. London：Palgiave，1991：98-139.

④ Tim Daw，Katrina Brown，Sergio Rosendo，Robert Pomeroy. Applying the Ecosystem Services Concept to Poverty Alleviation：The Need to Disaggregate Human Well-Being［J］. Environmental Conservation，2011（38）：370-379.

⑤ Free de Koning，Marcela Aguinaga，Manuel Bravo. etc. Bridging the Gap Between Forest Conservation and Poverty Alleviation：The Ecuadorian Socio Bosque Program［J］. Environmental Science and Policy，2011（14）：531-542.

⑥ Madhu Verma，Dhaval Negandhi. Valuing Ecosystem Services of wetlands-a Tool for Effective Policy Formulation and Poverty Alleviation［J］. Hydrological Sciences Journal-Journal Des SciencesHydrologique，2011（56）：1622-1639.

⑦ Peter De Toledo. Ecosystem Protection and Poverty Alleviation in the Tropics：Perspective from a Historical Evolution of Policy-Making in the Brazilian Amazon［J］. EcosystemServices，2014（8）：97-106.

的研究颠覆了前面几位学者的看法，他们认为，尽管生态扶贫模式可以在一定程度上防止人民变得贫穷，但在减贫方面几乎没有作用，更不用说在消除贫困方面的作用了。[①]

1）国外学者对旅游扶贫的探讨同样十分激烈。英国国际发展局（DFID）在20世纪90年代提出了Pro- Poor-Tourism（PPT）概念，翻译为适合贫困人口的旅游，旅游扶贫在国内外旅游业以及扶贫开发的研究界被提上日程。旅游扶贫（PPT）的目标是促进减贫发展，方式是旅游，这其中强调在旅游中，穷人所收获的经济利益必须要大于他们在这其中所付出的成本，这是旅游为贫困人口带来的一定经济效益。[②] Spencely等（2010）提出，以野生动物、地质景观为代表的自然旅游是许多自然资源丰富的发展中国家（如非洲一些国家）所采取的旅游扶贫方式；文化遗产类旅游与其他旅游方式一样，能够通过消费提高当地人们的生活水平，游客的大量涌入也有利于提升当地居民对于生活地区的自豪感，同时通过旅游中多种多样的活动，有利于保护文化遗产和传统手工艺；[③] Hampton（2005）说明了旅游扶贫在带动当地经济发展方面的作用，印度爪哇婆罗浮屠遗产地的居民以公园员工、商店或饭店以及沿街叫卖的小贩等方式参与旅游业的发展，其游客的消费就是他们参与旅游的收入，简单有效，既不会遗漏收入也不会造成较大损失；[④] Rid（2014）认为，农业也可以参与旅游业的发展，将农业与旅游业紧密结合，会对旅游业的发展有一定的促进作用，目前国外的相关研究不仅限于传统农业观光，还涉及农产品的销售与供应。[⑤]

同样地，旅游扶贫并未受到所有人的认可，在肯定旅游扶贫带来的经济效益的同时，也应注意到并非所有学者都认为旅游扶贫真实有效，旅游扶贫有诸多的限制因素，例如，贫困人口是否具备顺利进入市场的资本、地区旅游的商业模式是否具有可行性、旅游扶贫的政策是否完善，是否有政府保障（包括土地利用、承认贫困人口的合法权益等），这些限制因素使我们不得不深思旅游扶贫是否真的有效果。Ashley（2006）在早些时候曾指出在一些地区旅游存在产业为富人所

① Helen Suich，Caroline Howe，Gcorgina Mace. Ecosystem Services and Poverty Alleviation：A Review of The Empirical Links［J］. Ecosystem Services，2015（12）：137-147.

② DFID. Tourism and Poverty Elimination：Untapped potential［R］. London：DFID，1999.

③ Spenceley，Habyalimana，Tusabe，et al. Benefits to the Poor from Gorilla Tourism in Rwanda［J］. Development Southern Africa，2010，27（5）：647-662.

④ Hampton. Heritage，Local Communities and Economic Development［J］. Annals of Tourism Research，2005，32（3）：735-759.

⑤ Rid，EzeudujiI，Haider. Segmentation by Motivation for Rural Tourism Activities in the Gambia［J］. Tourism Management，2014，40（2）：102-116.

控制的现象，由于缺少政府管理，出现了资金分配的失衡，进一步扩大了贫富差距，旅游扶贫的受益主体本该是贫困人群，但实际他们的收入远不及富人在旅游扶贫中得到的利益，这明显与旅游扶贫（PPT）的初衷不符。① 在南非姆普马兰加的 Meander 地区，在旅游扶贫中，黑人社区并未享受到扶贫带来的效益，扶贫对各社区的影响不同，倾斜程度也不同。

对于南非地区，学者也有突出的研究贡献，Mokgadi，Oladele（2012）考察了农业可持续发展对于南非的贫困状况有一定缓解作用，关键是要站在可持续发展的角度。② Nesengani，Mudau，Netshandama（2016）对南非地区的研究则主要关注粮食安全，重点则讨论了粮食安全对南非林波省社区扶贫的相关作用。③ Sheppard 等（2010）总结归纳出一条以社区为基础的社区治理经验，以西非加纳雅内社区河马保护区为案例，研究得出以社区为基础的社区治理对于保护生物多样性有影响，且对于减困扶贫同样有显著作用。④

2）关于国外扶贫模式的相关研究。国外扶贫主要有三种模式：①由法国经济学家 F. 佩鲁提出的“发展极”模式。“发展极”模式一方面强调发展，另一方面也强调政府作用，通过确定扶贫对象政府出资给予扶持，而后再鼓励帮扶对象进行自我发展。“发展极”模式的工作主体是相关负责部门和创新型企业，两者某个地区或某个城市互动形成地区或城市经济发展中心，对其他地区或部门产生辐射带动作用，刺激它们的经济增长，缓解区域性贫困状况，地区的贫困人口通过这样自下而上的发展方式共享经济发展的成果。巴西是“发展极”模式的代表国家，主要通过制定反贫困政策、执行反贫困计划来进行扶贫，反贫困计划主要包括强调国家自上而下的干预作用并形成体系；先制定和实行各种落后地区开发计划，而后建立专门的扶贫开发机构对落后贫困地区的扶贫开发计划进行指导、组织和实施；实行对各主体的各项鼓励政策，以此促进“发展极”模式的建设。北部农业发展计划与全国一体化计划一道迁都巴西利亚，同时采取农村土

---

① Ashley. Participation by the Poor in Luang Prabang Tourism Economy: Current Earnings and Opportunities for Expansion [R]. ODI Overseas Development Institute, SNV Netherlands Development Corporation, Working Paper 273, 2006: 7.

② Mokgadi, Oladele. Factors Affecting Sustainability of Agricultural Projects on Poverty Alleviation in Gauteng Province of South Africa [J]. Journal of Food Agriculture & Environment, 2012, 11 (2): 1078-1085.

③ Nesengani, Netshandama, Mudau. Contribution of Food Security Projects on Poverty Alleviation to the Communities of Limpopo Province, South Africa [J]. South African Journal of Agricultural Extension, 2016, 44 (1): 113-119.

④ Sheppard, Moehrenschlager, Mcpherson, et al. Ten Years of Adaptive Community-governed Conservation: Evaluating Biodiversity Protection and Poverty Alleviation in a West African Hippopotamus Reserve [J]. Environmental Conservation, 2010, 37 (3): 270-282.

地改革的形式、最低保证计划等一系列政策。除此之外，墨西哥、智利、巴基斯坦、委内瑞拉、哥斯达黎加等国同样采用“发展极”模式。②由美国经济学家斯特雷坦提出的“满足基本需求”模式。该模式向贫困地区的人口提供基本的生活教育设施，提高贫困人群的收入并促进贫困人口进行生产。满足需求模式是一个演进过程，从前是以经济发展作为衡量再就业和再分配的标准，现在演变为了满足人们需求。任务目标由抽象演变为具体，由重视手段向重视结果演变，以及最重要的从双重否定（减少失业）到肯定（满足基本需求）的演进。“满足基本需求”模式的工作还包括向农村的贫困人口直接提供生活必需品，如食物、水、基础设施、文化教育设施等。印度的扶贫模式是典型的满足需求。印度的贫困原因有许多。贫困程度在20世纪90年代以前一直在下降，90年代以后贫困程度又有所加剧，贫困现象反反复复，不能消灭；农产品产量歉收是农业贫困的制约因素，就业机会的减少是整体贫困的制约因素；同时贫困程度具有明显的地域性，有些地区常年贫困；贫困人口数量不断增加；等等。印度同样采用反贫困计划，计划主要包括重视农业，开展“绿色革命”，工作重点也从工业建设转向农业发展引进和培育许多高产农作物，以此来提高农业的产量；同时在贫困地区大力发展教育事业，包括初等教育和成人教育，对印度农村的水、电、路以及医疗等基础设施都进行了帮扶，以此来解决农村的贫困问题。③“社会保障方案”模式。“社会保障方案”模式是经济发达的国家主要选择的扶贫模式，因为西方国家经济实力雄厚，可以直接对贫困人口进行发放社会补助。同时西方国家强调国民福利，可以通过政府财政手段对国民收入进行再分配。政府起到绝对的主导作用，贫困人口的衣食住行及卫生医疗由政府直接给予救济，以满足贫困人口的家庭生活需要，使其能够正常生活。西方国家受社会制度影响，政府主导扶贫，贫困人口和贫困地区数量较少。社会保障方案模式的反贫困的主体有政府、社会以及民众，其中政府起主导作用、社会力量积极参与、民众评判保障效果。具体表现为：贫困群体表达自身利益诉求有高效通畅的途径，政府的扶贫资金充足，各类扶贫项目行之有效，扶贫减困政策体系完善等。

2. 国内相关文献

（1）社会策划模式内涵的探究。学界对于社会策划的定义有四个共同点：

1）社会策划的目标是要解决社区内的问题或满足社区需要。徐永祥（2004）认为，社会策划既是一种社会发展策略，也是具体的发展项目的管理，主要是目标是解决社区中的问题，工作方法是进行有目的的收集资料、制定合适的服务方案、理性选择最优方案并提供服务给社区。

2）强调了社会策划的策划和解决过程。高鉴国（2011）认为，社会策划是一种社区工作模式，注重实现任务目标与过程目标、强调理性处理问题，注重自上而下的改变、控制及指导未来。具体地说，作为一种社会工作模式，社会策划是通过社区工作者收集和分析资料，设计和实施服务方案，并对方案执行情况进行评估，以解决社会问题，满足社区居民的需要。

3）强调社会策划的理性特征。夏建中（2009）认为，社区工作中的社会策划模式就是社区工作员运用理性的方法和技巧，通过清楚理解掌握社区工作机构的工作理念、政策、资源和目标从而确立社区工作目标，社会工作者需制定多个方案，在具体服务中选择最合适、最理想的方案执行，然后判断社区需要以此来进行社区动员和资源配置，并在提供服务的过程中随时观察周围环境的改变和现实条件的变化，随时更改服务方案，在工作计划即将结束时对整个工作流程进行评价和反思。

4）社会策划既是一种社区发展策略，也是具体的发展项目的管理。李沂靖（2010）认为，社会策划也译作社会计划，强调社区的发展，现由技术专家和权威部门对社区进行科学理性的调查研究，同样选择最优和最合适的工作计划，强调自上而下地安排相关部门和组织执行服务计划，以此达到解决社区内的问题以及满足居民需求的目标。社会策划模式可以是一种宏观层面的社区与社会发展的发展策略，也可以指微观层面的社区发展项目的策划与管理。它是运用服务计划去实践社会发展的宏观目标，在组织层面策划执行以此来推动改变并解决社会问题。

（2）社会策划模式与社会问题的相关研究。国内关于社会策划模式应用实践的相关文献和书籍较少，笔者通过查阅知网和社区工作相关书籍，发现目前对于社会策划模式的研究还仅限于社区建设层面。

1）农村与农民方面。张岭泉、李红霞、张学东（2011）将社会策划模式用于解决城中村改造中出现的社区整合困境，他们强调了社会策划模式理性和自上而下的特点并根据社会策划模式的特点，认为可以理性地、有步骤地重构社会整合。杨宇（2017）则是在其文章中展示了一个成功的社会策划模式下的易地搬迁案例，该村落在搬迁过程中并未完全按照政府意志执行，而是最大程度地尊重当地居民的意愿，村干部整合专家意见，结合村部优势条件，开创了一个有创新产业链式的工业园区化的“村落小区”模式。杨宇认为，社会策划模式是大背景和大环境，但落实到具体的社区建设与发展中还需要不断地总结经验与探索实际。葛欣鹏（2012）则用社会策划模式来应对“农民上楼”现象，社会策划模式下的人都是追求自我利益最大化的理性人，农民拒绝上楼是因为他们认为自己的利益遭到破坏，社会工作者要发挥协调者、监督者和技术专家的作用帮助农民更好地上楼。同时葛欣鹏认为，社会策划模式在应对“农民上楼”现象时也存在缺陷和不足，这些不足主要来自模式本身。

2）在社区工作方面。吴双（2012）介绍了社会策划模式应该如何应用于社区社会工作中，并在分析过程中认为社会策划模式有许多不足，社区如果想要更好发展，完成社区建设，就需要以社会策划模式为主，以地区发展模式为辅，两种手法相辅相成才能扬长避短。曹雨薇（2016）在文中运用社会策划模式分析了“村改居”社区中存在的一些问题，并提出了针对性的建议。

通过整理社会策划模式的相关文献可以看出，目前学界对于社会策划模式的应用还仅限于与农业有关的相关内容，且大多数都在讨论模式的具体应用，对于扶贫工作探讨内容几乎为零。

（3）牧区扶贫工作相关研究。关于牧区扶贫工作的文献综述，主要从其存在的问题入手进行说明。牧区扶贫工作中存在的问题主要有以下几个方面：

1）政府追求成效，急于求成。海英、格日勒图（2016）认为，扶贫工作中存在着偏差，有些政府工作人员只片面注重扶贫成效，只愿意接受那些大型的短期可以见到成效的经济性扶贫项目，真正贫困的地方甚至不愿意去扶贫。张磊磊、王跃（2018）则表示，在西藏的牧区同样存在着“快餐式扶贫”的现象，个别援疆干部把“数字式脱贫”作为自己晋升的资本，甚至不惜举债扶贫，只为干出成绩。

2）政府调研不够，需求不明。吴永胜（2016）表示，在政府进行具体扶贫工作开展过程中调研不够充分，没有准确把握农牧民的真实需求，重“输血”而轻“造血”。王艳、韩广富（2014）认为，中国政府针对牧区草场退化实施的生态保护工程，也只是初步遏制了草原生态的继续恶化，而没有补偿牧民因此丧失的经济收入，这也是为什么牧民们保护生态环境积极性不高、违法放牧现象屡禁不止的原因。

3）牧民思想保守，被动扶贫。王艳、韩广富（2014）在文章中提到，贫困牧民自身发展能力不足，市场经济意识落后，社会融合困难，这些因素使牧民脱贫变得困难。张磊磊、王跃（2018）表示，受教育程度的影响，西藏农牧民接受能力有限，受到宗教因素的影响，农牧民更倾向于用宗教的力量来解决问题，这严重阻碍了西藏牧区的脱贫攻坚工作。吴永胜（2016）则认为，当地农牧民缺乏积极进取的意识，农牧民们享受当下的生活方式，缺乏不断挑战自我的意识。

（4）社会工作参与扶贫工作的相关研究。“社会工作与精准扶贫都是帮助困难群体解决问题的行动，两者在对待贫困的价值观、工作方法、工作过程、目标追求等方面具有相似性或同构性。”① 社会工作可以参与到精准扶贫的制度建设和能力建设中（王思斌，2016），社会工作所具有的专业特色使其在扶贫的实践中可以发挥作用：一是社会工作的专业价值观；二是社会工作“优势视角”理论；三是社会工作专业的方法与技巧（向德平，2009）。

国内学者针对社会工作参与到扶贫工作中的可能性和可行性早有探讨，陈成文等（2016）认为，扶贫工作需要社会各方力量参与，系统的扶贫工作更需要一支独立于政府部门和权威机关之外的专业扶贫队伍。社会工作专业队伍可以做扶贫相关工作，同时，社会工作的工作理念与农村开发式扶贫的工作模式不谋而合，首先社会工作强调以人为本，对人的价值、能力以及潜力给予充分的肯定，以及对其他与团体利益和社会公益有关的价值观的肯定，强调助人自助。李潇、张红（2015）根据以往社会工作在扶贫开发中取得的成效，认为在农村扶贫开发中社会工作的介入有其必要性和可行性。社会工作介入的必要性体现在以下三个方面：一是宏观社会工作有利于维护农村社会的稳定；二是社会工作的介入增加了农村扶贫开发方式；三是为农村扶贫开发注入新的理念、工作方法和专业人才。李迎生、徐向文（2016）提到社会工作在理论层面和方法层面介入精准扶贫的“缘由”主要体现在以下四个方面：一是社会工作与精准扶贫基本理念相通，工作方法合宜；二是社会工作的评估与监督一体化，凸显社会工作的第三方优势；三是社会工作专业能够链接域外资源，推动多元社会力量合作；四是社会工作更加聚焦长远发展，并且强调巩固脱贫成果。以上研究突出强调了社会工作介入扶贫开发的专业优势与独特功能。

社会工作应以何种方式参与脱贫攻坚？向德平（2009）认为，社会工作介入扶贫的路径有四个：一是社会工作独特的“助人自助”理念可以介入；二是重视贫困人群的能力建设、强调自我发展；三是加强贫困者的社会参与；四是社会工作可以为贫困人群提供专业服务，在实践中运用专业方法和技巧。廖敏（2011）提出了社会工作介入扶贫的方式有以下三个方面：一是强调政府作用，通过强化政府职能并创新扶贫模式；二是强调政府购买，使更多社会力量和社会组织参与到扶贫工作中来，发挥专业优势和组织优势；三是构建社会工作参与扶贫开发的平台。胡阳全（2013）站在民族角度来看，认为个案工作、小组工作以及社区工作均可以开展。个案工作针对民族文化与民族习惯，小组工作针对民族传统美德，社区工作针对社区发展与贫困问题。敖琪（2016）则表示，要通过实施就业

① 王思斌．精准扶贫的社会工作参与——兼论实践型精准扶贫［J］．社会工作，2016（3）：3-9+123.

扶贫政策、强化职业技能培训、扶贫资源配置精准等具体措施，让社会工作者在精准扶贫中发挥作用。

3. 本研究的创新点

本文旨在在整理前人有关文献的基础上，通过对 G 嘎查的实地调查研究，探讨在当地扶贫工作中出现的现实问题，从而深入分析隐藏在问题之下的本质原因，再从社会工作的立足点出发，进行总结和反思，以期能够为牧区的扶贫工作和乡村振兴事业做出学理上的贡献。通过整理归纳前人的研究成果，对牧区扶贫、社会工作介入精准扶贫中获取的经验和出现的问题进行深入探讨，运用社会策划模式去分析此类问题。

社会策划模式是罗斯曼提出的社区社会工作三大经典介入模式之一，注重实现任务目标，强调理性处理问题，注重自上而下的改变、控制和指导未来。社会策划主要是针对社区中存在的问题通过策划过程加以解决，立足于微型地理社区范围。社区通常是指聚居在一定地域范围内的人们所组成的社会生活共同体，将牧区可以看作是社区的一种。牧区的社会进步和经济发展与中国大社区的发展息息相关，但贫困是阻碍牧区发展的绊脚石，因此解决牧区贫困问题是重中之重。扶贫是一种政府工作，为帮助改善贫困人群的生存条件与生活条件，改变贫困地区穷困潦倒的面貌，具有典型自上而下的特点，因此用社会策划模式来分析牧区扶贫工作中存在的问题有较强的适用性。

本文从在宏观社会工作中的社会策划模式去考察分析牧区扶贫工作中取得的成就和出现的问题。牧区的扶贫工作本身是一种政府主导的自上而下的国家行为，是国家为解决地区贫困问题而进行的一系列工作，在此过程中出现的问题符合社会策划模式的短板特点，因此，以社会策划模式为视角，重点是分析牧区扶贫工作出现的一些问题。社会策划是因问题而起，策划的内容主要是围绕这些问题展开，在本文中，问题主要出现在牧区扶贫工作中。

（三）理论框架

社会策划模式作为本文的理论视角，笔者运用社会策划模式明确了问题存在的形式和原因，同时运用社会工作的理念和方法提供了克服问题的途径。

在本文中，对社会策划模式做如下定义：社会策划模式是社区工作模式之一，具体形式既是社会发展的策略，又是社区内具体发展项目的管理。注重自上而下的改变、控制及改变未来。强调理性科学地处理问题，注重实现过程目标和任务目标，社会工作者通过收集和分析资料，制订和执行合理的工作计划，实现解决社会问题和满足居民需求。

社会策划模式的优势是能够保证专业化的服务质量和服务效率。由于前期已经分析过如何解决社会问题，加之社会工作者拥有所需的技术和能力，所以可以保证其服务质量。社会策划模式重视专家在其中的作用，这样的决策和行动更有效率，服务一般可以及时满足居民的需要。

关于社会策划模式局限方面，社会策划模式下的居民缺少主动性、参与度不高、依赖性强且服务方案易与社区发展的现实需要不符。社会策划是典型的自上而下的工作模式，缺少居民的参与和决策，使服务方案并未反映真实需要。通过明确社会策划模式的局限，笔者也清楚地看到在牧区扶贫工作中同样存在着类似的问题。

社会工作强调案主自决，尊重案主意愿。同时社区建设更靠居民的参与、人的自我改变，重视当事人的参与和决策。因此要克服社会策划模式的局限，运用社会工作的理念和方法，找到解决克服问题的途径，由此来提高扶贫工作的效率。本文借用社会策划模式作为论文理论视角，在这一理论框架内分析牧区扶贫工作出现的问题，也同样在这一框架内提出对策建议。

（四）研究方法

本文主要使用实地调查研究法，收集资料运用无结构式访谈。实地研究要深入研究对象的生活环境中，在研究对象的背景下，运用参与式观察和非结构访谈的方式收集资料，并通过对这些资料进行定性分析以此来解释现象理解本质。考虑到每家每户的经济情况，家庭构成不同，且大多数牧户多用蒙古语交流，因此没有制定具体的访谈提纲，大体归纳出要访谈的内容模块，在牧户家进行访谈。主要访谈对象为嘎查书记、嘎查当地介绍人兼司机和精准扶贫户。通过与嘎查书记交流，可以了解到政府、合作社层面是如何对贫困户进行帮扶的，脱贫时间和帮扶措施。在介绍人的带领下，牧民对我们并没有太多戒心，反而因为介绍人在场，可以更多地说出心里话。帮扶对象对于扶贫工作的态度和看法是整篇论文的重要案例。

（五）实地调查情况

本次实地研究选择的是内蒙古自治区西部的四子王旗 G 嘎查，四子王旗是内蒙古自治区的 33 个纯牧业旗县之一，同时也是 19 个少数民族边境旗县之一，也是国家级重点贫困县之一，四子王旗既是牧业旗县也是典型的贫困牧区。四子王旗与许多贫困的牧业旗县一样，牧户居住分散，大多居住在草原深处，交通十分不便。G 嘎查也是我校建立牧区社会工作实习基地的驻点单位，前期资料收集充足，社会关系稳定，加之笔者前期已经前往四子王旗 G 嘎查多次，在研究领域奠定了一定的基础，因此这些条件为论文的写作提供了可能。

调研走访前期，主要是以小组为单位进行入户走访。牧户与牧户之间距离十分远且行走困难，需要合适的交通工具。后期笔者一行人请当地人 S 作为介绍人，同时兼职司机，这才使调研走访得以顺利进行。本次调研的牧户中，大多牧户是夫妻两人在家，子女在外上班或上学。在危房改造期间，许多牧民选择修缮房屋，但需自己先行垫付钱款，而后政府再补贴。由于补贴远不够修缮房屋所花的费用，因此不少牧民表示，装修房子之后开始有外债。加之前两年极度干旱少雨，自己家的草场根本不够牲畜吃，只能另外买草买料，大多数牧民没有存款，都选择了向银行贷款。在第二年羊产崽后卖掉还银行贷款，由此形成了恶性循环，影响了牧区脱贫进程。

笔者在此期间走访了精准扶贫的对象，这些牧户更愿意向介绍人和我们说出自己心里真实的想法。不少牧户表示，脱贫后，钱还是不够花，很容易返贫。

二、贫困的概念与我国扶贫工作

（一）关于贫困的概念定义

从古至今，贫困一直是困扰人们的社会顽疾，它贯穿于人类社会的发展，贫困不限于某个地区、某个国家，无论是当今世界的发达国家还是发展中国家，或多或少都有贫困的现象。

关于贫困的定义，说法有很多，始终没有形成一个统一的贫困定义。一是因为尽管贫困具有世界性，但各国家各地区之间经济水平不同，发展程度不同，没有办法制定一个适合所有地区和国家的贫困定义；二是因为贫困不是静态的，而是动态的，过去的贫困解决了，之后还会有贫困出现，过去和现在的贫困是完全不同的。尽管学界没有统一的说法，但学者依旧尝试为贫困下一个定义。早期的贫困内涵大多从经济学上出发去理解，即物质生活资料匮乏，强调物质和收入的绝对数量，以收入和消费为主要关注的指标。在 19 世纪末，Charles Booth 和 Seebohm Rowntree 为贫困的定义以及评判贫困的标准做出巨大贡献（Holman，1978），Booth 的贫穷是指那些没有能力和实力支付生活必需品的人，Rowntree 则是以事物消费为主定义贫困，以必须满足生理效率的收入作为是否贫困的分界线，以此来划分贫困或非贫困。根据 Rowntree 的一篮子法，用现金的形式表示出食物的基本营养被转化计算为具体的食物量，然后再加上支付房租最低量的衣物和杂用（MacGregor，1981）。1965 年，美国社会保险局的经济学家 Qusanski 改进了 Rowntree 的一篮子法并建立了美国的贫困线，贫困线的计算方法如下：一是 Qusanski 利用和 Rowntree 相似的方法确定了最低食物支出，然后以特定的恩格尔系数（如 60）来区别贫困和非贫困；二是最低食物支出除以恩格尔系数就得到了贫困线。这种方法直到现在仍然被许多学者和国际组织广泛应用，例如，世界银行以及国际劳工组织就是运用该方法来评估发展中国家的社会发展状况的。劳埃德·雷诺兹（1986）在《微观经济学》中说："所谓贫困问题，是说在美国有许多家庭，没有足够的收入可以使之有起码的生活水平。"①

随着人们观念的改变，这种单一关注收入和消费的贫困含义受到了较多批评。之后，学界将贫困的定义进一步丰富，影响比较大的主要有三点：一是由梅尔通（ Robert K. Merton）和尼斯贝特（ Robert A. Nisbet ）在 20 世纪 60 年代提出的、后被广泛运用的绝对贫困与相对贫困概念（吴理财，2000）：所谓绝对贫困，又称"生存贫困"，是指缺乏最低生活标准的能力以维持生存，这些维持生存所需的基本条件包括食品、住房和衣着消费等；相对贫困则是指一个人或家庭的收入低于社会平均收入水平达到一定程度时的生活状况（黄文平、卢新波，2002）。二是在 1990 年世界发展报告中，世界银行对贫困下了这样的定义：贫困是指缺少达到最低生活水准的能力（马俊贤，2001 ；闫天池，2004）。此外，世界银行还提出按 1985 年人均 1 美元的绝对收入标准来划分贫困线，这个划分贫困线的标准是迄今为止进行贫困国际比较的最重要的尺度之一。三是从 20 世纪 80 年代后期到 90 年代末，贫困的定义开始强调能力和权利，而不仅仅强调缺乏收入，人类自我发展能力和自身权利被剥夺即是贫困（刘尧，2002）。在他看来，缺乏创造收入的能力和机会才是真正的贫困。胡鞍钢（2017）将贫困划分为收入贫困、人类贫困和知识贫困，收入贫困强调收入与支出，即缺乏最低水平的收入或支出；人类贫困强调人的基本发展，是指缺乏基本的生存和生活能力，如学习文化的能力、身体健康、缺乏卫生条件、平均寿命短等；知识贫困则强调对知识和信息的掌握，是指创造知识和信息能力不足，获取知识和信息及交流并应用知识和信息的能力均不足。不难看出，早期贫困的定义只局限于物质和收入；而近年来的贫困定义则把个人能力和社会公平也纳入其中，更倾向于运用相对指标来度量贫困，贫困定义进一步丰富。

（二）我国扶贫工作开展过程

贫困不仅是一个简单的社会现象或经济问题，也是关乎社会稳定和经济发展

① 雷诺兹．微观经济学［M］．马宾译．北京：商务印书馆，1993：53.

的大问题。我国贫困人口大多集中在农村，而农村人口又占据了中国人口的绝大多数，因此，解决贫困问题是关乎国家长治久安的重大问题，这不仅仅关系到贫困地区的经济发展和各区域的协调发展，更关系到国家政权的稳定和社会的和谐。从2013年开始，精准扶贫、精准脱贫工作已上升到国家战略发展高度并成为国家“十三五”工作的重中之重，确保了2020年如期实现消除贫困、改善民生，全面建成小康社会，推动了现代化国家建设，为实现中华民族伟大复兴的中国梦奠定了基础。改革开放40多年以来，我国的扶贫实践从以“大空间大区域”为瞄准对象的大水漫灌似的粗放式扶贫，慢慢摸索出适合我国现阶段国情的“注重精准发力”的精准扶贫。进入以习近平总书记为领导的中国特色社会主义建设新时代以来，扶贫工作的主要经历如下。

首先，我国进入新时期、新阶段，面临新任务、新挑战，以习近平总书记为核心的党中央继承了1986-1987年积累的扶贫实践经验，继续推进我国扶贫事业的深入发展。在新的形势下，党中央及时提出精准扶贫的思想理念，推动了扶贫理论的创新，根据贫困地区的具体经济情况以及贫困特征，创新原有扶贫理论，创新扶贫机制，为消除贫困、实现共同富裕提供了理论指导，使我国扶贫事业取得了重大成就，为2020年如期全面建成小康社会奠定了坚实的基础。习近平总书记于2013年11月在湖南考察时首次提出“实事求是、因地制宜、分类指导、精准扶贫”的重要指示，自此“精准扶贫”的扶贫思想开始成为本阶段的主要扶贫指导思想。2014年3月，习近平参加“两会”代表团审议时强调，要实施精准扶贫，瞄准扶贫对象，进行重点施策。进一步阐释了精准扶贫理念，中央对贫困人口全面摸底，建档立卡，找准贫根儿。

在2015年的减贫与发展高层论坛上，决定实施“精准扶贫”方略，“精准扶贫”的实施，是政府与基层单位通过对贫困户和贫困村的精准识别，精准帮扶，精准管理和精准考核，引导各类社会资源与社会力量在贫困地区进行优化配置，实现扶贫工作到村到户，逐步构建起扶贫工作长效机制，为科学扶贫奠定基础。2015年11月27日至28日，中央扶贫开发工作会议在北京召开。习近平出席会议并发表重要讲话，并指出：“消除贫困、改善民生、逐步实现共同富裕，是社会主义的本质要求，是我们党的重要使命。”2016年是向绝对贫困发起攻坚决战的开局之年，中央财政扶贫资金投入比2016年增加201亿元，增长43.4%。2016年12月8日，电商精准扶贫论坛（2016）在京举行，论坛为及时总结和宣传推广电商扶贫工作中涌现出来的好经验、好典型、好做法，发挥创新示范带动效应，推动电商精准扶贫工作跨越式发展提供了良好的窗口与交流契机。

2017年，党的十九大把脱贫攻坚战作为决胜全面建成小康社会必须打赢的三大攻坚战之一，以深度贫困地区脱贫攻坚为重点，作出全面部署。2017年中央和地方财政专项扶贫资金规模超过1400亿元。其中，中央财政安排补助地方专项扶贫资金860.95亿元，比2016年增加200亿元，增长30.3%；有扶贫任务的28个省份的省级财政专项扶贫资金规模达到约540亿元。截至2017年底，全国农村贫困人口3046万人，比上年末减少1289万人；贫困发生率3.1%，比2016年末下降1.4个百分点。2018年9月，国家发展改革委印发实施《国家发展改革委关于在全国发展改革系统贯彻实施打赢脱贫攻坚战三年行动的通知》和《国家发展改革委办公厅关于印发贯彻实施重要政策措施委内分工方案的通知》，建立起“横向到边、纵向到底”的责任体系，凝聚起全国发展改革系统脱贫攻坚合力。截至2018年底，我国贫困人口共减少6800多万，贫困发生率由10.2%降到3.1%。2019年是中华人民共和国成立70周年，是打赢脱贫攻坚战攻坚克难的关键一年。在2019年3月，“两会”召开时，李克强同志对下一年脱贫攻坚工作做出进一步部署，加大脱贫力度，一年内再减少农村贫困人口1000万。2020年是我国扶贫工作的收官之年，通过最后一年的脱贫攻坚战，取得了全面的胜利。经过近八年的奋斗努力，现行标准下9899万农村牧区的贫困人口实现了脱贫，共有832个贫困县摘掉“贫困帽”，12.8万个贫困村全部出列，区域性整体贫困现象得到解决，完成了消除绝对贫困的艰巨任务。

（三）内蒙古自治区的扶贫工作开展进程

1. 2013-2018年

2013年11月6日，内蒙古自治区出台《内蒙古自治区金融扶贫富民工程实施方案（2013-2017年）》（内政办发〔2013〕105号）。从2013年起，内蒙古自治区本级财政每年安排一定数量的资金，作为风险补偿金，与金融机构合作，按1∶10的比例放大向建档立卡贫困户发放小额扶贫贷款，支持发展特色产业。①

2014年4月23日，内蒙古自治区出台《深入推进扶贫攻坚工程“三到村三到户”工作方案》（厅发〔2014〕13号），在该文件中提出以规划、项目、干部“到村到户”为支撑，精准到户，精准帮扶。② 2014年5月6日，内蒙古自治区党委组织部、自治区直属机关工委、自治区扶贫办联合出台《内蒙古自治区扶贫攻坚工程“三到村三到户”工作驻嘎查村干部选派管理暂行办法》（内扶办〔2014〕47号），确保驻村帮扶工作落地见效。③

---

① 内蒙古自治区人民政府［EB/OL］. http：//www.nmg.gov.cn/art/2013/11/6/art_1686_138598.html.

② 内蒙古自治区人民政府［EB/OL］. http：//www.nmg.gov.cn/art/2015/4/2/art_1571_182469.html.

③ 内蒙古自治区人民政府［EB/OL］. http：//www.nmg.gov.cn/art/2014/5/6/art_1563_171589.html.

2015 年 12 月 17 日，内蒙古自治区出台《贯彻落实<中共中央、国务院关于打赢脱贫攻坚战的决定>意见的通知》（内党发〔2015〕21 号）》，决定提出到 2020 年，实现农村牧区贫困人口绑定脱贫，国家重点贫困旗县全部摘帽，与全国人民同步迈入小康社会的目标。①

2016 年 1 月 8 日，内蒙古自治区党委组织部、自治区扶贫办联合出台《内蒙古自治区贫困旗县党政领导班子和领导干部经济社会发展实绩考核办法（试行）》（内组通字〔2016〕1 号），该《办法》规定了减贫成效、精准识别、精准帮扶、扶贫资金等考核内容，并按照旗县自查、盟市初审，内蒙古自治区复审程序的方式进行考核。② 2016 年 4 月 1 日，自治区出台《关于进一步动员社会各方面力量参与扶贫开发的实施意见》（内政办发〔2016〕34 号），该《意见》明确了参与主体的主要任务，参与主体要扎实做好中央和国际机关定点扶贫工作；深化对口帮扶工作；深入推进内蒙古自治区级领导联系贫困旗县（市、区）工作；强化内蒙古自治区各相关部门和企事业单位做好定点帮扶和驻村帮扶工作；强化军队和武警部队扶贫；动员鼓励商会，企业参与扶贫。此外，还大力支持社会团体、基金会等各类社会组织积极参与扶贫开发，支持区内外、海内外各类社会力量到贫困地区投资兴业。③ 2016 年 5 月 4 日，内蒙古自治区扶贫开发领导小组出台《内蒙古自治区脱贫攻坚村级“453”挂圈作战实施意见》（内扶组发〔2016〕6 号），该《意见》要求各盟市扶贫开发领导小组要切实强化对扶贫开发信息化建设的领导，做到底数清、责任清、办法清和工作要求清。记好“脱贫计划、帮扶措施、工作台账”三本账。④ 2016 年 6 月 1 日，内蒙古自治区党委、自治区扶贫办联合出台《关于脱贫攻坚期内保证贫困县党政正职稳定的通知》（内组通字〔2016〕20 号），该《通知》要求贫困县党委正职在完成脱贫前原则上不得调离，以及贫困摘帽后仍要保持稳定一段时间。⑤

2016 年 7 月 1 日，自治区出台《内蒙古自治区调整不适宜脱贫攻坚工作的领导干部实施细则（试行）》（内组通字〔2016〕33 号），该《细则》就做好适宜脱

---

① 中华人民共和国中央人民政府［EB/OL］. http：//www. gov. cn/zhengce/2018 - 08/19/content_5314959. htm.

② 内蒙古自治区扶贫开发（革命老区建设）办公室［EB/OL］. http：//www. nmgfpw. gov. cn/index. php? s =/Home/Index/news_show/cid/57/id/7211.

③ 中华人民共和国中央人民政府［EB/OL］. http：//www. gov. cn/zhengce/2015-10/23/content_505 6862. htm.

④ 内蒙古自治区扶贫开发（革命老区建设）办公室［EB/OL］. http：//www. nmgfpw. gov. cn/index. php？ s =/home/index/news_show/cid/28/id/6044.

⑤ 国务院扶贫开发领导小组办公室［EB/OL］. http：//www. cpad. gov. cn/art/2016/4/25/art_1744_95. html.

贫攻坚工作的领导干部调整，形成能上能下的选人用人机制，建设敢于担当，攻坚克难的脱贫攻坚领导干部队伍，提出10条具体细则。[①] 同年7月，自治区出台《关于抓党建促脱贫攻坚的指导意见》（内组通字〔2016〕34号），该《意见》就选优配强党政领导班子，保持党政政治相对稳定，激发干部队伍内生动力，增强基层党组织功能，持续整顿软弱涣散基层党组织，大力发挥第一书记推动作用等方面提出了18条具体指导意见。[②] 2016年8月15日，自治区出台《关于加大脱贫攻坚力度支持革命老区开发建设的实施意见》（内党办发〔2016〕37号），该《意见》要求，要推动相关资源要素向贫困老区优先集聚尽快增强贫困老区发展内生动力，加快贫困老区脱贫步伐。[③] 8月20日，内蒙古自治区出台《关于贫困旗县统筹整合使用财政涉农涉牧资金试点工作的实施意见》（内政办发〔2016〕101号），该《意见》提出，通过统筹整合财政专项涉农及涉牧资金，形成“多个渠道饮水，一个龙头防水”的扶贫投入资金新格局，提高财政涉农涉牧资金使用的精准度和最大效益，确保如期完成脱贫攻坚任务。[④] 2016年8月23日，内蒙古自治区出台《关于建立贫困退出机制的实施意见》（厅发〔2016〕24号），该《意见》提出以户为单位实现贫困人口退出，主要衡量标准是该户年人均可支配收入稳定超过国家扶贫标准且吃穿不愁，义务教育、基本医疗、住房安全有保障。[⑤] 2016年11月8日，内蒙古自治区出台《内蒙古自治区脱贫攻坚督查存查办法》（厅发〔2016〕27号），该《办法》提出，脱贫攻坚督查巡查工作主要采取召开座谈会、查阅资料、实地调查、问卷调查、个别访谈和听取汇报、受理群众举报、随机访或暗访等形式进行，同时适当运用第三方评估成果。[⑥]

2017年2月4日，内蒙古自治区出台《关于成立自治区脱贫攻坚指挥部，向国贫旗县派驻脱贫攻坚督导组和进一步加强驻村帮扶工作的通知》（厅发〔2017〕3号），该《通知》指出，督导组工作职责为：调度指挥派驻31个国贫旗县脱贫攻坚督导组开展工作；督促检查31个国贫旗县落实和完成脱贫攻坚目

---

① 乌兰察布市人民政府网站［EB/OL］. http：//www. wulanchabu. gov. cn/information/wlcbzfw11377/msg277015 6885181. html.

② 中国共产党新闻网［EB/OL］. http：//dangjian. people. com. cn/n1/2018/0820/c117092-302383 88. html.

③ 内蒙古自治区人民政府网站［EB/OL］. http：//www. nmg. gov. cn/art/2017/2/21/art_1570_177205. html.

④ 内蒙古自治区人民政府［EB/OL］. http：//www. nmg. gov. cn/art/2016/8/20/art_1686_137428. html.

⑤ 内蒙古自治区扶贫开发（革命老区建设）办公室［EB/OL］. http：//www. nmgfpw. gov. cn/index. php？ s =/home/index/news_show/cid/28/id/6544.

⑥ 北疆先锋党建云［EB/OL］. http：//www. nmgdj. gov. cn/bj_ztlm/dnfgzd1/zzq/201707/t20170712_1450258. html.

标任务；统筹协调各有关部门落实脱贫攻坚责任，整合资金，项目用于国贫旗县精准扶贫、精准脱贫；检查指导全区驻村帮扶工作，完善激励和约束考核机制，选树和宣传帮扶工作先进典型。① 2017 年 4 月 17 日，内蒙古自治区出台《关于进一步加大脱贫攻坚力度十项措施的通知》（内政发〔2017〕47 号），十项措施包括内蒙古自治区设立 20 亿元农牧业产业扶贫发展母基金，实施建档立卡贫困家庭大学生资助政策和扩大学生营养改善计划试点范围，实行大病救助政策，实施“三个一批”即“大病集中救治一批、慢病签约服务一批、重病兜底保障一批”，推进一站式结算、先诊疗后付费和家庭病床等事项措施。② 2017 年 5 月 15 日，内蒙古自治区出台《内蒙古自治区脱贫攻坚责任制实施细则》（内厅发〔2017〕10 号），该《细则》要求分级对扶贫工作负责，内蒙古自治区对脱贫攻坚负总责，盟市承担主要责任，旗县承担主体责任，苏木乡镇承担具体责任，构建责任清晰、各负其责、合力攻坚的责任体系。③ 6 月 8 日，内蒙古自治区财政厅、自治区扶贫开发办公室、自治区发展和改革委员会、自治区民族事务委员会、自治区农牧业厅、自治区林业厅联合出台《内蒙古自治区财政专项扶贫资金管理办法》（内财农规〔2017〕11 号），该《办法》要求自治区财政专项扶贫资金支出方向为：扶贫发展、以工代赈、少数民族发展、国有贫困农场扶贫、国有贫困林场扶贫。此外，自治区财政专项扶贫资金项目审批权限下放到旗县，以提高资金使用精准度和效益。④

2018 年 10 月 8 日，内蒙古自治区扶贫办、北京市扶贫援合办出台《京蒙扶贫协作资金和项目管理办法》（内扶办发〔2018〕134 号），该办法指出要进一步规范和强化京蒙扶贫协作资金使用和项目管理，有效提高协作资金使用效益。⑤ 2018 年 12 月 4 日，自治区出台《关于开展“农校对接”助推脱贫攻坚试点的指导意见》，该《意见》指出：“农校对接”是助力脱贫攻坚，促进贫困地区农牧业产业化发展、服务贫困地区经济建设和保障学校食堂供给的有力抓手，是学校农畜产品需求导向与农村牧区产业调整精准对接的有机结合，也是助推贫困地区经济发展和增加贫困户收入的有效措施。⑥

---

① 内蒙古自治区人民政府［EB/OL］. http：//www. nmg. gov. cn/art/2017/8/24/art_1570_177238. html.

② 内蒙古自治区人民政府［EB/OL］. http：//www. nmg. gov. cn/art/2017/4/17/art_1686_137490. html.

③ 内蒙古自治区扶贫开发（革命老区建设）办公室［EB/OL］. http：//www. nmgfpw. gov. cn/index. php？ s=/Home/Index/news_show/cid/25/id/6845.

④ 内蒙古自治区人民政府［EB/OL］. http：//www. nmg. gov. cn/art/2017/6/8/art_1566_173234. html.

⑤ 内蒙古自治区人民政府［EB/OL］. http：//www. nmg. gov. cn/art/2019/2/20/art_1562_252857. html.

⑥ 内蒙古自治区扶贫开发（革命老区建设）办公室［EB/OL］. http：//www. nmgfpw. gov. cn/index. php？ s=/home/index/news_show/cid/25/id/12510.

2. 2019 年至今

2019 年 2 月 2 日，内蒙古自治区出台《关于进一步加强扶贫小额信贷工作的通知》（内扶办发〔2019〕17 号），该《通知》指出各相关部门要认真贯彻落实扶贫小额信贷有关政策，稳步推进扶贫小额信贷发放和管理工作，在帮助贫困户发展生产、稳定脱贫等方面取得了明显成效，但也存在政策执行不到位、管理工作不规范、统计数据不一致等问题，由此下发该《通知》进一步加强扶贫小额信贷工作。[①] 2019 年 3 月 4 日，自治区出台《产业扶贫项目未覆盖有劳动能力贫困人口清零行动工作方案》（内扶办发〔2019〕54 号），该方案指出盟市、旗县要制定产业扶贫“清零行动”具体方案，明确落实措施与分工，扎实做好产业清零摸底工作，做到不漏一人。[②]

2019 年 3 月 26 日，内蒙古自治区党委、内蒙古自治区人民政府《关于建立贫困退出机制的实施意见》（厅发〔2018〕11 号）和内蒙古自治区扶贫开发办公室《关于开展 2018 年贫困旗县退出专项评估工作的通知》（内扶办传发〔2018〕35 号），要求武川县、阿尔山市、扎赉特旗、科右中旗、科左后旗、喀喇沁旗、巴林右旗、宁城县、苏尼特右旗、察右后旗等 10 个国贫旗县按照贫困县退出要求，已完成县级申请、市级初审、第三方专项评估、自治区相关行业部门及单位评价等程序，面向社会公示。

2020 年 3 月 5 日，内蒙古自治区宣布鄂伦春旗等 20 个贫困旗县正式退出贫困县序列，至此，内蒙古自治区的贫困县全部实现了脱贫摘帽。这样，自脱贫攻坚战打响以来，内蒙古自治区贫困发生率由 2013 年底的 11. 7%下降到 2020 年的 0. 11%，共 3694 个贫困村全部脱贫出列，提前取得了脱贫攻坚战的胜利。

三、四子王旗 G 嘎查的扶贫情况概述

（一）G 嘎查的基本情况

四子王旗位于内蒙古自治区中部，乌兰察布市的西北部，北部与蒙古国接壤，牧区面积有 2000 多平方千米，农区面积接近 5000 平方千米，G 嘎查在四子王旗中部，距离四子王旗旗政府 35 千米，S101 省道和四子王旗旅游专线贯穿全嘎查南北。G 嘎查辖区总面积 464. 1 平方千米，草场总面积 69. 6 万亩，G 嘎查的

① 内蒙古自治区人民政府［EB/OL］. http：//www. nmg. gov. cn/art/2019/2/15/art_1562_252325. html.

② 内蒙古自治区人民政府［EB/OL］. http：//www. nmg. gov. cn/art/2019/3/14/art_1562_255729. html.

总户数为226户518人，其中，蒙古族346人，占总人数的70.5%，常住户127户364人，贫困户52户135人。典型的荒漠化草原气候特征，气候特征为温带季风性气候，冬季漫长寒冷，寒潮天气较多，夏季短促而凉爽，降水少而集中，年降水300毫升左右。以畜牧业为主导产业，其草场总面积达到69.6万亩，同时零散经营季节性的家庭旅游业，是一个典型的地广人稀的牧区社区。嘎查内牧民家庭间连接道路为土路，日常出行主要靠汽车和摩托车，牧民家庭以自家打井饮用地下水为主，但打井费用高昂，大部分牧民依旧使用公共水井的水。电网基本覆盖嘎查内家庭，基本实现广播电视、手机通信信号接收，但嘎查北部依旧存在信号不稳定的现象。

G嘎查的牧民在危房改造期间大多出资修缮了自己的房屋，几乎所有都是砖瓦结构的平房，庭院范围很大且没有围墙，几乎每家都有棚圈和仓库，用于饲养牲畜和储存草料。个别条件好的牧民家院内实现了水泥硬化，屋内装修精美，极个别牧民家中有修建2~4个蒙古包，用于经营旅游住宿。有个别牧户缺少资金垫付，只能放弃改造，至今还住在泥土结构的房屋内，居住条件危险恶劣。

嘎查牧民家中的饮用水主要来自几千米外的公用水井，每隔几天开车用水箱装水回来，取回来的水装在自家大水箱或旱水井中。只有少数人家有自己的水井，牧民说，打井的费用很高，都要5万~6万元，费用高昂承担不起，所以多数牧民依旧选择去几千米外的公用水井打水。

G嘎查牧户的主要牲畜是绵羊，当询问原因时，牧民表示山羊破坏草场，绵羊温顺且利用价值大，所以大部分牧民都开始饲养绵羊。还有一个不得不养羊的原因就是，牧民负担不起高昂的草料费用，牛、马的饲养需要充足的草料，饲养条件要比绵羊高很多，加之这两年牧区干旱严重，自家草场里没有草，连羊都吃不到，更不用说牛和马了，所以只有个别富裕些的家庭有牛和马，还有极少数牧民家中饲养骆驼。

在划分草场后，草原装上了围栏，每家每户的草场划分得很清楚，但这也使生态环境遭到破坏，长时间使用一片草场，草场恢复能力下降。围栏是固定的，但牲畜不是，哪里的草长得好牲畜就去哪里吃，甚至破坏围栏，这同时也会引起其他牧户的不满。草场被破坏，带来的是牧区生物多样性消失，生产结构单一，抗风险能力差，牧民的生活水平受到牲畜产量的持续影响。而且，牧民现在处于一个矛盾的境地，一方面希望扩大自己的养殖规模，在第二年卖羊羔时可以多赚钱；另一方面扩大养殖意味着支出也会增加，以牧民们现有的经济水平，根本负担不起。

通过调查发现，嘎查中的几户人家的支出主要包括牲畜草料、羊倌费用、银行贷款、看病就医、子女上学、人情来往和日常支出。介绍人苏格尔表示，在G嘎查，养殖200只羊一年大概需要3万元的草，3万元的料，每年到了羊接羔时，大概可以赚6万~8万元，这样算下来一年到头可以剩下一两万元的收入。而这一两万元还要用来支付其他支出，其中最大的开销就是看病，牧区大部分牧民患有地方性疾病，治疗费用较高，以布鲁氏菌病为例，几户患有布鲁氏菌病的牧民每月都要花费大约500元用来买药。牧区的银行贷款现象并不少见，几乎家家都有银行贷款，这些牧民第一年赚的钱在年底还给银行，第二年还要继续向银行贷款用于购买草料。银行贷款情况也多，家家户户或多或少有银行贷款要还，牧民们表示以前根本没有贷款，有外债，大家干活还债就可以了。雇用羊倌的费用也在逐年攀升，1983-1984年，每月11元就可以雇到一个羊倌，到现在每月3000元也很少有人愿意干活。牧民的主要收入来源包括年底卖羊羔、“退牧还草”政策的草场补贴以及经营旅游的部分收入。以前绵羊全身都是宝，都能卖钱，近几年羊肉价格下降，羊皮白送都没人要，一张张羊皮堆在屋外的场景让人触目惊心。牧区所有人家都有草场，国家每亩每年补贴2.75元，一年可以有几千元的收入，但当初划分草场时，没有详细的规定，所以很多牧民家中都存在兄弟几个共用一个草场的现象，补贴款自然也平均没了。经营旅游景点的收入主要集中在6~8月，过了旅游的季节，景点没有游客，也就没有收入了。经营旅游点并不是人人可为之，少数资金充足且人脉较广的牧民才能经营得好，有些牧民没有这些条件，旅游没有带来收入，反而因装修屋子，增盖蒙古包，购买旅游景点设施，债务压力不小。

其实牧区的收入和支出情况通过比较就能看出，支出种类繁杂，而收入结构单一且不稳定，牧民的生活就是由这样的收支结构主导，入不敷出。经济问题是导致牧区贫困的主要原因，也是牧民一直期望解决的问题，精准扶贫则为牧民缓解了压力。

（二）扶贫工作落实情况

G嘎查在2016年识别精准扶持对象10户20人，退出1户1人，因病致贫2户4人；缺土地、缺劳动力8户16人，贫困发生率3.8%。2017年识别7户13人，退出7户15人，因病致贫5户10人；因残致贫2户3人；缺土地、缺劳动力等致贫0户0人，贫困发生率3.2%，标注稳定脱贫户数人数4户12人，清退0户0人。截至2018年8月底，贫困户17户32人，因病致贫5户9人；因残致贫4户7人；缺土地、缺劳动力等致贫8户15人，贫困发生率为0，标注稳定脱贫户数9户21人，清退人数0户0人。2019年的贫困人数为17户32人。2020

年全部脱贫。

其中，产业扶贫带动贫困户 9 户 19 人。为 9 户 19 人实施“菜单式”扶贫，涉及 4 户 7 人，养殖业补贴购牛 13 头，涉及 5 户 12 人，购买 120 只绵羊，补贴资金共计 124000 万元。其中菜单式扶贫为养殖业购买牛、羊，贫困户享受 9 户 19 人，先买后补，购买牛每头补贴 4000 元，羊每只补贴 600 元，5 户 12 人享受购羊补贴 72000 元，4 户 7 人享受购牛补贴 52000 元。为 1 户 1 人贫困户带资入股到企业，企业保证按每年不少于 4000 元的标准按年以现金方式兑现给贫困户；户均年均增收：种植增收 800 元，养牛增收 1500 元，养羊增收 2000 元，带资入股增收 4000 元。生态补偿措施，13 户 26 人发放草畜平衡补贴。确定安置 3 名（3 户 6 人）贫困户为护林员。与有劳动能力的建档抽选题立卡贫困户签订林地管护合同，管护工资 5000 元/人/年。教育扶贫措施通过摸底调查、对象考察了解贫困学生家庭状况，确定帮扶对象、建档立卡。2016 年上半年为 4 户 5 人进行了教育扶贫（小学生 1 人，初中生 2 人，高中生 1 人，大学生 1 人）。健康扶贫措施包括住院补偿、门诊补偿、商业保险、大病救助、慢性病送药，全嘎查贫困户送药上门 21 人，报销金额 109 万元。将贫困户纳入低保，社会兜底保障 17 户 31 人。

（三）G 嘎查的脱贫进程

由于所处的自然环境、气候条件等外在原因以及过度放牧、市场化和资本化等政策环境原因，G 嘎查的贫困具体表现在以下几个方面：

1. 天气恶劣，抗灾艰难

前文中提到的草场退化还带了一个不好的影响，那就是恶劣的气候和频发的灾害。草原在春夏秋季干旱，冬季容易遭受雪灾，草场里的草不够产量卖不出去，甚至连家中的牲畜都喂不饱。牧民只能自掏腰包购买外地昂贵的牧草和饲料，同时还要建造蓄水池和仓库用于储水和储藏草料。到了冬季，气候更加恶劣。“冬天经常发生雪灾，雪下得很厚，盖住了草场里的草，牛羊吃不到雪下面的草就会掉膘，卖不上好价钱就算了，有些直接就冻死了。”牧民这样说道。2015 年冬天，突降大雪，气温骤降，许多牲畜一夜之间被冻死，这使牧民损失惨重，那时没有牲畜保险，许多牧民当初损失的到今年还没有缓过来。2000 年至今，类似的自然灾害已经发生多起，牧民的经济抗灾能力不足，无法应对夏冬季突如其来的旱灾和雪灾，对于春秋的风沙也无可奈何，恶劣的天气不仅影响牲畜的自然生产，也影响着牧草的生长，牧民在这样的气候中经历着恶性循环。牧民只能被动地选择适应性举措，比如向银行贷款盖暖棚、减少牲畜数量或者外出打工赚钱等，牧民的应对能力不足，灾害突然暴发，牧区发展以及牧民的正常生活都会受到严重影响。由于草原的干旱缺水和极端天气，使牧民本就微薄的收入，又增加了一个不稳定因素。因为气候异常，牧民会增加开支用于抗风险，这无疑加重了牧民的经济压力，也增加牧民的贫困发生率，牧户家庭因灾致贫、因灾返贫的数量不在少数。

2. 交通不便，与外界的交流不畅通

G嘎查位于草原深处，距离高速公路有数千米的距离，而且大部分都是土路，牧民家家户户之间距离较远，土路出行十分不方便。"要想富，先修路"，公路的重要性不言而喻，但已经修建的公路并没有惠及大多数牧户家，固定的水泥马路通往固定的人家，水泥路少之又少。而草原上依旧是哪里有人，哪里就有路，这些由人和车轧出来的一条条白色伤疤使草原满目疮痍。G嘎查牧户居住分散，距离较远，每天牧民忙于自家草场和牲畜，休闲时间较少，牧户之间的沟通交流时间更是屈指可数，加之牧区文化娱乐活动少，牧民们的休闲时间几乎都交给了电视。G嘎查中不乏汉族居民，他们大多从其他嘎查迁移过来，生活环境的改变使他们难以融入当地，与当地牧民的良好沟通和互动更是不太可能的。在访谈汉族居民时，他们的语气中有对当地掩盖不住的疏离感和陌生感。

G嘎查旅游资源丰富，从呼和浩特市到G嘎查，开车不过两个半小时。家庭式的旅游景点是G嘎查旅游业的特色，在政府的宣传下，游客们乐于选择去G嘎查游玩。但有些牧民经营的旅游点实在太偏远，苦于交通不便，许多旅游景点只能封闭在草原深处，不为人知。加上这些牧民不会新媒体的宣传，单靠路边指示牌吸引顾客是难以达到效果的。这样的旅游景点不在少数，笔者一行人曾开车沿公路行驶，意图前往一处牧民经营的旅游点，但路程实在太远，且路面起伏不平，还有雨水冲刷留下的沟壑，不得不在行驶几千米后掉头放弃。

交通不便带来的是牧民与外界交往不够，封闭的环境难以使牧民和社会进行互动，但生产生活又不得不和社会进行经济往来，这也使他们在物质交换上地位不对等，容易上当受骗、吃亏，进一步加重了贫困的程度。

3. 过度放牧，草场退化

草场退化是人们肉眼可见、切身体会得到的变化，这是一个长期的过程，长年累月，日复一日，绝不是受某场旱灾影响而出现的突发性草场退化。草原上的牧民早就习惯于冬营盘与夏营盘交替放牧的形式，集体放牧，分工合作，一年四季轮流放牧，草场内的草长得很好，根本无须额外购买草料。牧民表示即使发生自然灾害，大家也都是一起抗灾。20世纪90年代G嘎查开始实行禁牧轮牧政策，草场承包制实施，草场轮牧开始实行，牧民根据自家人口数量获得了一定数量的草场，自此开始，牧民在自家的草场内放牧养殖。但人们对于才刚开始的独立生活不熟悉也不适应，在牧业生产方面太过追求牲畜数量和经济效益，忽视了草场的自然承受力，固定面积的草场承受了超出范围的牲畜数量，致使草场初步遭受破坏。畜牧业受到外部环境因素的影响容易被扰动和破坏，畜牧业在草原生态结构和功能比较单一脆弱。草原的正常生产生活一旦受到破坏就很难恢复到原始的群落状态，牧区畜牧业与农区农业不同，牧区畜牧业发展受到资源禀赋的严重限制，农业发展可以通过增加投入来实现，但畜牧业所依赖的草场资源是不能过度开发的，一旦被无限制地开发就会破坏草原的生态价值，并且后果很难弥补。一位牧民讲起以前的草原十分感慨，“以前大队一共才有 1000 多只羊，现在每家每户至少都有 200 只，大队就有十几万只”。划分草场前，牧民放牧分为冬营盘和夏营盘，两个营盘交替放牧，给予草场充分的恢复时间，人与自然和谐相处。划分草场后，长时间在一块草场放牧，草场没有得到恢复，退化情况越发严重。同时，矿场工人的利益和牧民的利益难以调和，甚至冲突，当地的工矿开发需要晴好天气，一旦看到乌云密布，天要下雨，便会打炮驱云，这使原本就干旱的草场，再次失去了雨水滋润的机会，又迎来少雨的沉重打击。

干旱的草场同时影响着牲畜的多样性，原本牛、马、羊可以共生的草场，现在只有羊能勉强吃到一些草。饲养牛和马所需要的草料很多，许多家庭承担不起这个费用，因此不得不单一地饲养绵羊。“20 世纪七八十年代时，草长得有半人高，羊进到草场都找不到，那个草，牛也能吃到。现在只有小草了，牛不能吃，只有羊能吃到。”牲畜品种的单一带来的是收入结构的单一，羊肉价格、羊毛价格和羊皮价格受到市场波动影响十分不稳定，牧民的收入来源仅靠养羊很难维持生计。“2014 年之后，到 2017 年，羊肉价格一直在下降，没办法开了个旅游景点，投入又增加了，现在（生活）很困难。去年还雇了羊倌，今年卖了点羊，羊没那么多也用不着雇羊倌了。”政策的强制实施使原本自然稳定的草原生活方式被破坏，牧民为经济效益过度放牧，导致草场沙化干旱越来越严重，草原生物多样性被破坏，牧民的基本生存条件也因此受到影响。

四、社会策划模式视角下的牧区扶贫工作

社会策划是一种社区社会工作模式，社会策划模式注重实现社区内的任务目标，强调工作人员要理性处理问题，注重自上而下的改变、控制及指导未来。社会策划模式强调理性处理问题，有清晰的目标设定和价值取向，以此来保证服务质量和效率。牧区扶贫的工作模式与社会策划特点相吻合，实现任务目标就是强

调运用各种规划技术来解决社区现实问题，牧区的现实贫困问题，基层政府贯彻落实各类扶贫政策，以着重解决牧区的贫困问题，这也是社会策划模式以解决实质社会问题为主要工作取向的特点。扶贫工作也是如此，每年的目标不同，但有严格的规定和要求，脱贫方案的制定都经过了充分的讨论和研究，根据到各个地区之间的不同，设计不同的脱贫方案和举措。扶贫工作既要保证效率，按时按数完成贫困人口脱贫，又要保证质量，预防返贫现象发生。

社会策划模式最明显的特征就是自上而下的改变、控制和指导未来，社会工作者在其中扮演专家角色，运用知识、科学的决策能力及权威，推动策划改变，社会工作者在收集资料、分析事实、决定方案、采取行动等过程中均居主要地位。牧区的扶贫工作最突出的特点也是自上而下，大到扶贫政策的出台、扶贫方案的落实，小到贫困户的识别、补贴的发放都是政府与基层工作人员一手把关，一手进行。因此笔者认为运用社区社会工作的社会策划模式来分析当前牧区扶贫工作存在的问题是有适用性的。

（一）社会策划模式的基本假设

1. 对人性的认识

在社会策划模式下，对人性的认识主要基于理性模式，人都是追求自我利益最大化的理性人，人有问题认知能力和能动性实践能力。主要观点是：人是理性的，计划者能够认识到所要达到的目标，可以清楚地计算和界定所要解决的问题，能够得到与计划相关的全部信息，能够列出所有备选方案并能计算出可能产生的结果，能够根据经济收益最大化原则选择最佳方案。人际关系一般都是人理性选择的工具性交换关系，在理性原则指导下的人际互动会带来社会活动效率的提高、个人满足手段的增多、个人需求的满足等。

2. 对社区问题及其解决方式的认识

社会策划致力于解决社区内存在的现实问题以及满足社区内居民的需要。尽管社区内的各方力量、利益团体在遇到矛盾或冲突时可以自行调和解决，但单单依靠社区内部的力量无法很好地解决所有问题，这时就需要外部力量的介入。社会工作者就是这样的外部力量，社会工作者经过专业系统的学习和长时间的实践，有丰富而专业的知识和技能，可以通过制定计划和实施计划来为社区提供专业服务，解决社区问题。

3. 对社会发展的认识

社会策划主张对社会发展规律进行系统研究认识，通过掌握社会发展的内在规律，进行统一有序的管理，以此来促进社会的发展和变迁。因为社会发展不是一个自发的、天然的过程，社会发展是所有人类有意识的行动促成的变革过程，所以可以通过对规律的掌握，计划、管理和推进社会发展。此外，社会发展的倡导者主张一种宏观聚焦，就是将目光投向社区、地区以及社会，对这些地方的群体进行广泛性全民性的干预，以此促进所有人的福利。

（二）关于社会策划模式的局限

社会策划模式，常被视为更适合于机构层面的工作，社区中的居民所扮演的角色较为被动，仅限于对已经制定好的方案提一些修改意见，所以从模式根本来看，社会策划模式还是较为保守的。在社会策划模式下的牧区扶贫工作也有同样的局限，扶贫工作本就属于政府层面的工作，牧民参与度很低，角色更加被动，缺少参与进政策制定和执行过程中的机会。社会策划模式以效率为重点，有可能会忽视对居民意识和能力的培养，居民和机构双方诉求并不一致，但为了提高服务的效率，机构摆脱了居民需求和居民意识。社会策划模式的局限性主要体现在以下三个方面：

1. 居民的参与率低

首先，在服务目标方面，这常常是由专业工作人员（社会工作者）来确定居民的需要，在这调查期间，受到诸多因素影响，可能未真正代表居民的心声；其次，在决策的过程中，可能会缺少居民的参与，导致服务方案本身得不到居民的认同和支持，居民对计划本身也缺乏兴趣和投入。作为典型的社会策划模式的代表，牧区的扶贫工作同样存在这样的局限，牧民对于整个扶贫工作参与度并不高，被动地接受政府给予的福利帮扶，被动地执行政府安排的扶贫项目，但我们都清楚，仅仅强调资金的高投入和经济的高增长是很难真正实现脱贫的，要刺激牧区发展的内生动力和自我发展能力才能保证牧区经济的可持续发展。不仅是牧民，当地政府、基层的积极性都应提高，以此来建立牧区经济发展的可持续发展机制。

2. 服务方案与社区发展不符

社会策划是依赖过去和现有的资料来制定服务方案，这样制定出来的服务方案本身就存在和社区未来发展不符的问题。在对农村牧区的扶持政策整理时可以发现，党和政府对于牧区的贫困问题十分关注，针对牧区发展在财政税收、生态保护以及产业政策上给予了极大的关照，但牧区的扶贫政策依旧没有体现出系统性。例如，2011 年实施的草原生态保护奖励补助政策也只是散见在宏观的扶贫开发政策中，并未具体制定专门的针对牧区扶贫开发的纲领性文件，这样的扶贫方式效果并不显著。

3. 价值中立容易受到挑战

在各种利益集团的压力之下，“理性策划”也很难保持价值中立，这同样也会对社区以及社区内的居民的真实利益形成挑战。在牧区扶贫工作中，最大的受益群体是牧民，政府和基层单位以及相关部门是扶贫工作的主导者，各方诉求不同，利益难以调和。牧区居民对于脱贫有很多不同的定义，有钱花或有工作都是他们对于脱贫后生活的期待，涉及自身生活的贫困都希望政府给予帮助，改善现有情况。但政府是宏观大局的掌控者，制定政策，执行项目，都要亲力亲为。众口难调，在处理每家每户的贫困问题时很难做到面面俱到。在多方利益的冲突之下，要保持“价值中立”十分困难。

（三）社会策划模式下的牧区扶贫存在的问题

我们在访谈乡村基层领导时得知贫困户全部脱贫，成绩十分突出。尽管如此，在访谈牧户时还是听到了一些不一样的声音，这些牧户对于扶贫工作的看法让笔者思考颇多。扶贫工作进展如此顺利得益于国家的政策和基层领导的不懈努力，但我们也应注意到满分答卷的背后，扶贫工作又存在着一些不容忽视的问题。

1. 预防社会策划模式下的居民被动行为

在社会策划模式中，如果社会工作者不能恰当地运用社会策划办法，有可能使服务对象对服务方案的依赖性提高。最不恰当的扶贫方式就是“输血式”扶贫，暂时的资金投入和政策扶持可以短时间内让牧区经济复苏转好，但目前所采取的直接资金扶持和政策帮扶，在一定程度上忽视了对地方政府、基层单位以及牧民主观能动性的刺激和激励，牧区人民的自我发展能力没有被培养，加之受到安贫守旧思想的影响，无论是地方政府还是基层单位或是牧区的老百姓都对这种简单直接的帮扶措施形成依赖，更加习惯被动地接受扶持，丧失了自我发展的意识和能力。

2. 急于求成导致收效不理想

G嘎查是一个典型的牧区贫困嘎查，自然资源稀缺，气候条件恶劣，交通闭塞，牧民家家都有贷款。这样的一个债务社区，是地方亟待解决的主要问题，尤其是在2020年全面建成小康社会的压力之下，地方曾经全力以赴完成脱贫任务。但脱贫工作并不是短时间见成效的工作，也受到许多因素的影响，加上牧民对于脱贫的要求和地方对脱贫的定义不同，许多牧户家庭存在数据上脱贫，但牧民认为自己依旧不确定的现象。

案例1：访谈时间2018年12月11日，笔者在G嘎查访谈了精准扶贫户B先生，B先生家中只有他一人，是一位蒙古族的牧户。B先生在2014年被识别为精准帮扶对象，家中的两头牛是产业扶贫给的牲畜。在谈到政府对他家的脱贫帮扶时，他说道："2014年被选上精准扶贫户，去年买的牛，自己掏了4000多元，政府给补助8000多元。草料得自己买，政府不给补助。去年买的牛，今年给的补助，然后就脱贫了（笑）。"当问到脱贫后生活如何时，精准扶贫户B大哥是这样回答的："咋说呢，钱不够花还是没脱（开玩笑），外债还是很多，银行贷款之类的，年纪轻轻的被说贫困不好意思哇，不好闹（弄）现在。他们（工作人员）来我家照相，我说随便照，照完赶紧走吧。我说你们给做点实际的，自来水给安上，他们就说哎呀这个上面领导做不了。我们配合工作就可以了。"

G嘎查的扶贫工作是个大工程，基层领导和地方政府都全力以赴解决贫困户的脱贫问题，通过执行脱贫方案，达到最大的经济效益和社会效益，一方面，用最短时间最少投入完成脱贫；另一方面，实现贫困户生活改善，实现自我能力建设。牧区扶贫在多方压力之下很难达到预期效果，这不仅受到牧区地方财政的实力因素影响，还要考虑到扶贫过程中各利益集团之间的矛盾。

笔者观察到各方利益矛盾有两点：一是牧民之间的矛盾。介绍人在带领我们前往一处精准扶贫户的路上说："他们家在镇上都有楼房，比我们还富。现在这些精准扶贫的人比我们都有钱。"当然这里不排除脱贫成功，贫困户生活水平提高的可能。只是介绍人不满的情绪并不是个例，也有不少牧民在访谈过程中提及，自己家也很困难，花费很大，需要政府的补贴。这就是牧民对于贫困户的甄别存在质疑，牧民之间的利益难以调和。二是地方领导和牧民之间的矛盾。牧民认为自己有钱花，没外债才是脱贫，但地方领导有另一套衡量标准，因此在脱贫之后，便有了两种说法，领导说2016~2019年实现全部脱贫，买牛羊的牧民都给了补贴，没工作的牧民给安排了护林员的工作。而牧民说，钱不够花，还是有银行贷款，不知道算不算脱贫。这里可以看出地方的利益即是数量上贫困户的脱贫，牧民的利益则是自我需求的满足，即质量上的脱贫。G嘎查归四子王旗管辖，而四子王旗是贫困旗县，地方财政实力不强，扶贫更是心有余而力不足。社会策划模式的工作方式是自上而下的，工作原则讲求效率，这些短板恰恰反映了牧区扶贫工作中的急于求成问题，带来的影响即是效果不佳，反响不够。

3. 政策落实不到位，所供非所需

从国家和政府层面来看，各类扶贫政策都是有利于牧民生产生活的，地方政府根据地方经济特征，制定科学且有效的扶贫政策，帮助当地贫困户在解决温饱的前提下，增加稳定收入。但在基层政府落实过程中，受到地方财力物力以及工作能力的影响，政策在落实过程中并不能完全按照预先规定好的事项进行，也有些政策并没有满足牧民的真实需求。

案例2：访谈时间2018年5月30日。笔者访谈了一对低保户夫妇，户主H先生有关节炎和高血压，2017年因脑梗住院治疗，花费8000多元，医疗保险尚未给报销。笔者询问，他的房子是什么时候装修的，他回答道："我这房子是危房改造的时候弄的，当时花了七八万元装（修）的，借的钱和银行贷的款，现在还没还完。家里的大型电器也是贷款买的。之前都不欠钱，自从装修完房子就开始还银行贷款。"当询问起对于日后的生活有什么新的需求的时候，他很无奈地表示："我有高血压和关节炎，去年还住院了，花了8000多块钱，医保到现在还没给报（销），能不能让医保先给钱，不然治病先掏钱实在掏不出来。"笔者询问他是否知道精准扶贫，H先生的第一反应是抬起头看着我："是不是又有啥项目呢？给钱吗？"

牧区扶贫在相关工作的执行和政策的制定过程中，对于当地资源禀赋、群体意愿没有深入考察，这样实施的政府工作很难反映牧民们的真实需求。危房改造需要牧民自己先行垫付资金，而后补贴。机会难得，加上牧民们对于生活水平要求变高，都花大价钱修缮了房屋，然而政府补贴并不能补贴全部，因此不少花费多的牧民欠了高额债务。甚至有些牧民因为垫付不起装修费用，只能放弃这次机会，依旧住在土屋里，我们在走访过程中就看到一户精准扶贫户的房子是黄土材质的，和其他牧户的房子截然不同。但介绍人对此却有不同的看法："他家特别懒，不干活，所以过得不好。"其实在走访过程中能够看到牧民对于自家生活条件的不满意，也能够感受到牧民想要改善现有生活环境的心情，但苦于自身能力不足，因此寄希望于政府的帮扶。

通过走访可以知道，牧民大部分都在缴纳新型农村合作医疗（新农合），但对于缴纳费用的时间和地点以及报销的流程却不清楚。笔者走访了一对年迈的老夫妻，老人年龄都在65岁以上，一直都在缴纳新农合的费用，2017年因为工作人员通知不及时，加上大雪封山，未能前往旗里缴费。当年老奶奶的腿摔断了，治疗费用一共花费了约10万元，但是新农合未能报销。扶贫的另一项重要工作是修公路。牧区地广人稀，家家户户住得很分散，要做到每家每户门前都有水泥路并非易事，只能选择合适的路线修几条公路。但这个路线的确定，牧民并未参与讨论，大多是嘎查干部自主决定，自行上报。扶贫措施的落实牧民参与度低，积极性不高，同时政策行政化的落实不容人们质疑和反对，被动地接受使牧民们的真实需求并未得到满足。政策都是为群众着想的，但在基层，要受到很多因素的制约，使原本好的政策在落实后变了味。这也符合社会策划模式的短处特点，社会策划首要的策划内容就是社区服务的策划，社区服务涉及最多，应用最广，运用理性技术策略，收集事实资料，选择最优方案，落实并执行方案。这样的工作模式受到资料准确性和及时性的影响，最终方案并不能反映社区居民的真实意愿。

4. 帮扶对象的参与度不高

通过梳理中国扶贫工作的历史发展进程不难发现，政府与其相关部门在扶贫工作中发挥着决定性的主导作用。首先，政府通过制定与扶贫相关的政策、方案来发挥主导作用。例如2011年出台的《国务院关于促进牧区又好又快发展的若干意见》，这是中国政府召开的第二次全国牧区工作会议，为解决新时期牧区发展中出现的新情况和新问题，[①] 该《意见》为新时期牧区的发展提供了坚强有力的政策基础。其次，政府通过协调各种社会力量和扶贫资源发挥主导作用。实现各种扶贫资源优化配置，主要体现在政府主导扶贫信息的发布、扶贫资金的使用、扶贫人力技术的分配等。

案例3：访谈时间2018年12月11日。访谈对象为嘎查书记，嘎查的扶贫工作都有他的参与。“今年（帮扶对象）都脱贫了，一户也没有了，之前的（帮扶对象）是17户32人，9户是菜单式扶贫。”笔者询问什么是菜单式扶贫，书记回答道：“买牛补贴什么的，牛、羊，还有护林员，守护这个草场。带资入股一户一人，每年银行贷5000元，政府补贴2000元，7000元加入到龙头企业里头，每年每户分7000元，3000元放在企业里，4000元给贫困户分，还有四户大学生资助。2016-2019年带领他们脱贫。”在访谈完嘎查书记后，我们又走访了另一户帮扶对象，这是一对年过半百的老夫妻，户主G先生和他的妻子金女士，两人因长期患慢性病又没有劳动能力被识别为帮扶对象。经过先前在书记那里的询问，得知这对老夫妻的扶贫措施是产业扶贫，但当笔者询问到家中的羊时，他们却说：“买羊的补贴还没到账，不清楚什么时候下来。感觉扶贫的力度不大。”

嘎查书记和牧民家庭对于扶贫工作所了解的程度对比十分鲜明，两者一个是扶贫工作的实施者，另一个是受益者，但在走访时笔者明显感到牧民家庭与牧区扶贫严重脱节。脱节表现在两个方面：一是非帮扶对象对扶贫工作知之甚少；二是帮扶对象被动接受扶贫，对于具体措施了解不多。政府主导的扶贫工作在推进工作进程、帮助牧民脱贫方面具有巨大的作用，但其问题也在于此，政府主导性过强，受益群体反而失去了主动参与的积极性。牧民对扶贫工作缺少认同和接纳，使他们对扶贫工作也缺少兴趣和热情，这是典型的社会策划模式的短板。政府掌握着扶贫工作的相关政策、扶贫资金以及具体项目，相关信息由负总责的中

---

① 中华人民共和国中央政府［EB/OL］. http：//www. gov. cn/zwgk/2011-08/09/content_1922237. htm.

央政府一级接一级向下传达，最后的接收对象是基层领导（如 G 嘎查的书记），但牧民在这一传达过程中的劣势也显现出来，接收信息受到文化水平的限制。牧民无法及时有效地掌握相关政策。最后的结果则是，帮扶对象对扶贫工作主动性不强、参与度不高。

以社会策划模式为视角，笔者看到许多与之类似的问题，这些问题正符合社会策划模式的局限特点。自上而下的工作模式，使牧民缺少了参与的积极性和主动性，被动地接受计划安排，并对已经取得成效的扶贫工作评价褒贬不一。同时，牧区扶贫工作的部分方式和方案并未反映牧民的真实需要，数量脱贫还没有进阶为质量脱贫。

五、社会工作力量如何助力牧区扶贫

社会工作助力精准扶贫是一个学界讨论始终稳居榜首的话题，2015 年出台的《中共中央关于打赢脱贫攻坚战的决定》指出，要实施扶贫志愿者行动计划和社会工作专业人才服务贫困地区计划，且第一次将社会工作写入反贫困政策。[①]本文不在宏观层面研究社会工作如何参与精准扶贫，只是探讨在社会策划模式实施的牧区扶贫中，社会工作有效参与和介入的可行性、作用。在前文中提到了社会策划模式视角下牧区扶贫工作中存在的诸多问题，因此本文也探试从社会工作专业视角提出具有针对性的解决问题的措施。

（一）社会工作助力牧区扶贫的可行性

1. 关于政策的支持

牧区扶贫不能脱离政府，政府作为领导和开展扶贫工作的主体单位，其对于社会工作的大力支持是社会工作助力牧区扶贫工作的重要保障。如前所述，2015 年 11 月 29 日，中共中央、国务院发布《中共中央国务院关于打赢脱贫攻坚战的决定》（中发〔2015〕34 号），该《决定》指出，实施扶贫志愿者行动计划和社会工作专业人才服务贫困地区计划。[②]2016 年 3 月 16 日，第十二届全国人大四次会议表决通过了关于《国民经济和社会发展第十三个五年规划纲要》，同年 11 月，国务院印发《“十三五”脱贫攻坚规划》（以下简称《规划》），《规划》中指出：“进一步发挥社会工作专业人才和志愿者扶贫作用。制定出台支持专业社

①② 中华人民共和国中央人民政府［EB/OL］. http：//www. gov. cn/zhengce/2018-08/19/content_5314959. htm.

会工作和志愿服务力量参与脱贫攻坚专项政策。实施社会工作专业人才服务贫困地区系列行动计划。鼓励发达地区社会工作专业人才和社会工作服务机构组建专业服务团队、兴办社会工作服务机构，为贫困地区培养和选派社会工作专业人才。实施脱贫攻坚志愿服务行动计划。”[①] 2017 年中共中央办公厅、国务院办公厅印发了《关于加强乡镇政府服务能力建设的意见》，在该意见中明确提出了“积极健全城乡社区治理机制，完善社区服务体系，充分发挥社会工作专业人才在乡镇公共服务提供中的作用”。这充分肯定了社会工作在乡镇公共服务中的作用，同时大力支持和引导社会工作入驻乡村，以此来开展社会工作服务。[②] 2017 年 7 月，民政部、财政部和国务院扶贫办联合发布《关于支持社会工作专业力量参与脱贫攻坚的指导意见》（以下简称《意见》），《意见》从社会工作参入脱贫攻坚的工作内容、专业力量、重点项目、人才队伍建设等方面入手，详细介绍和罗列了社会工作在扶贫开发中的角色及地位，提出了社会工作是助力脱贫攻坚的一支重要力量，同时为社会工作参与扶贫开发提供了政策保障和合法化基础。[③]总的来看，国家在政策与资金支持和保证为社会工作助力牧区扶贫开发工作提供了可行性。

2. 关于社会工作自身的优势

传统的扶贫模式是粗放的、传统增能型的。社会工作参与的牧区扶贫这种新型扶贫模式在价值观、实践方式、理论指导以及文化敏感性等方面具有较为突出的优势作用，社会工作在与帮扶对象建立良好专业关系的基础上，以社会工作专业理论和方法为支撑，开展牧区的扶贫工作，引导牧民发展自身能力，培养牧民的主观能动性。社会工作为实现牧民自我脱贫提供了可能；社会工作的帮扶方法灵活多变，能够解决不同的问题；社会工作有其独特的理论基础和服务模式，促进牧民的自我成长。社会工作能够摆脱传统扶贫开发工作的桎梏，帮扶对象的自我成长和扶贫模式的改变，弥补了传统扶贫工作的缺陷，可以实现帮扶对象自我能力的建设，以激励和鼓励的方式实现新型扶贫的建立。

（二）社会工作助力牧区扶贫的举措

通过对 G 嘎查扶贫开发工作的考察分析，我们发现社会工作在牧区扶贫工

---

① 中华人民共和国中央人民政府［EB/OL］. http：//www. gov. cn/xinwen/2016－03/17/content_5054992. htm.

② 中华人民共和国中央人民政府［EB/OL］. http：//www. gov. cn/zhengce/2017－02/20/content_5169482. htm.

③ 中华人民共和国中央人民政府［EB/OL］. http：//www. gov. cn/zhengce/2018－08/19/content_5314959. htm.

作中可以发挥大作用。如何使社会工作在牧区扶贫中发挥其专业力量？首先要构建社会工作参与牧区扶贫开发的平台，其次发挥社会工作者的作用，有了专业施展的平台，可保证社会工作者更好地提供服务。

1. 搭建社会工作参与牧区扶贫工作的平台

（1）促进牧区反贫困工作与社会工作相结合，搭建合作制度平台。通过几十年的牧区扶贫开发工作，我们清楚地认识到了牧区反贫困工作的困境所在。牧区存在欠发达和边缘化的社会特征，这也是为什么牧区普遍贫困的原因。受诸多因素的影响，牧区的贫困问题顽固而棘手，即使在国家大力扶贫、全面脱贫的当代，牧区的返贫的可能性依旧存在。社会工作作为反贫困工作的诸多手段之一，参与牧区扶贫并帮助牧区巩固脱贫具有重要的意义。

促进牧区反贫困工作与社会工作的结合，首先，要保证社会工作有其发展空间。改革开放后，社会工作教育在 1988 年被国家教委正式批准在北京大学、吉林大学试办，到今天，经历了 33 年的风风雨雨，即使这样，社会工作在全国的普及仍有很大空间。目前，我国的社会工作专业机构仅在广东、上海等地发展较好，内陆地区对于社会工作的普及度并不高。要想社会工作与牧区反贫困相结合，则要使社会工作有一席之地。这就需要政府充分发挥其主导作用，为社会工作项目提供落脚点、为社会工作者提供岗位、为社会工作专业学生提供实践基地，由此社会工作才能在扶贫工作中保证发展。

其次，社会工作要发挥专业优势。社会工作凭借其独特的专业知识、专业的助人技巧在解决社会问题上有政府工作不可比拟的优势。社会工作的基本价值理念是助人自助，培养牧民的自我意识、提升牧民的自我发展能力是促进牧区扶贫可持续发展的重要前提。除此之外，社会工作在帮扶对象的甄别、扶贫方案的制定等方面均可发挥其作用。

再次，社会工作要与牧区反贫困工作建立长期合作机制。牧区反贫困不是一朝一夕就能完成的，社会工作也不是短时间内就能见成效的，唯有建立起长期合作机制，才能使社会工作的作用最大程度地发挥，牧区反贫困的成效最大限度地保持。

最后，建立政府—社会工作协同沟通机制。在牧区的扶贫开发工作中，政府是其主导作用的主体，尽管社会工作也是扶贫工作的主体之一，但影响力还有限。要想社会工作和扶贫工作长期合作，长期共存，政府—社会工作的协同沟通机制必须建立。社会工作在牧区脱贫攻坚战中单打独斗是不可能赢的，因此需要建立从制度到能力的协同沟通机制，形成政府—社会工作—基层牧区的完整的沟通路径。制度上的沟通体现在政府是否将社会工作纳入反贫困工作的总规划当中，政府对于社会工作人才在牧区开展社会工作服务是否有具体的制度安排等。目前社会工作还未在制度层面进入牧区反贫困工作体系中；能力上的沟通则体现在社会工作者要加强自身的能力建设，社会工作专业队伍在牧区扶贫工作中体现三点自身能力不足的问题：一是对扶贫相关知识不了解，二是缺乏解决牧区贫困问题的方法，三是牧区工作经验不足。当政府—社会工作—牧区的协同沟通机制建立并完善，社会工作助力牧区精准扶贫的成效则指日可待。

（2）高校积极培养社会工作人才。首先，培养高水平的社会工作者。高校是培养人才的摇篮，高校具有专业的师资力量、浓厚的文化氛围，为社会工作专业的学生提供了坚强的保障，而社会工作专业的学生不应只是象牙塔下的学生，离开象牙塔，社会工作有更广阔的实践空间。社会工作是强调实践的专业，学生所掌握的专业知识、专业技能要在实践中检验。专业社会工作参与牧区反贫困工作，离不开专业的社会工作者。在牧区，专业的社会工作者不仅是科班出身，接受过系统教育、掌握专业知识，熟练运用专业技能与技巧的社会工作者，更重要的是要了解当地历史文化与传统、精通当地语言并能和少数民族牧民进行正常交流，这对社会工作者提出了更高的要求。目前，内蒙古自治区有 8 所高校开设社会工作专业，5 所高校具有社会工作硕士的授予资格。这些高校正在源源不断地培养输送从事民族社会工作、牧区社会工作的本土型专业人才。这需要高校在培养社会工作专业学生时，通过课上教学、课后作业等方式，强化学生对专业知识的理解与掌握，通过多样的课程实践和课程实习，锻炼学生的实践能力。培养更高水平的社会工作者，社会工作可以更有力量地助力牧区反贫困事业。其次，高校需要构建特色课程体系。高校的社会工作专业应该开设更多有特色的课程，在学生学习基础知识的前提下，明确社会工作专业的应用领域，了解社会工作的前沿资讯，不与社会脱节，不学死知识。高校可以通过以下两点构建特色课程体系：一是构建专业实习实践教育体系。社会工作专业教育强调实践，重中之重就是为学生提供实践机会，让学生走出课堂、走向社会，亲自参加社会工作的实践活动。学生通过实践可以学会利用理论原则，学会更好表现服务态度、学习如何选用方法技巧等。二是注重学生综合能力的培养。从社会需要的角度出发，要将社会工作专业课程与培养学生综合能力结合起来，特色课程的设置要凸显学生能力的培养：①培养社会交往能力。社会工作学生要具有良好的社会交往与沟通理解别人的能力，否则无法从事社会工作。高效的沟通交流能够保障社会工作者完成艰巨复杂的社会工作任务。②培养适应能力。社会工作的服务范围不是一成不变的，工作内容多种多样，从个案到社区，社会工作者会遇到不同的社会问题，这就需要社会工作者有能力根据不同的情景与对象，制定合适的、科学的、可行的方案与计划。③培养组织协调能力。社会工作的服务对象不仅限于人，还有群体的服务对象，因此要求社会工作者有较强的组织协调能力，才能在不同的服务对象中应对自如。三是要开设符合牧区本土特色的课程。作为在一线社工的后备力量，课程设置和教学计划必须考虑内蒙古特色和学校特点。内蒙古自治区是典型的民族地区，社会工作在民族地区的开展要注意符合地区实际情况，注意“文化敏感性”，这样的社会工作才是适合地区发展的。

2. 充分发挥社会工作者在牧区反贫困工作中的作用

（1）社会工作者要扮演好在社会策划中的角色。与社会策划一样，社会工作者应该在牧区扶贫中发挥作用，扮演好研究者、专家、协调者、顾问和倡导者的角色。政府在牧区扶贫工作中居于主导地位，但政府不是牧区扶贫的唯一主体，单靠政府的力量实现牧区的脱贫是有难度的。在近年来的反贫困进程中，政府发挥主导作用的牧区扶贫工作不足之处逐渐凸显，1987 年 6 月，时任国务院副总理的田纪云做出《争取我国牧区经济有个较大的发展》的报告，指出牧区经济特别是畜牧业还很脆弱，应引起各级领导部门的高度重视，认真加以解决。第二次全国牧区工作会议在 2011 年 8 月 17 日召开，公布了《国务院关于促进牧区又好又快发展的若干意见》，从第一次会议到第二次会议，过去了 24 年的光景。并且，即便是在日后的牧区发展和扶贫开发中，有关的规划也迟迟没有提上日程。对牧区扶贫工作的认识不到位反映了政府主导下的扶贫开发有其不足。社会工作关注边疆民族地区，关注贫困人群，更加注重他们生活条件的改善和自我能力的提升，理论上，有社会工作学界各个学者的研究成果，实践上，社会工作者则要发挥自身作用，扮演好社会策划中的角色。

1）研究者角色。作为在社区工作的工作员，在策划的每一个阶段社会工作者都要进行研究。其实，详细地了解服务对象的问题并给出正确的判断就是研究。在牧区扶贫工作中，社会工作者要通过了解扶贫的使命和目标，分析现有环境的形势，与相关工作人员进行扶贫方案的制定。在方案制定时，社会工作者有政府工作人员不可比拟的优势，社工可以采用实地调查、深度访谈、问卷调查和参与观察等社会调查方法，对牧区的整体情况进行全面的掌握和了解，并在此基础上形成对牧区扶贫工作问题的理性和客观的认识和判断。在方案实施阶段，社会工作者需要收集方案实施情况的资料，并进行专业的评估，例如，过程评估、影响评估和效率评估，评估工作本身就是一种研究，同时做好评估工作有利于脱贫的有效性，防止返贫现象的发生。

2）专家角色。专家是指社会工作者依靠专业技术来解决社区内的问题，分析社区事实存在的条件，评价分析各种服务方案，以此来规划社区的未来发展。

社会工作者在牧区扶贫工作中要注意两点：一是社工必须要将观察到的牧区存在的问题报告给上级主管的单位，如地方扶贫办以及社会工作机构；二是要注意出现问题的人群，掌握出现问题的根本原因，最重要的是在政策允许的范围内解决出现的问题。

3）协调者角色。笔者认为，在牧区扶贫开发工作中，社会工作者所扮演的协调者的角色是最重要的角色。社会工作者在工作中，不仅要为贫困牧民提供服务，还要为专业的扶贫工作人员提供服务，协调不同群体、不同单位之间的关系，与其共同完成牧区扶贫的工作，达成脱贫的目标。例如在一个多种问题并存的家庭中，贫困原因有很多，因灾致贫、因病致贫，提供帮扶的单位可能不止一家，社会工作者要作为协调人，协调各部门、各主体之间的工作，避免工作内容重复和工作职责冲突。

4）顾问角色。社会工作者体现专业性的角色即是顾问的角色，在社会策划模式下，社会工作者要向政府部门、社会团体、公众以及其他专业提供关于社会工作专业的资料，参与各种组织，提供咨询意见。在牧区扶贫开发工作下，社会工作者要有极其丰富的专业知识和实践经验，并具有独到的眼光和敏锐的思维，更要有为牧区扶贫开发贡献的精神。社会工作者要为基层领导、扶贫干部提供专业的意见以及合适可行的方案，这是社工作为一名顾问所体现的价值。

5）倡导者角色。前面所提到的四种角色，更多是在强调社会工作者在政府层面可以做的工作，倡导者则是从服务对象，即从牧民的角度出发，主要采取两项措施：一是向政府或权威集团提倡，维护牧民的利益；二是动员牧民去行动。第一种倡导是以弱势群体领袖的身份出现，要向其他权威机构寻求合理利益，但更要注意方式方法，防止引起其他部门的不满；第二种倡导是充分发挥牧民自身的主观能动性，符合社会的集体利益，也容易受到政府的支持，但也要讲究工作方法，以提高工作成效。

社会工作者在社会策划模式下的角色有很多，社会工作者既是社会工作服务的提供者和执行者，也是社会策划的研究者和倡导者，要想规避模式的缺陷，首先要使社会工作者的作用得到充分发挥。

（2）社会工作者引导牧区反贫困工作，规避模式缺陷。我们既要认识社会策划模式的局限，也要承认社会策划模式的优点。规避模式缺陷，在扶贫工作进程中，遵循为目标服务的原则、可行性原则、创新性原则、权变性原则、效益性原则以及参与性原则，以保证整个脱贫攻坚过程客观、科学和切实可行。牧区扶贫开发工作中所出现的问题突出且典型，因此社会工作者应引导反贫困工作按原则进行，尽量规避可能会出现的问题。

1）反贫困政策及方案要为目标服务。无论是政府还是个人，都是为了有效地达到脱贫目标而进行策划。脱贫是政府及其他相关单位对牧区未来生活状态的一种期望，而扶贫方案则是为了目标实现而设计的蓝图，包括要实现脱贫所需的社会资源总和、时间进度安排、具体任务实施以及其他举措。扶贫方案的制定就是要使今后的行动都集中于脱贫的目标上来，要预测哪些方案可能会在短时间内实现脱贫，哪些方案可能脱贫效果不明显，从而指导今后的扶贫工作朝着目标前进。没有目标的行动，或多或少都是一种盲目的行动。国家的总目标是在2020年实现全面建成小康社会，确保我国现行标准下农村贫困人口实现脱贫，贫困县全部"摘帽"。在地方政府进行扶贫工作时，出现一些目标偏差的现象，例如，为了脱贫而脱贫，出现数据上脱贫、数量上脱贫的现象。没有明确的目标，计划会越走越偏，社会工作者要在这其中引导和提醒相关单位，通过不定时的过程评估，评估当前扶贫工作的进程是否按照目标进行，是否有效，实现质量上的脱贫，这样不仅保证了脱贫的质量，防止返贫现象发生，还有利于牧民生活条件的维持和改善。

2）反贫困政策和方案要具有可行性。扶贫方案要具体可行，否则不会产生期望中的效果。社会工作者要在扶贫方案设计制定的过程中对方案所包含的目的性、可行性、时间、步骤、地点、人力、物力等进行具体分析，社会工作者在这方面有专业上的优势也有对职业的认真态度。扶贫方案最忌讳异想天开、主观臆断，对当地历史人文、资源禀赋没有清晰地了解，乱开药方是万万不可取的，要以一种现实的态度，对扶贫方案进行周密具体的布置和安排，而不是使方案变成宏观的国家计划、国家项目。社会工作者对牧区前期的调研起到了至关重要的作用，不仅在扶贫方案制定时提供了参考，而且也可以在具体实施方案时评估成效。

3）反贫困工作的开展需要创新。尽管牧区是以畜牧业为主要发展产业的地区，但也存在半农半牧区，例如，同归属乌兰察布市管辖的察哈尔右翼中旗和察哈尔右翼后旗，农业和牧业共同存在、共同发展，这些地区的贫困和完全牧区的贫困又不一样。牧区扶贫的创新性是不因循守旧、不照搬照抄，而是把党的各项方针政策和其他地区治理贫困的经验，同本地区自身的地域、环境、人文等特点和需要有机结合，创造性地制定适合本地区扶贫的相关政策以及创造性地设计符合地区发展特点的扶贫方案。改革开放以来，中国的扶贫工作已开展了40年，到2020年要实现全面脱贫，这离不开创新的扶贫政策和扶贫方案。社会工作者在牧区扶贫工作的创新当中能够做些什么？首先，自身要有创造性思维、渊博的学识、丰富的想象力和敏锐的洞察力；其次，重要的是社会工作者要深入基层，走进群众、深入实践，善于听取牧民的心声，善于总结牧民们的经验。牧区扶贫要创新，离不开基层的群众，也离不开专业的社工，更离不开党和政府强有力的领导。社会工作者在这其中要充分发挥主观能动性，做到与时俱进。

4）反贫困工作要灵活且可塑。如果说创新是事物的总结升华，那么权变就是事物的必要改变。权变性原则所要求的牧区扶贫工作绝不是一成不变的，而是应该根据各种客观条件和其他因素的变化而随机应变，扶贫方案要适时适事，还要具有可塑性。这就要求牧区扶贫的具体方案和计划要有可塑性，因为方案不是基于绝对充分的信息基础制定的，方案的形成只是在当时条件下根据有限的信息暂时设计出来并执行的，随着环境的改变及信息的充分，扶贫方案应该有弹性的改变。在帮扶对象B先生那里即存在这样的情况，2014年B先生被识别为精准帮扶对象，因其自身发展能力不足导致贫困，扶贫干部采用产业扶贫的举措，帮助其购买两头牛用于生产生活。到2019年，B先生的生活依旧贫困，养牛所需要的大量草料以及不再年轻的身体使其依旧感到贫困。在扶贫方案实施的过程中，各种制约因素随时可能会发生变化，这就需要社会工作者具备及时调整方案的能力，使扶贫方案符合客观条件。这要求社会工作者应该具有充分的预见性，社会工作者作为牧区扶贫工作的主体之一，应该对扶贫工作开展过程中可能会出现的障碍和难点进行预测，对周围环境的变化进行估计，及时做好应变的措施和对策。这要求牧区扶贫的方案不应只以一套为准，在制定过程中争取考虑到多种情况，制订多种方案，使扶贫工作的进行更加灵活，以此来保证扶贫工作的成效。

5）牧区反贫困工作要创造效益。牧区扶贫开发工作的目标则是谋求牧区的发展和牧民福利的改善，为达到这一目标，需要政府及基层单位投入大量的人力、物力和财力资源，因此必须讲究效益。如果牧区的扶贫工作没有达到目标且没有创造效益，那么无疑这是需要反思的。从经济效益来看，首先，由于地方扶贫方案的实施受到地方财政水平的制约，因此，在执行过程中要降低各种费用支出，以达到最大的经济效益；其次，通过实施扶贫方案，达到牧民收入提高，地方经济增长，这则是经济效益的增量。通过这样的效益增量，会带来日后持续的增量。从社会工作的角度来看，牧区扶贫工作应该更看重的是社会效益，注重社会公平、人民福祉、能力建设和社会的可持续发展。通过牧区扶贫开发工作的四项推进：一能够缩小贫富差距和地区之间的差异；二能够改善牧民的生活条件，提高牧民的幸福指数；三能够提高居民的幸福感和归属感；四则改善了牧区的社会环境。

6）牧区反贫困工作要强调牧民的参与。牧区扶贫开发本是一种政府工作，强调自上而下的改变，但更重要的要强调牧民自下而上的参与。扶贫工作可以根据牧民的意见自上而下地制订工作计划，或者组织牧民参与扶贫项目的策划或组织牧民为制定扶贫政策建言献策。牧民的参与是牧民个人社会权利的体现，参与牧区的扶贫开发工作，会促使牧民个人态度、行为以及社会和政治环境的改变。也只有让牧民亲自参与，才能使他们感同身受，明白扶贫工作推进的艰难，起到实效；只有让牧民亲自参与，才能启发民智，运用群众的智慧和力量，设计出更加行之有效、高质量的脱贫方案；只有让牧民亲自参与，开诚布公地搞牧区的扶贫开发，让牧民“指点江山”，才能使扶贫方案更充实更务实，使牧区的扶贫开发工作更加接地气。

综上所述，意在指明社会工作如何助力牧区扶贫开发工作，笔者认为，没有地基的房子是不牢固的，在本文中，促进社会工作与牧区扶贫开发相结合即是地基，社会工作者在牧区扶贫工作中发挥作用则是在为房子增砖添瓦。如果想要社会工作参与到牧区扶贫开发工作中，首先要保证社会工作的存在形式，只有社会工作合理地存在于牧区扶贫工作中，才能够使社会工作充分发挥力量。

六、结论与反思

贫困是社会发展的必然产物，扶贫是随贫困的出现而出现，却不因贫困的消失而消失，因为无论社会发展到何种程度，相对贫困都会存在，因而反贫困的工作也会一直进行。从 2013 年“精准扶贫”的提出，到 2020 年取得脱贫攻坚战的全面胜利，在现行标准下 9899 万农村贫困人口全部脱贫，党和政府做出了巨大的努力，投入了大量资金和人力，帮助贫困地区和贫困人口摆脱贫困，实现小康。内蒙古自治区守卫着祖国的北疆，其稳定与发展关系到国家的长治久安，实现牧区的脱贫对于整个国家的长足发展具有重大意义。扶贫由政府主导，自上而下地推进工作进程，工作进展快，工作效率高，取得了牧区反贫困工作的伟大胜利。但在肯定扶贫工作所取得的成效的同时，也应注意其中发现的问题。反贫困工作受其本身工作性质的影响，在工作推进过程中出现问题，尤其是在牧区这一特殊的地理区位，受到生态环境、历史文化、政策制度等影响，牧区的扶贫工作中出现了不尽善尽美的问题，需要从专业视角进行总结和反思。

本文基于扎实的田野调查资料，回顾了 G 嘎查的贫困现象，以社会策划模式为理论视角，考察并分析在 G 嘎查的扶贫工作开展进程中出现的一系列问题，并最终得出如下结论：从社会策划模式的视角审视，牧区扶贫工作存在着工作急于求成、政策落实不力、牧民参与度不高等问题。究其原因，与牧区扶贫工作开展的自上而下的模式不无关系。笔者认为，在接下来的巩固脱贫成效、预防返贫工作中，牧区反贫困应克服此类问题，巩固脱贫成效。社会工作助力反贫困工作始终具有独特优势，通过社会工作的理念与方法，发挥社会工作者在反贫困工作中的作用，以此来反思牧区扶贫工作中曾经出现的问题并预防将来反贫困事业中出现同类问题。及时总结牧区扶贫经验，并做出相应改变和调整，方能使日后的反贫困工作更好更快地推进。

社会工作如何更好地介入牧区扶贫工作？这需要我们做更多的探索和实践，“纸上得来终觉浅，绝知此事要躬行”，实践永远是检验理论知识的最有效途径。牧区地广人稀，牧民居住分散，与农村截然不同，农村社会工作的经验可借鉴部分少之又少，在牧区开展社会工作还需日后进一步摸索，无论是社会工作者还是政府职能部门都应发挥自身优势和作用，为社会工作助力牧区扶贫贡献力量。

附录　受访者名单①

序号	姓名	性别	备注
1	刚某 1	男	重组家庭，一儿一女，妻子患有布鲁氏菌病，每年草场补贴 2000 元左右，是第一位接受访谈的当地牧民，案例人物
2	沈某	男	当地的汉族居民，经营旅游业，妻子患有布鲁氏菌病，是本次访谈中唯一一位汉族对象，信息提供者
3	乌某	男	经营旅游业但效益不佳，患有胃病且妻子患有布鲁氏菌病，信息提供者
4	刚某 2	男	调研期间为笔者提供住宿，经营旅游业，信息提供者
5	斯琴	女	经营旅游业，每年花费草料几十万元，案例人物
6	布某	男	精准帮扶对象，主要访谈对象之一，主要案例当事人
7	苏某	男	调研期间的介绍人兼司机，主要信息提供者
8	浩某	男	低保户，主要案例当事人
9	老夫妇		低保户，案例人物
10	朝某	男	嘎查书记，主要案例当事人，扶贫工作计划提供者
11	刚某 3	男	低保户，享受医疗保险，主要案例当事人

① 为保证受访者隐私，本文隐去全部受访者姓名。人物按案例出现顺序排序，且与正文保持一致。

参考文献

一、书籍

［1］雷诺兹．微观经济学［M］．马宾译．北京：商务印书馆，1993：53.

［2］高鉴国．社区工作［M］．济南：山东人民出版社，2013：100-124.

［3］风笑天．社会研究方法（第2版）［M］．北京：中国人民大学出版社，2005：249.

［4］徐永祥．社区工作［M］．北京：高等教育出版社，2004：98+104-105.

［5］夏建中．社区工作（第2版）［M］．北京：中国人民大学出版社，2009：102.

［6］李沂靖．社区工作［M］．北京：中国社会出版社，2010：108.

二、期刊

［1］周海燕．国内外精准扶贫研究：现状、特点与趋势［J］．山东农业大学学报（社会科学版），2018，20（3）：25-34+151.

［2］张丽娜，郝晓蔚，张广科，赵卫利．国外农村扶贫模式与中国“精准扶贫”创新模式探讨［J］．黑龙江畜牧兽医，2016（10）：35-37.

［3］张丽娜，郝晓蔚，张广科，赵卫利．国外农村扶贫的三种主要模式［J］．党政视野，2016（7）：46.

［4］黄渊基．国外旅游扶贫的实践探索及经验启示［J］．衡阳师范学院学报，2018，39（3）：100-106.

［5］吴双．社会策划模式下的社区社会工作——以川西德格县当批村社区工作为例［J］．改革与开放，2012（22）：73-74.

［6］张岭泉，李红霞，张学东．社会策划模式视角下城中村改造中的社区整合［J］．河北大学成人教育学院学报，2011，13（1）：109-111.

［7］曹雨薇．社会策划模式视角下“村改居”困境与对策分析——基于对襄阳市白云人家社区的实证调查［J］．湖北经济学院学报（人文社会科学版），2016，13（11）：56-58.

［8］杨宇．“村落小区”社会策划模式下的易地搬迁——以Y县C村为例［J］．佳木斯职业学院学报，2017（8）：444+446.

［9］陈阳．社会策划模式视角下房屋维修基金纠纷研究［J］．辽宁经济，2014（2）：54-55.

［10］葛欣鹏．社会策划模式应对“农民上楼”现象［J］．科协论坛（下半

月），2012（6）：188-189.

［11］王艳，韩广富．当代中国牧区扶贫开发存在的问题及对策［J］．东北师大学报（哲学社会科学版），2014（5）：83-87.

［12］马春艳．西藏农牧区扶贫开发存在的问题与对策［J］．吉林农业，2013（7）：10-11.

［13］张雷雷，王跃．西藏农牧区精准扶贫存在的问题与对策——以D县M乡精准脱贫实践为例［J］．四川民族学院学报，2018，27（4）：65-72.

［14］闫忠伍．关于牧区扶贫开发工作的几点思考［J］．柴达木开发研究，2016（2）：26-27.

［15］海英，格日勒图．牧区扶贫工作的政府行为研究［J］．现代经济信息，2016（12）：88.

［16］王思斌．精准扶贫的社会工作参与——兼论实践型精准扶贫［J］．社会工作，2016（3）：3-9+123.

［17］李迎生，郭燕．推动社会工作精准介入反贫困实践［J］．中国人民大学学报，2018，32（5）：92-103.

［18］向德平，姚霞．社会工作介入我国反贫困实践的空间与途径［J］．教学与研究，2009（6）：22-26.

［19］陈成文，姚晓，廖欢．社会工作：实施精准扶贫的推进器［J］．社会工作，2016（3）：10-16+123-124.

［20］李潇，张红．社会工作介入农村扶贫开发的可行性分析［J］．新西部（理论版），2015（24）：8-15.

［21］李迎生，徐向文．社会工作助力精准扶贫：功能定位与实践探索［J］．学海，2016（4）：114-123.

［22］廖敏．社会工作视域下农村扶贫开发策略探析［J］．湖湘论坛，2011（4）：83-85.

［23］胡阳全．社会工作介入民族地区农村社区贫困问题的思考［J］．云南民族大学学报（哲学社会科学版），2013，30（4）：55-59.

［24］敖琪．社会工作如何在精准扶贫中发挥作用［J］．法制与社会，2016（10）：180-181.

［25］冯瑛．贫困定义的演化及对中国贫困问题的思考［J］．经济研究导刊，2010（18）：6-8.

［26］屈锡华，左齐．贫困与反贫困——定义、度量与目标［J］．社会学研究，1997（3）：106-117.

［27］吴理财．村落社会与选举制度［J］．社会，2000（11）：32-34.

［28］黄文平，卢新波．贫困问题的经济学解释［J］．上海经济研究，2002（8）：3-8.

［29］马俊贤．农村贫困线的划分及扶贫对策研究［J］．统计研究，2001（6）：30-34.

［30］刘尧．论“贫困综合症”与西部教育资源开发［J］．西安交通大学学报（社会科学版），2002（1）：29-33.

［31］黄承伟．中国扶贫开发道路研究：评述与展望［J］．中国农业大学学报（社会科学版），2016，33（5）：5-17.

［32］孙文中．创新中国农村扶贫模式的路径选择——基于新发展主义的视角［J］．广东社会科学，2013（6）：207-213.

［33］张智辉，王冲．专业社会工作介入精准扶贫的可行性与可能性研究［J］．社会福利（理论版），2017（10）：31-34+39.

［34］鲁晓妮．社会工作介入精准扶贫策略研究［J］．法制与社会，2018（19）：183-184.

［35］黄婷．社会工作介入民族地区精准扶贫的优势及策略分析［J］．南方农业，2017，11（30）：68-71.

［36］高飞，向德平．专业社会工作参与精准扶贫的可能性与可及性［J］．社会工作，2016（3）：17-24+124.

［37］刘春怡．论农村社会工作与精准扶贫之融合［J］．长白学刊，2017（3）：134-138.

［38］岳天明，李林芳．民族村寨精准扶贫的社会工作借鉴——以甘肃文县T乡为例［J］．中央民族大学学报（哲学社会科学版），2017，44（6）：103-109.

［39］张涛，季轩民．社会工作介入民族地区精准扶贫中的困境及路径研究［J］．湖北民族学院学报（哲学社会科学版），2018，36（5）：150-154.

［40］邓玲，吴永超．论新时期我国扶贫开发工作的新变化及其路径创新［J］．理论探讨，2014（6）：81-84.

［41］冉连．建国以来我国扶贫政策：回顾、反思与展望——基于1949-2017年的政策文本分析［J］．山西农业大学学报（社会科学版），2018，17（12）：60-68.

［42］张伟宾，汪三贵．扶贫政策、收入分配与中国农村减贫［J］．农业经济问题，2013，34（2）：66-75+111.

三、学位论文

[1] 刘进来．论我国民族地区扶贫政策的演进与启示［D］．中南民族大学硕士学位论文，2011.

[2] 王艳．中国牧区扶贫开发问题研究［D］．吉林大学博士学位论文，2014.

[3] 吴永胜．社会工作视角下内蒙古半农半牧区扶贫工作研究［D］．内蒙古师范大学硕士学位论文，2016.

[4] 傅剑超．社会工作介入牧区扶贫开发模式探究——以四子王旗格日勒图雅嘎查为例［D］．内蒙古大学硕士学位论文，2017.

[5] 张丽璇．牧区社区脆弱性和社会工作介入探析——以四子王旗格日勒图雅嘎查为例［D］．内蒙古大学硕士学位论文，2017.

[6] 石祥．内蒙古农村牧区扶贫开发治理研究［D］．内蒙古大学硕士学位论文，2015.

[7] 李昱．十八大以来党的扶贫政策、实践与启示［D］．中国青年政治学院硕士学位论文，2017.

[8] 刘瑾．社会策划模式应用研究［D］．太原科技大学硕士学位论文，2018.

在传统与现代之间：社会工作视角下的牧区养老问题研究

苗欢欢

【内容摘要】 目前世界大多数国家已步入了老龄化社会，银色浪潮势不可当，养老问题日益严峻，成为人们关注的核心社会问题之一。与其他国家相比而言，中国跑步进入老龄化社会，未富先老的社会现实、新建不久的养老保障制度、弱化的家庭养老功能等现实问题都使中国的养老面临严峻的挑战。而相对于城镇来说，农村的养老问题更加突出，人口基数大，老年人口增长速度快，老龄化速度也快，同样的问题也出现在处于我国边远地区的牧区。随着社会的发展，以畜牧业为主的内蒙古自治区牧区的老龄化速度同样惊人，养老问题日渐凸显。国家草场承包政策使游牧民族过上定居生活，生态环境日益脆弱，草场保障功能弱化，畜牧经济发展受到影响，养老保障发展缺乏根本的动力；受城镇化影响，牧民的非养殖性流动加强，由于传统家庭养老方式难以完全保障牧区老人的晚年生活，新的养老保障制度和保障模式还没有完全建立起来，国家出台的新一轮的养老保障政策想要真正发挥应有的作用还须时日，因此，牧区的养老问题相当严峻。

养老问题属于社会福利政策的重要组成部分，是宏观社会工作关注的主要社会问题之一。笔者在调查的基础上，首先，对牧区的养老现状、养老方式、养老意愿进行调查。其次，通过文献分析法对已有的关于牧区养老方面的研究进行综合的分析，同时运用对比分析的方式，对牧区和农耕地区养老的相关方面进行比较研究。最后，提出在宏观上以政府为主导，建立健全社会保障制度和发展牧区经济；在微观上促进牧民养老观念革新改变，接受新的养老方式，树立新的养老理念；同时，从社会工作微观视角出发，以牧区幸福互助院为依托，提出可行性的介入方式，从而探索老年社会工作在牧区开展的可行性方法。

【关键词】 内蒙古；牧区；养老

一、引言

（一）选题背景

当今世界各国普遍进入老龄化社会，随之而来的养老问题已是需要共同面临的社会问题。世界卫生组织定义：如果一个国家或地区年龄大于等于60岁的人口占总人口的比例10%或者大于等于65岁的人口占总人口的比例达到7%时，那么表明这一国家或地区已进入老龄化社会。中国第七次全国人口普查数据资料显示，我国60岁及以上人口为26402万人，占18.70%（其中，65岁及以上人口为19064万人，占13.50%）。对比第六次全国人口普查结果，60岁及以上人口比重上升5.44个百分点，65岁以上人口的比重上升4.63个百分点，从这些数据分析可得，目前中国老龄化程度正在加深，速度也在加快；然而对比城乡老龄化调查数据发现，农村地区老龄化程度更深，乡村60岁、65岁及以上老人的比重分别为23.81%、17.72%，比城镇分别高出7.99个百分点、6.61个百分点①。老龄人口不断增加，养老问题日渐突出，而解决养老问题的关键便是解决农村的养老问题。

内蒙古自治区不仅是中国四大牧区中最大的牧区，也是多个少数民族聚居的地方。随着畜牧业以及矿业的发展，内蒙古自治区国内生产总值（GDP）连续多年增速位居全国第一，然而区域性发展不平衡、贫富差距大、基础设施发展落后、养老保障制度不完善等问题仍较突出。与全国其他省份相比，内蒙古自治区也是一个人口老龄化程度较高的省区，根据第七次全国人口普查结果，内蒙古自治区常住人口约2404.9万人。60岁及以上人口约475.7万人，占19.78%，其中，65岁及以上人口约313.9万人，占13.05%②。在全社会老龄化的背景下，如何解决广大老年群体的养老问题，如何使老年人老有所养、老有所终、安度晚年，这关系到牧区和谐社会的建设发展以及边疆的稳定。

社会养老保险制度是人们面对衰老、死亡所做出的理性、智慧的选择，然而内蒙古的养老保险制度还存在诸多不完善的地方。从2009年开始新型牧区社会养老保险制度在区内实施，在此之后不断改革，收到良好的效果，但就总体来看，在政策的宣传实施以及养老保险金监管和保值增值上还存在诸多问题。牧区的养老保障水平低，不能满足牧民的养老需求，而牧民分散居住，无形当中也给

①② 资料来源：国家统计局。

养老保险制度的实施增加了成本问题。一方面，牧区的社会养老机构能发挥的养老作用甚微，不能真正地解决牧民现在的养老问题；另一方面，牧区的医疗卫生条件较差，嘎查缺少专业素质、职业操守较高的医师，牧民看病难的问题一直有待解决。

快速发展的经济未能满足人口老龄化的诸多需求，未富先老更是把社会养老问题推到了风口浪尖。牧区不同于农耕地区，其主要经济收入来源是畜牧业，牧民以草场作为生产资料，靠养殖为生，随着改革开放家庭联产承包责任制的施行，草场也包场到户。从此传统牧民的游牧生活消失，牧民笆围草场，各自在分到的几千亩草场上放牧，虽然都是以土地作为生产资料，但牧区收入的稳定性没有农耕区好。牧区的养殖畜牧业发展的好坏及牧民收入的高低依赖于市场的波动和气象环境，这就使广大牧民支柱性的家庭收入来源没有保障；草原生态环境脆弱，荒漠化严重，时而发生的自然灾害又加重了牧民的养殖成本和养殖压力；国家施行草场禁牧轮牧等政策，牧民的经济收入受到一定的影响。近年来，牧民的养殖成本年年升高，而养殖产品的价格一降再降，牧区的养殖步入瓶颈，牧民在经济收入上没有保证，养老经济支持后劲不足，这是牧区养老问题出现的根源所在。

传统的家庭养老功能不断被削弱。蒙古族是骑在马背上的民族，受其游牧生产和生活方式影响，传统上的蒙古家庭一般是建立混合大家庭。在历史上，牧区生活的牧民通过较强的内聚力共同抵御外敌入侵和各种灾难，因居住分散，必须建立大家庭来适应恶劣的生存环境，家长制特征明显，最小的孩子通常被留下为老人养老送终。一方面，随着计划生育政策的推进和人们价值观念的变化，牧区的家庭规模与结构也在发生变化，即便是少数民族在生育政策上有适当的放松，牧民也不会选择多生育，牧民子女的数量逐渐减少，家庭趋于核心化；另一方面，城镇化进程的加快，大批牧区剩余劳动力向城市的转移，人口流动性加强，牧区老人单纯依靠子女养老已不现实，传统养老价值观念受到冲击，牧民逐渐趋于接收多元化的养老方式。

（二）文献综述

随着人口老龄化时代的到来，养老问题逐渐成为学界关注的焦点，而养老的重灾区——农村，也自然成为学者关注的焦点所在。国内外学者从不同的角度、不同的介入层面对农村养老问题进行了研究。

1. 国外相关研究

西方发达国家城乡二元分割特征不明显，同时较早实现了社会福利保障的普及。其养老相关研究成果也丰富多样。

国外学者对建立农村养老保障制度的必要性、农村养老保障的模式选择进行了较充分的研究。科林·吉列恩（2002）对20世纪80年代到21世纪中期的人口老龄化趋势做出大胆的预测，并且对各地的赡养率进行对比分析，提出未来农村养老会面临很大压力；蒙哥马利（2000）、沃克（2000）提倡社区居家养老服务的发展，应该在家庭养老功能发挥极致的情况下，扩大居家养老相关服务项目的服务领域；丹尼尔（2010）对美国社会保障制度深入研究后提出，政府应加大对各农业州的财政转移支付力度，将农业劳动者纳入现有养老保障体系。为老年人提供照料服务的主体等相关问题也是国外学者探讨和关注的，基本上分为家庭责任派和公共责任派。在制度政策上，老年福利政策是西方国家众多学者关注的另一个焦点，特别是对社会运行的福利政策存在的问题和对应的策略上的分析。欧洲国家为缓解养老金的压力，正在逐步对原有的老年福利政策进行改革，重新对财政进行分配，鼓励社区照料和支持社会上非正式网络在养老方面发挥作用。

在国外学者农村社会保障模式的相关研究中，对于为农牧民单独设立养老保障制度抑或是将他们纳入统一的养老保障体系之中意见不一。迪顿、格鲁伯等（1998）认为，应该将全体国民纳入统一的基本养老保障体系中，而不应该刻意区分所谓的农民和市民；在养老保障制度的财务机制问题上同样存在着异议，主要是现收现付与积累制的相关讨论。一部分人认为，应该提倡现收现付，这有利于资金的流动，增加财政收入，促进基础设施建设和经济的发展；另一部分人则认为，应该实现由前者向后者的转轨，原因是现收现付不利于个人储蓄账户积累，而基金积累制之所以优于现收现付是因为其对公民的储蓄有正向的积极效应；科特里科夫（1995）主张实行基金积累制，主要原因是他认为要实现公民所缴纳的基金保值增值代价是昂贵的，需要支付很高的税率才能实现平衡；巴尔（2000）有关现收现付制和基金积累制的相关问题争论是不必要的，经济发展和增长才是应对老龄化危机的关键问题；邦克（1994）则主张建立“三支柱”养老保障制度：第一支柱主要是应对贫困问题，通过基于收入再分配的现收现付模式解决低收入者的养老问题，扩大养老制度覆盖面，体现公平性；第二和第三支柱解决储蓄问题，通过强制与资源相结合的制度设计体现养老保障的效率。

2. 国内相关研究

养老问题在众多的文献主题里已是老生常谈的话题，国内学者分别从不同的方面和不同的角度对养老问题进行了较多的研究，纵观学者研究，关于我国农村牧区养老问题的研究和内蒙古牧区养老现状的研究较少。笔者通过阅读大量的文献，总结已有的关于我国农村养老和内蒙古牧区养老的文献主要观点和研究方面，以期在已有学者的研究基础上提出创新性的研究观点。

（1）关于农村养老问题的研究。刘从龙（2008）指出，现在我国农村的养老方式主要有家庭养老、自我养老、社区养老、社会养老；宋健（2001）通过对相关学者的研究进行总结归纳，认为目前家庭养老方式仍是最主要的养老方式；郑功成（2002）认为，农村五保供养制度是家庭养老的重要补充，有利于稳定农村社会秩序，帮助困难家庭走出困境。随着经济社会的发展，传统的养老方式已出现诸多的弊端，难以支撑现有的农村老年银浪之潮。传统的养老保障面临巨大的困难和挑战，杨云刚（2013）指出，城市化影响，流动人口增多，家庭规模小型化，养老功能弱化；为建设公共基础设施而征收大量土地，土地保障功能锐减；很多学者对土地保障功能的弱化持相同的观点。梁鸿（1999）同样提到经济和城镇化的发展，土地能够提供的保障也越来越弱。社会养老作为现在重要的方式之一，对于养老问题的解决发挥着举足轻重的作用，然而对于社会养老方式在农村养老问题解决效力上，学者提出了质疑，张媛媛（2005）指出，社会养老保障制度发展不平衡，只有"有条件的地方"和"有条件的人群"才能充分享受社会养老所带来福利，农村的社会养老要想真正发挥作用还需时日。

在农村养老问题解决途径的研究方面，绝大部分学者认为要实施多元化养老方式的解决模式。许照红（2007）从中国社会养老保障制度发展视角出发，提出建立以家庭养老为基础、社会养老保险为支撑、社区养老为依托、其他养老形式为补充的比较完善的农村养老体系，以应对人口老龄化高峰的到来；喻丽等（2003）则认为，应该区别对待经济发展条件不同的地区，在经济发展较快的农村地区施行社区养老，在经济发展缓慢的农村地区推行施行养老储蓄制度；阳义南（2004）主张采用"四支柱模式"养老系统，提倡建立以自我养老为根本、社会养老为主体、社区养老为补充、家庭养老为辅助的"四支柱模式"；陈吟娥（2002）提倡采用"内敛型养老模式"，具体做法是以"自我养老"为基础前提，依托个人、朋友、社会、国家各个方面力量，整合资源，润物无声内敛地满足个人的养老需求；熊茜等（2014）着眼于文化和养老产业现代化的现实，提出自己的看法，她指出需坚持以居家养老为基础、互助养老为依托、社会化养老为支撑的养老途径。

在农村老人的养老意愿方面，李建新等（2004）以实际调研数据为基础，指出传统的养儿防老观念仍占有很重要的地位，并且养老观念和养老意愿在不同年龄层的人群中存在差异；田北海（2012）等基于湖北某地的养老意愿问卷调查，分析了农村老年人的养老意愿和生活条件对传统家庭养老的影响指出，虽然养老意愿以多元化方式呈现，但家庭养老偏好居多，且年龄越大收入水平越低，家庭养老偏好越重；张争艳等（2016）通过实证分析得出人口的年龄、户籍所在地、对社会养老机构的了解程度和年收入水平对养老意愿都有着重要的影响。

中央及地方政府先后出台了一些医养结合的政策，刘文俊等（2016）提倡实施“医养结合”养老模式，并提出应该加快建设护理保险制度；马丽丽（2016）也提出政府应该支持复合型养老护理队伍的发展，在资金和制度政策上给予倾斜。将养老与互联网充分联结的智慧养老，既是时代发展的产物，也是最近国家政策所支持和引导的新型的养老理念。睢党臣、彭庆超（2016）指出，“互联网 +”是一种利用互联网的平台、信息通信技术，把互联网和包括传统行业在内的各行各业结合起来的一种新生态，它是以社区为依托，建设养老信息服务网络平台，提供基本养老需求的居家养老服务；朱海龙（2016）认为，智慧养老可以最大限度地消除中国劳动力人口缺失的风险，提高养老效率，并且对老年人增权，增强老年人的主体性。但作为一种全新的养老服务模式，智慧养老也存在一些问题，朱海龙（2016）指出，现有的运作模式还处于初步探索阶段，形成一个高效、稳定的系统还需时日。“互联网 + 养老”行动和“智慧医疗”技术等措施，将有助于医养结合养老机构养老服务的新发展。

（2）关于牧区养老问题的研究。西藏林牧区在我国畜牧业发展中占有重要地位，近几年西藏基本上也实现了新型农村社会养老保险制度全区覆盖，陈俊傲（2012）立足发展型社会政策的角度，结合西藏民族、宗教和文化的特色，对林牧区老年人的养老模式进行探讨，并提出林牧区养老模式及其保障基础路径选择的关键就在于惠民增能。关于内蒙古牧区养老存在的问题，兰继华（2013）认为，内蒙古农村牧区老年人口数量多、分布范围广、居住条件差，养老形势严峻，养老问题成为内蒙古农村牧区社会发展中的一项难题；曹莉（2016）、赵淑辉和苗海滨（2012）就关注留守老人的问题提到，内蒙古地区工业化、城镇化进程的不断加快，劳动力不断向城市转移，留守老人、空巢老人增多，牧区劳动力资源减少影响牧区经济发展；董少杰（2010）通过对现行内蒙古半农半牧区农村养老保障模式进行定位，分析模式运行现状，面临的困境以及保障问题解决缓慢的主要原因并提出层级模式；张春燕（2011）、张云凤（2014）和阿云嘎（2010）都从内蒙古农牧区的养老保险问题入手，提出现在养老保险存在的问题及解决对策，阿云嘎聚焦政府责任，提出政府应承担起自身的责任，大胆进行农牧区养老保险改革，从财力、政策上给予适度的扶持；在牧区养老保障水平相关方面，刘春（2014）指出，新型社会养老保险制度保障水平偏低，难以发挥养老作用，而且牧区养老保险制度运行成本高。

牧区养老面临严峻的挑战，学者纷纷对未来牧区养老问题的解决提出了自己的观点和看法。杨翠迎（2005）认为，不能单纯地依靠任何一种养老方式，家庭养老、社会养老保险、社区养老三种主流保障方式应联合作用解决养老问题；董少杰（2010）在实证研究的基础上提出层级模式，主张落实新型农村养老保险制度，发挥家庭养老保障的功能，努力提高土地利用效率，加大政府补偿力度，并且要加快法制化建设，完善相关的管理体制；张春燕（2011）提出，制度建设固然重要，观念改变同样不可忽视，提倡牧民更新传统养老观念，树立养老保障意识。随着时代的发展及新的养老方式的涌现，传统的家庭养老模式仍要发挥作用，但新的养老模式的探索也很有必要。曹莉（2016）主张借鉴发达国家和地区的养老经验，积极探索新型养老模式；兰继华（2013）积极提倡化德县幸福护住院的养老模式，即建立“集中居住、分户生活，自治管理、互助养老”；通拉嘎、王义忠（2016）结合锡林郭勒盟牧区养老实际情况，提出“养老、育幼、医疗”相结合的“养老+”牧区养老思路，推出了“公建民营”“民建公助”的养老运营模式，积极探索了政策整合、经济促进、思想文化、精细管理的园区养老路径，破解了牧区养老困境。

（三）研究意义

从调查的区域上来说，这次调查的地区是内蒙古的牧区，而不是农村牧区，从以往研究文献上来看，还没有学者专门对内蒙古牧区的养老问题进行研究。

从调查对象上，主要有两类：一类是步入老年的牧民，另一类是未步入老年的牧民；从研究内容来讲，一方面了解牧民现在的养老方式，另一方面对未步入老年阶段的牧民将来的养老预期做出探究。

从介入层面上，以往关于牧区养老相关的研究都是聚焦宏观的制度层面，由上而下地进行分析；本文采用由下而上从微观层面介入，通过实地调研，在了解牧民真实养老情况的基础上，站在牧民的立场上多角度地分析牧区的养老问题。

从研究方法上，通过田野调查，运用对比分析和文献分析的方法综合研究，搜集牧区养老现状的材料数据，通过对比分析，突出牧区养老方面的特殊性和艰巨性所在。

从研究结论上，本文通过实地调研、资料分析整理后，联系牧区的特殊性，结合牧区的养老现状和养老方面的问题，提出有针对性的综合性解决对策，并从社会工作专业角度的微观层面，有选择性地介入牧区幸福互助院，初步探索牧区社会工作实施的可行性。

（四）研究方法

本文在对内蒙古牧区养老现状及发展路径的分析过程中主要使用了以下两种方法：

1. *定性分析方法*

定性分析是在深入调查的基础上透过现象发现事物的本质和内在规律性的分析方法，本文在实地调查和结构式访谈的基础上，搜集资料，了解农村牧区养老现状，对内蒙古牧区存在的养老问题进行定性分析，并且寻找原因所在，提出有针对性的解决办法。同时文章通过比较分析对农耕地区和牧区的经济基础以及牧区经济的特殊性进行探讨，对比老年人和未步入老年行列的牧民在养老方式和养老观念等方面存在的差异，在上述对比的基础上深入地了解牧区养老以及分析牧区养老面临的具体问题。

2. *文献研究方法*

不同领域的专家学者对于如何面对老龄化，如何成功地解决老龄化社会带来的一系列养老问题，以及如何应对老龄化所带来的诸多问题都从各方面提出了自己的见解，本文在认真阅读诸多文献的基础上，试图探究解决牧区养老难题的对策。

（五）相关理论框架

1. *社会保险制度理论*

社会保障建立的初衷是为全体社会成员提供其安居乐业所必不可少的物质保障，也有部分学者将其纳入到社会福利的范畴之中。具体来说，社会保障是指劳动者在暂时或永久丧失劳动能力无法继续生活或面临失业等困难境遇之后，国家社会对劳动者本人及其家属提供的基本物质生活保障。劳动者面临生活上的问题导致收入上的损失，都会直接威胁劳动者基本生活的安定，进而会对社会生产造成影响。社会保险正是国家对这种情况所采取的经济补偿手段，因此，社会保险是一项社会政策，是政策性的保险。它是由劳动者、企事业主和政府共同筹资，建立专用基金，使面临劳动风险的劳动者得到补偿，通过法律手段对国民收入进行分配和再分配，形成专门的保险基金。社会保险中的养老保险是其重要内容之一，它是以保障法定范围内的老年人在达到约定年龄退休后，仍有满足基本生活需要、稳定可靠的经济来源为目的的社会保险项目。牧区的社会保险是由政府组织，牧民通过个人缴纳一定的劳动所得，把收入进行储蓄积累，以便在牧民年老或无劳动能力时，还能满足自己生活需要的一种社会保障制度。

2. 贫困理论

在宏观上贫困是指经济、社会或文化的贫困落后，在微观上贫困也关乎基本的公民权利、能力，其实质是一种权利和能力的贫困，这种视角解释的贫困同常规上从经济学对贫困的理解存在相当的差别。正如阿马蒂亚（1981）对贫困的理解，单纯的低收入并不能造成完全的贫困，更多的是因为能力的缺失而导致的。阿马蒂亚对贫困的研究又有了新的视角，他把“可行能力”引入贫困并进行分析，并以此为前提，创建了多维度贫困的度量方法，他也重新解释了贫困和人类发展，权利的缺失和自身能力的匮乏是贫困的根源，而发展的本质“是扩展人们享有的真实自由的一个过程”。所以要想从根本上消除贫困，就要从保护个人权利以及提升可行性能力入手。美国学者舒尔茨（1960）指出，一个国家或地区之所以贫困，物质资本的短缺并不是其根本原因所在，人力资本的匮乏和对人力资本投资的不充分才是关键所在。贫困所产生的副作用是无限的，因为贫困，无力发展教育事业，以至于下一代人力资本仍然匮乏，导致贫困的“代际传递”；因为贫困，公共服务跟不上需求，引起传染病、地方病的发病率升高，导致更多的人“因病致贫，因病返贫”；因为贫困，非但吸引不了外地优秀人才，还会导致本地知识技术人员的大量流失；因为贫困，基础设施不健全，信息、交通的传递不及时等都会导致更深层次的贫困。研究牧区的养老问题，贫困是导致牧区各项社会养老事业发展慢的根本原因，无论是政策的制定还是制度的改革，都应该兼顾牧区的经济发展事业，摘掉贫困的帽子。在贫困理论的指导下，分析牧区致贫以及长时间难以脱贫的原因，寻找解决牧区养老经济困难的办法。

（六）相关概念解释

1. 养老需求

养老，顾名思义，是指赡养老人、包括经济上的支持、生活上的照料和精神上的慰藉，这就界定了养老需要坚实的物质基础，完备的生活保障和丰富的精神生活。从其本质上来说，养老是一种均衡互惠的代际行为，父母在子女幼小时尽心尽力地抚养，等到父母年迈时，子女则反馈给父母更多的照顾，这种“报恩”式的、回馈式的“子养母”在中国长期流传，是我国最传统的老年人的养老方式。人到老年，身体各项机能失去应有的作用，对外在人和物的依赖性加强，这种依赖性是客观存在的，并且随着年龄的增长在不断地加强，而养老问题的产生与这种客观依赖性又有一定的关系。谈及社会福利，一般都是指经济意义上的社会福利，而其他方面往往被忽视，同样谈到养老，人们往往注重物质生活的照料而忽略老年人的精神文化生活需求。国家出台相关的法律法规对老年人的生活质量标准进行了方向上的规定，不仅仅要实现物质上的满足，更要注重精神生活的发展，这就表明，“养老”不仅仅是“养活”的问题，更是如何“养好”的问题。老年人同样有丰富的生活需求，这种需求无关年龄、性别、种族以及所在的区域，从需求层次理论可以得出，每个人都有基本的物质需求和高层次的精神需求，但受各方面原因的影响，需求层次的满足程度存在巨大的差异，在经济不发达、区域落后的地区，大部分人停留在对物质需求的满足上，也没有足够的经济支持去追求更高的精神满足，这种情况在牧区普遍存在。

2. 未来养老预期

预期是指对一件事抱有的期望，往往会呈现一个特定的效果，如达到什么程度、出现什么情形等。对某一件事情的预测，都会有一些事实根据或依据以及一些现实性的条件，具有一定现实基础和实现的可能性。这里的未来养老预期是指人们对自己将来会选择什么样的养老方式的一种事实性的预测。所以养老预期的主体一般是中老年人。根据现在牧区的养老情况和自身的一些现实因素，牧民会对自己将来步入老年之后的养老方式进行预测。养老预期一般有两种：一种是假如牧民对未来养老预期高，表明现在牧民对未来养老不担心，一般这样的牧民都是经济条件好、家庭有保障或者对社会养老信心较大；另一种则是对未来养老预期低，这样的牧民一般是对现在壮年时期生活各方面不甚满意，对子女养老和社会机构养老信心不大，经济收入水平低。一般来讲，未来养老预期高或低与经济收入水平、子女数量、社会养老信心等成正比。牧民对未来的养老预期能够反映现在牧区养老的现实性的一些问题，透过简单的真实性的数据，我们可以深层次地剖析现在牧区的养老现状。

二、内蒙古牧区的养老现状

由于经济条件、医疗水平条件等方面的差异，城乡之间老龄化进程存在一定差别。2010 年，内蒙古城镇总人口为 1272.02 万人，其中，65 岁及以上人口总数为 96.78 万人，占城镇总人口比重为 7.05%。乡村的总人口为 1098.61 万人，65 岁及以上人口总数为 90.03 万人，占乡村总人口比重为 8.2%。无论是老年人口数量还是老龄化程度，乡村均高于城镇，这说明内蒙古老年人大多数留守在偏僻、落后、贫困的农牧区。在这种老龄化和高龄化的社会背景下，内蒙古自治区失能老年人和半失能老年人的数量在未来还会持续增长，老龄化形势非常严峻。内蒙古草原面积约占全区总面积的 76.5%，东西跨度较大，本文主要对处于内蒙古中部的牧区养老问题进行探讨。内蒙古是畜牧业大省，乌兰察布市也是区内的畜牧业大市，它位于内蒙古自治区中部地区，市内天然草场的面积大约5000万多亩，其中可供利用的草场面积约为4500万亩，全市总面积中草场面积约占3/5。市内的天然草场主要是平原荒漠草原，分布于四子王旗的北部地区。2016年初，在乌兰察布市常住人口中，年龄大于等于65岁人口为27.34万人，占12.94%，与国际老龄化社会7%的标准相比，多了5.94个百分点，乌兰察布市已进入严重的老龄化社会阶段，养老问题众多，而牧区养老状况又是怎样的，出现了哪些问题，现行的养老模式是什么，都是值得我们关注的问题。G嘎查是乌兰察布市四子王旗下属的一个典型的牧区，笔者以该嘎查作为调研地，探究牧区养老的相关问题。

（一）四子王旗G嘎查养老现状

1. G嘎查的基本情况

四子王旗是内蒙古自治区乌兰察布市西北部的一个牧业旗县，总面积为25516平方千米，约占乌兰察布市面积的一半，四子王旗一共分布着五个苏木、八个乡镇、一个牧场，总人口约20万，旗内杂居着蒙、汉、回等多个民族，是少数民族较多的一个旗县。四子王旗不仅是一个畜牧业大旗，也是旅游胜地，“天苍苍，野茫茫，风吹草低见牛羊”，这样美丽的场景可以在四子王旗领略到，丰富浓厚的少数民族地域特色和文化吸引着各方人士。笔者调查的地点G嘎查距旗所在地35千米，S101省道和四子王旗旅游专线贯穿全G嘎查；辖区总面积464.1平方千米，草场总面积为69.6万亩，总户数226户518人，其中，蒙古族有364人，占总人口的70.2%，常住户127户364人，以畜牧业为主导产业。这里的牧民的主要经济收入来源是畜牧养殖业，养殖以绵羊为主，也有少量的山羊、牛、骆驼、马等家畜；还有部分牧民依托草原天然的自然环境，选择在自家草场环境相对较好的区域修建蒙古包，发展旅游业来增加收入；另外，也有牧民在家里开设麻将馆或用装载机帮其他牧民拉载秋草赚取一些收入；还有部分牧民选择外出打工挣钱。牧民收入方式趋于多样主要是由牧区养殖收入困难促成的，连续三年羊肉以及一些副产品价格持续走低，牧民的经济收支难以平衡，有的甚至入不敷出，不得不靠养殖以外的其他方式维持生活。

牧区的老人绝大部分是与儿子一起居住，“牧区无闲人”，牧区老人只要有一点劳动能力就会参加劳动，例如，帮助子女打理草场，放牧，料理家务，照看子孙，或者去旗里陪伴适龄子孙上学，也就是牧民们说的“陪读”。G嘎查没有设立相应的幼儿园和学校，牧民子女去所在旗的旗里上学，照看孩子日常的任务就落在了老人的身上。有的是老两口一起去旗里陪读。有的牧民家里劳动力短缺，老人能帮助子女一起打理草场的，则一个老人去旗里陪读，另一个老人在牧区帮忙打理草场。总之，牧区老人在晚年仍然发挥余热，为子女上下奔波。

2. G嘎查的调研经历

之所以选取这个地点进行田野调查出于以下两个方面的原因：一是四子王旗是乌兰察布市唯一的一个牧区旗县，而G嘎查又是全部以畜牧养殖为生的区域，这里的人们以天然草场作为生产资料进行生产和生活，比较符合本研究选题范围；二是曾经在G嘎查开展过田野调查，具有丰富的第一手资料可借鉴利用。经由上述原因，笔者先后两次对G嘎查进行了田野调查，获取大量的一手资料。

第一次是对G嘎查的所有居民进行了面对面的入户调查评估，最主要的目的是建立居民的个人信息档案，了解牧民的基本情况；第二次是在当地牧民的帮助下针对牧区老人的养老情况以及G嘎查在养老方面的现状进行了深入的调查。G嘎查按照区域划分为四个大队，主要以蒙古族为调研对象，选择了第一和第二队开展调研。以户为单位，一共走访了60户，有效深入访谈52人，其中，老人24人，中青年28人；此外，对G嘎查村主任、书记以及苏木的领导人进行了面对面访问，了解G嘎查的具体情况，同时参访了苏木的幸福院，并与居住在其中的老人进行了交谈，获得了大量关于当地牧区养老方面的一手资料。

（二）G嘎查老年人的养老现状

1. 牧区传统的家庭养老方式占主导地位

在传统的蒙古文化习俗里，孝敬父母不仅是家庭乃至家族内伦理道德的基础，而且也是整个社会伦理关系的支柱，是维持社会基本关系和整个社会秩序稳定的重要基础①。据历史记载，成吉思汗把孝顺放在了他治理社会伦理家庭关系的重要位置，他还强调指出："凡一个民族，子不遵父教，弟不聆兄言，夫不信妻贞，妻不顺夫意，公公不赞许儿媳，儿媳不尊敬公公，长者不保护幼者，幼者不接受长者的教训，那么这个民族的伦理纲常就会乱套，民族必定要灭亡。"②他坚信"能治家者，即能治国"③。由此可见传统的蒙古社会对于孝文化是比较重视的，尊老爱幼，养儿防老，而且蒙古族的家庭养老方式是以最小的孩子作为养老并传续至今。

蒙古族传统，最小的儿子称作"斡赤斤"，是"灶君"的意思，父母老了，

---

① 唐吉思．藏传佛教对蒙古族家庭伦理的影响［J］．西北民族研究，2003（1）：92+119-125.

② 拉施特．史集（第一卷第二分册）［M］．北京：商务印书馆，1983：354.

③ 拉施特．史集（第一卷第二分册）［M］．北京：商务印书馆，1983：355.

就跟最小的儿子一起养老，其是最终继承家产的，也是最终在长子们成家另居后守候在父母身边的人。牧区的最小的孩子养老与农耕地区的养儿防老的家庭养老方式本质上是一样的，随着家庭结构的变化，人们思想观念的转变，农耕地区养儿防老的观念逐渐淡出人们的脑海中，无论是儿子还是女儿都担负着一样的赡养责任，“嫁出去的闺女泼出去的水”等说法渐渐消失。然而对于偏远的牧区来说，传统的价值观念根深蒂固，受外界影响较小，在调查的牧民中，约占 3/4 的家庭是老人跟子女一起生活的混合式居住。牧民普遍认可传统养老方式，认为蒙古族的这一传统的习俗，保证了牧区老人的老年生活，使年迈的蒙古老人能够老有所养，老有所依。

2. 牧区老年劳动现象普遍存在，陪读老人现象凸显

牧区老人基本上有自理能力的平时都会帮助孩子们干点力所能及的家务，虽然不能继续从事繁重的放牧活动，但照顾子孙的吃穿住行同样不可小视，每天从事单调而繁杂的日常，承受的丝毫不亚于年轻时的担子。笔者访谈的一位老奶奶 72 岁，驼背厉害，患有多种老年疾病，常年吃药，但由于家里经济比较困难，雇不起长工，只能帮助儿媳妇操持家务，照顾小孙子上学，每天都比较累，但别无选择。在牧区，老年劳动力的现象普遍存在，调查的年龄在 60～75 岁的牧区老人，约有一半还在经营牧场。有位 74 岁的五保户老人，没有妻儿，只有在旗里工作的侄子，这是他唯一的亲人，他的侄子每月来看望老人两次，平时老人都是自己一个人在牧区生活，自己经营草场，部分草场进行放牧，建有两个蒙古包和两头小毛驴做旅游生意，但是经营惨淡，勉强维持生活。

受现实教育条件影响，在牧区有种现象比较奇特，在正常学校上课期间，G 嘎查里有很多“归隐老人”，假期一到，这些“归隐老人”纷纷现身。笔者在 5 月进行调研时很少看到老人，经过询问之后才了解到 G 嘎查里的老人大都到旗里陪读，这主要是由牧区特殊的情况决定的。牧区的学校现在都设在旗里，之前在 G 嘎查设立的小学由于在学校布局调整中纷纷被撤并，所以牧民的孩子一般都会去离家乡几十千米的旗里就读，而牧区老人一个主要的家庭任务就是帮助子女照看旗里上学的孩子。这就是为什么在 5 月调研时很少看到老人的原因。在调查的老人中，大约占 1/3 的老人需要陪孩子在旗里读书。寒暑假回 G 嘎查，开学返归旗里，正是这种特别的老人周期性的归隐现象引起了笔者的注意，也最终促使笔者写这篇论文以对牧区的老人养老问题有更深入的了解。

3. 牧民对机构养老的选择性小

根据最新的相关数据显示，在内蒙古自治区内现有各类养老机构中，农村牧

区互助养老幸福院769所，床位数8.5万张①。幸福互助院是牧区养老的一个特色，它是乌兰察布市化德县率先建立的，在试点运行后取得了良好的社会效应，随后该市各旗县苏木整合各方面资源建设牧区幸福互助院，入住的对象主要是邻近几个嘎查生活困难的五保户、空巢、独居老人。幸福互助院坚持物尽其用的原则，把闲置设施改造利用并在此基础上不断地建设完善，秉持互利互助、共建共享的宗旨，建设适合牧区老年人居住和生活的幸福院。在调查的老人中，约占3/4的牧民选择与子女生活在一起，而不会去旗里的社会养老机构或苏木的幸福互助院养老。原则上互助院的入住对象是自理老人，有的苏木渐渐地也接受半自理或失能老人，对于这些需要照顾的老年人则需要多收取一些护理费，一般在500~1000元不等。对于旗里收费较高的养老机构，“住不起，没钱养老”则是最多的回答，牧民面对高额的费用望洋兴叹。

（三）未步入老年阶段牧民的未来养老预期分析

1. 对未来养老方式的不确定性

无论现在处于什么年龄阶段，养老问题都是必然要面对的社会生活问题。经过调查发现，牧区的中年人和准老年人（将要步入55~60岁）对将来的养老问题与已经步入老年的牧民有着差异的养老观。这部分牧民对未来养老预期较低，一方面表现在对未来养老的焦虑和担心，另一方面表现在对未来养老方式的很大不确定性；而对已经进入老年阶段的牧民来说，家庭养老是他们的养老选择，对自身的养老没有过多的担心和焦虑。在对未步入老年行列牧民的调研中，约占1/4的牧民选择自我养老，表示将来自己跟老伴过，不给孩子添麻烦；约占一半的牧民选择家庭养老；少数牧民则希望国家或社会能够在将来自己的养老事宜上发挥应有的作用；对于社会机构养老方式，大部分牧民表示，在经济能力足够、社会养老机构服务条件完备的情况下会考虑入住养老机构安度晚年；约占1/5的牧民没有选择确定的养老方式，视将来的情况而定。可以看出，未步入老年行列的牧民在对将来的养老方式上具有不确定性。

2. 对养老保障制度的模糊性

未步入老年行列的牧民与已享受养老保障金的老人对养老保障制度的评价有着显著的差异。牧区老人普遍对国家的养老保障制度有很高的评价，感谢国家给予的各种政策照顾；未步入老年行列的牧民对养老保障制度持怀疑和观望的态

① 关于优化城市核心区健康养老项目的调研报告[EB/OL]．鄂尔多斯统一战线微官网，http://www.ordostzb.gov.cn，2016-03-10.

度。部分未步入老年行列的牧民对所要缴纳的养老保险金存在担忧，表现在对养老保险金管理的安全问题上，以及60岁之后缴纳的钱能否如数返还到自己手中，如果个人出现意外，养老保险金将如何处理等问题。例如，有个牧民半玩笑地说到，“万一没到退休年龄死了，交的钱不都打水漂了吗”。还有牧民表示，吃的用的都负担不起，哪还有钱交养老保障金，因为经济原因没有缴纳养老保障金的牧民占有相当的比例。另外，在对养老保障制度的认知程度上，牧民都表示只了解一点，知道的并不多，而在得知保障制度的信息渠道上约占一半的牧民是通过朋友口中得知的一点信息。牧民普遍对养老保险制度不了解，存在很大的模糊性。

牧民对于国家其他的方针政策也不甚了解，例如，在“低保”政策的改革上，有些享受“低保”的牧户因为政策变动，没有满足新的申请条件，不能继续享受最低生活保障金的补贴待遇，国家停止发放低保金，由于牧民对政策的不了解，错误地解读国家“低保”政策是针对有关系的才给办低保，没关系的不给办低保。通过走访牧民以及嘎查干部了解到，一般在嘎查干部换届选举时会召开全嘎查集体会议，会议地点是变动的，有时在村委会召开，有时在某个牧民的家里进行。会议通知方式一般是电话、微信或者口头上通知，电话居多。嘎查干部很少对牧民进行家庭走访，牧民A表示“只有在收钱时才亲自上门，一般情况下不会进行家访”（据2016年8月13日访谈）。政策传达渠道受到阻隔，牧民不了解政策内容及政策下达的精神，对国家颁发的方针政策知之不多。

3. 传统养老观念的可变性

对于未步入老年行列的牧民来说，传统的养老观念有所动摇。在调查的牧区老人中，都是跟子女一起居住，无儿无女则和自己的直系亲属一起居住，如上文提到的“五保户”大爷老了选择和侄子一起住，这种养老的传统在牧区一直沿袭着。在调查的未步入老年行列的牧民中，只有一半的牧民坚持着传统的养老方式，选择同子女一起生活的家庭养老方式；约占1/4的牧民选择自己养老，不给孩子添麻烦，老两口自己过日子。一个56岁的牧民大叔说道，“孩子生活条件不好，再给他们添堵？我们不想这样成为他们的累赘”（据2016年8月14日访谈）。根据最新内蒙古乌兰察布市官方公布的数据得到，每个家庭户的平均人口为2.56人，比2010年的2.64人减少0.08人，家庭人口数量在不断地减少。在赡养老人的数量上，绝大部分牧民需要赡养一位或两位老人，还有少部分牧民需要赡养三位或四位老人，其养老压力也相应地增大，通过调查可以得到的赡养老人的数量与养老压力成正比。

三、内蒙古牧区养老中存在的问题

尽管牧区处于边远地区，但人口老龄化问题依然严重。在还没有做好充分准备迎接老龄化社会到来的背景下，牧民已经生活在了银色浪潮之中，养老问题接踵而来。传统价值观念和家庭结构的变迁，家庭养老功能减弱；牧区畜牧养殖经济受多方面因素制约，发展缓慢，牧民的家庭经济收入较低；牧区的社会福利水平较低，对于未步入老年行列的牧民来说，多元化的社会养老方式逐渐形成，未来养老方式存在诸多不确定性。

（一）未步入老年行列的牧民养老预期低

牧民对未来的养老预期普遍较低表示着对自己将来的养老方式存在诸多的不确定性，不确定性背后是焦虑的心理活动，从牧民关于未来养老方式选择等相关问题的回答上可以看出牧民的焦虑和不安。将要发生的事情对于我们而言总是充满着不确定性和未知性，这是符合人类正常逻辑思维的，但传统性的、习俗性的事物总是有着固定的呈现形态被流传下来，例如，传统的习俗美德、风俗习惯和一些固有的生产生活方式，被大家认可和接受。这些传统的东西在未来发展形态上是基本定型的，不会有太大的改变，我们在对传统的事物做出预期时一般也是参考之前该事物的应有形态，进一步做出判断。然而没有任何事物是一成不变的，世界上唯一不变的就是变化，时代的发展，生产生活方式的变化，传统家庭养老方式的主导地位面临着挑战。对于养老方式的变化，我们坦然接受，但面对变化而产生的焦虑却是不合理的现象，这种焦虑表现在贫困落后的边远牧区更为突出。牧民们对未来养老方式的焦虑性和不确定性的判断都是建立在目前真实的条件之上的，这些条件包括落后的福利水平，不健全的保障制度，也包括逐渐流失的传统孝文化，未成体系的社会养老模式等，焦虑是一个问题，牧区福利体系完善更是一个问题。

（二）牧区社会保障制度不完善

尽管国家和政府不断出台新的措施去完善社会养老保障制度，但由于发展起步晚、制度建设的经济支撑不足、制度的法律条文不健全、实施效力差等问题导致我国牧区的养老保障制度问题重重。在调研基础上了解到，牧区的养老保障制度同全国其他地方一样，在上述几方面存在不足，而制度的宣传实施效力差、参保率低是牧区养老保障制度存在的主要问题。

政策的宣传解读对于一项政策能否顺利实施且富有成效相当重要，必须要让牧民对上级政策精神和要义有个深刻的把握。然而，在牧区政策传达存在一定的困难时，牧民接收上级政策的途径最主要是干部的口头告知、电话传播、微信沟通，还有牧民之间的相互传播。牧民之间的相互传播存在的显著弊端就是政策信息传播速度慢，传播内容易扭曲且不具有客观准确性，不容易引起牧民的充分重视。这是在偏远的牧区政策宣传实施存在的特殊性问题，国家的社会养老保险等相关方针政策在下达渠道上受到了严重的阻碍，在具体的实施上面临严峻挑战。参保率低的现象在牧区有突出的呈现。经过调研数据得知，只有60%的牧民参加社会养老保险，而且在这些参保的牧民中，其缴纳的保障金额大都是十个档次里的最低档次——100元，也有少部分的牧民缴纳较高档次的500元或1000元，还有牧民在事业单位上班，经由单位缴纳。总体来说，牧民参保的积极性不高，对社会养老保障制度存在很多的困惑，不敢轻易地把钱交出去，顾虑较多。

（三）幸福互助院养老质量低

牧区幸福互助院的房屋主要是整合闲置的房屋资源，并非专门为老年人定向设计，所以无论是在宜居性上还是在舒适性上都不能完全满足老年人的生活需求。笔者在访谈时受入住在幸福院的老人邀请，进屋访谈，观察到床位设计较高，对于上了年纪的老人来说需要花费力气才能爬上去休息；房间整体紧凑、不能摆放基本的家用设施，没有电视等传播或通信媒介。目前幸福院整体的服务水平低，还不能与公立的或私立的社会养老机构相提并论，对于不能自理的老人，其入住幸福院存在困难，绝大部分的牧区幸福院也不予以接收；接收不能自理老人的幸福院则会根据护理层次的不同收取相应的费用，对于瘫痪在床、不能行走的老人其接受的服务也是简单的日常生活照料，至于专业护理层次的服务还远远不能满足要求。如果老人遇到了生活上的问题，一般是靠自己或是相互认识的人来帮忙；入住的老人自己解决吃饭、穿衣等一系列的生活问题。幸福院的基础设施如老年人健身器材、活动室、娱乐室等有待进一步建设和完善。幸福院的入住率较低，有些牧民对幸福院的具体情况还不了解甚至闻所未闻，有的牧民则抱有迟疑的态度，可见幸福院的相关宣传还需要进一步加强。

在笔者的家乡河北邯郸，位于丛台区的邯郸市泰安养老院，是一家民办的养老机构，入住的对象是自理、半自理的老人，按照不同的照护服务收取相应的费用，收费标准在900~2500元，机构设有棋牌室、健身房、门诊、娱乐场等基本的设施，服务内容包括养老、托老、康复、精神慰藉。经过相关的数据资料查询，发达地区的养老机构设施发展得更加健全和完善，收费在3000~20000元不等，一般设有老年食堂、医疗卫生室、文化活动娱乐室、室内外健身场所等多项服务及娱乐设施；入住的房屋里则设有独立卫生间、安装有空调、电视等日常家用电器，还配备有紧急呼叫系统。同样民办养老机构注重广告宣传效力和品牌效应，通过网络和各种媒体进行宣传，以获取商业效益。经过比较可以发现，牧区和乡镇的公办养老机构在对外宣传、网络信息管理方面与民办养老机构存在很大的不同。网络上关于牧区幸福院的信息极其简略，有的甚至连电话联系方式和地址都没有，与民办养老机构刊登的详细信息、详细的服务内容介绍、便利的入住条件、优质的机构服务形成鲜明的对比。

（四）牧区老人精神生活匮乏，体力劳动繁重

赛马、摔跤、射箭、祭敖包等传统的少数民族节日活动渐渐地淡出了人们的生活，当与牧民谈起以前蒙古族的娱乐活动时，牧民直摆手摇头说道，“都是以前的事情了，现在哪里还有心思去举办什么活动，只是偶尔会去庙里”（据2016年8月15日访谈）。可见，牧民很少自行举办或参加类似的精神性文化娱乐活动，生活除了放牧养殖等体力劳作之外，真正的精神活动以及与邻里之间的互动很少。牧户之间居住距离较远，整体较分散，同农耕地区集中居住的行政村相比有较大的不同，牧民彼此交往频率低，沟通协作少，共同参加的文娱活动和集体活动限制性因素多。我们对于养老的定义中有一项含义就是照顾老人的生理健康，给予相应的精神方面的慰藉。可以看出，评价一个老人的养老状况不应该只是关注老人的身体以及外在的生活，还应该对老人的精神生活质量进行评定。

朝五晚九，在牧区无论老少，只要有一点劳动能力就不会坐吃山空，所以会看到许多低龄老人，他们帮助子女打理草场、收割秋草、牧羊接羔，从事力所能及的畜牧劳动。对于旗里陪读的老人来说，照顾上学儿孙的生活也是一项不可小视的家务劳作，可以说老人的体力活动不比年轻人少，甚至还要烦琐。在调研过程中问及牧区老人C平时的休闲活动时，他回答道：“平时没啥时间去干（别的休闲的）事，你看这是侄子给买的收音机，就是听听，眼睛不好，电视也不愿意看，就听听收音机，偶尔看看电视了。”（据2016年8月13日访谈）诚然对于长期生活在牧区的牧民来说，并不像城镇生活的老人那样有丰富的娱乐休闲活动，老人习惯于在大草原天然的生态环境下过恬淡生活，子孙满堂，其乐融融。随着国家经济的快速发展、人们整体社会生活水平的提高，如何实现劳动成果全民共享，尤其是偏远的牧民共享社会发展之成果，使牧区的老人在老龄化社会背景下共享社会发展的新成果，实现老有所养，老有所依，老有所乐，体验现代化丰富的物质文化生活的快乐，是需要我们共同努力的。

（五）牧区经济发展压力大

牧区依托天然草场，牛羊肉以及牲畜的附加产品是牧民的主要收入来源，相对于农耕地区的生产方式而言，牧区受自然脆弱的生态环境影响，其生产劳作方式比较单一，而且草原的荒漠化也严重影响牧区畜牧经济的发展。根据相关资料和调查显示，近几年牧民的养殖收入普遍不高，有相当一部分牧民表示养殖收入勉强维持家用。连年的干旱，牧民秋草无收，必须购买大量的草料和饲料，养殖成本上升。牛羊得不到天然草料的喂养，肉质不好，中间商赚取较大差价，出售价格不高，再加上牲畜的附加品价格更是低廉，牧民的销售收入也很难提升。成本增加，销售额减少，牧民能够拿到的钱很少，牧民的经济收入连续入不敷出，畜牧业发展面临困境。经济是基础，牧民的参保率、牧区的养老基础设施建设以及养老机构的发展都依赖经济，没有经济做支撑，牧区的养老事业发展就缺乏原动力，发展起来就很缓慢。

畜牧经济的惨淡经营催生了很多小型牧户旅游业的发展新潮，旅游业是牧区经济增长的重要支撑点。四子王旗内的著名旅游景点葛根塔拉每年吸引众多游客前来避暑度假，“神州”系列飞船在草原上着陆也为这里增添了不少名气，这里还是内蒙古自治区五大草原旅游景区之一，交通十分便利，S101 省道专线直达景区。与葛根塔拉形成鲜明对比的是普通牧户在自家草场上自行开设的小型旅游点。在牧区随处可见牧户家里矗立的蒙古包，少则三五个，多则十几个，蒙古包本来是游牧民族的传统住房，但是现在的蒙古包已经不是用作住房，而是为旅游业的发展建造的。旅游旺季在每年的 6~8 月，这三个月是牧民旅游经济收入的主要时期，除了欣赏大草原的自然美景之外，部分有条件的牧民也设置一些娱乐项目，例如，射箭、骑马、篝火等，有的牧民还从外地租赁沙滩摩托车供游客草原露天环游。牧区的旅游业发展呈现设点多、差距大、特色少、名气小、收入低的特征。经过调查了解到，发展好的旅游点如葛根塔拉周围的旅游点年收入高达 150 万元左右，发展不好的旅游点低至 30000~50000 元，有的甚至无收入，这种旅游发展的差距性是令人咋舌的。

四、内蒙古牧区养老问题的原因分析

牧区养老方面存在的上述各类问题，究其原因，主要有个人预期、服务水平等主观原因和制度、经济发展等客观原因。

（一）牧民未来养老预期受现实性因素影响

未步入老年行列的牧民在对未来养老方式选择上存在不确定性，集中表现为对未来的养老预期低，这种现象的出现与牧区家庭结构的变化、牧民家庭经济收入、社会保障水平和社会养老机构等现实性因素有一定的影响。

自实施计划生育政策以来，我国人口数量大幅度下降，核心家庭越来越多。子女数量减少，独生子女家庭数量在增多，在未来的50年内，一对年轻的夫妻需要赡养4~8位老人，养老压力可想而知。受牧区经济状况和现实生活困境的影响，牧民在深刻体验养老压力的困苦之后，一方面，更多地为了子女的生活考虑，不想让子女将来承受像自己现在这样所负载的养老方面的压力，也不想给子女带来太大麻烦而选择自我养老或社会机构养老；另一方面，养儿防老的时代已然过去，自己要为将来的养老提前做准备。然而，目前牧民的经济收入水平以及国家社会保障水平均难以满足牧民老年生活的基本需求，自我养老的设想尚没有充实的经济支撑；牧区社会机构养老现状也不甚乐观，旗县民办机构收费过高难以负担，苏木的幸福院养老水平低，在未来养老方式的选择上，牧民面临困境而难以抉择。

（二）养老机构社会运营成本高，专业人员技能水平低

牧民因为社会养老机构的高收费而被挡在门槛之外，机构的收费标准与其运营成本之间存在着紧密的联系。民营养老院的前期投入、房屋租金、人工成本等方面都有比较大的开支，其收入来源主要是运营收入和政府补贴收入，假如定价较低则民办养老机构的运营利润将保持在低水平线上或面临亏损，为了维持机构的正常运营，其收费标准超过一般牧民可以接受的范围，对于年收入在5万元左右的广大牧民来说，支付每月几千元的开支是巨大的压力。另外，机构内服务人员技能水平低、虐待老人等问题，使社会养老机构不能完全被大众所接受。因此，受传统观念影响，子女在家里对老人尽孝被认为是天经地义的事情；受社会舆论道德的制约，牧民也很少会把老人送到养老院里生活，受主观因素和客观条件双重限制，牧民一般不会选择入住社会养老机构养老。

幸福互助院养老质量低主要受牧区现实性的经济和政策条件限制，互助院是牧区近几年刚建立的应对牧民养老的新尝试，起步阶段各方面都有待完善，其服务水平还不能与社会民办养老机构相提并论，幸福院的老人住房是改建再利用的闲置房屋，其他的基础设施建设还在进一步筹建当中，由于建设资金有限，幸福院的基础设施简陋，健身器材匮乏，老年活动室，娱乐休闲室待建，医疗卫生条

件较差。老人的精神文化需求、身体健康护理需求、娱乐互动等需求的满足还难以实现，只能满足牧民养老的基本低层次的需要，即为他们提供基本住所，孤寡老人集中居住相互扶持，相互帮助。

（三）牧区社会保障制度的实施存在缺陷

牧民对养老保障制度存在诸多的疑问和不信任，对国家制度反应迟缓，并且持观望的态度。究其原因是政策在宣传和实施上出现了问题。受牧区特殊的自然地域环境影响，基层干部的工作开展相对来说存在困难，牧户之间距离远，政策宣传基础设施扩散效能有限，不同于农村的大喇叭广播，牧区没有公共的传播工具，而干部一般不会花时间挨家挨户地宣传国家的相关政策法规；牧区地处偏远，加上自然气象灾害的影响，无线通信信号不稳定，有的牧民在信号接收的范围之外，这就使靠信号传播的政策信息出现中断。客观因素阻碍，主观能动性也未充分发挥，上级政策不能很好地被基层群众理解认识，牧民对国家政策的变动和实施缺乏深入的了解，而针对养老保险政策而言，牧民的参保率不高受其对社会保险政策不了解的影响较大。

社会养老保障资金的运营和监管也是影响牧民参保积极性的一个原因，从目前养老保障金的运营以及管理来看，成本高，基金流失严重。相关保障政策规定，经办机构可按3%的比例从当年收缴的保险费中提取管理服务费作为其所需经费；牧民参保档次低，政府相关部门也没有对牧民缴纳的养老保险金采取合适的投资管理途径，基金存在保值增值的问题。另外，牧区养老保险基金在行政监管上还存在着监督管理手段缺乏科学性、行政干涉等缺陷，甚至部分存在违规动用、挤占牧民缴纳的保险金现象，这些都严重致使当前牧区养老保险基金难以顺利地赢得牧民信任，增加了其实施的难度。

保障水平低是牧民参保率低的一个重要原因，牧民一般选择最低参保档次100元缴纳保障金，如果按照100元缴费标准，牧民缴费15年后个人账户的养老金为1500元，牧民从60周岁开始领取养老金，平均每人每月领取的养老金计算标准为［60+（1500/139）］=70.8（元），也就是说牧民每月领取的养老金还不足百元，远远低于内蒙古自治区政府制定的牧民最低生活保障线475元，假如再考虑其他的社会因素，保障金还面临贬值的风险，牧民想从保障金上获取养老保障是不现实的。而对于经济状况较好的牧民则不屑于缴纳，用他们的话来说，“现在的收入和积蓄很充裕，不需要国家养老金做保障，对未来的养老不担心，一个月几十块钱够什么?”牧区的养老保险金的保障水平低，对牧民没有足够的吸引力，这一点从一个侧面表明国家经济实力难以支撑庞大的养老需求，也反映出牧区贫富差距之大，经济条件好的牧民从不需要其他形式的养老保障。

（四）牧区经济发展制约性条件多

游牧制度改革，定居制度实施，牧区的经济发展受到影响。牧区以畜牧业为主，畜牧业属于自然经济范畴，与自然环境有着紧密的联系。“地有禁，取有时”，“怀卵时节未捕”等已是牧民默然遵守的传统畜牧原则。长期生活在这片草原上的游牧民族——蒙古族牧民通过长期的经验观察，认识到轮换使用草场、坚持游牧就可以降低对部分草场定向的持续性的破坏，从而实现草场的可持续利用。草场的良好经营，给牲畜提供生长的饲料场所，是牧民收入唯一的根本保证。中国改革开放后，国家的各项经济和社会政策做了很大的调整，农耕地开始施行家庭联产承包责任制，结束了集体统一经营的公社化时代。从此农区的生产力获得了解放，人们的生产积极性得到很大的提高，收入也大幅度增加。同样国家效仿农区的土地政策，在牧区也施行“包场到户”的草场分割政策，每户牧民分到几千亩的草场，结束了长期的游牧生活转而过上同农耕地区一样的定居式生活。定居生活对草场的破坏巨大，牲畜行走的距离成倍地增长，牧民定居点周围的草地被牲畜和行人来回地碾压，以居民点为核心而逐渐形成的点状和片状的荒漠化现象，最后逐渐发展成区域性荒漠化。草场退化、载畜量减少、沙漠化等一系列自然环境问题的出现，再加上牧区天然恶劣的自然环境，旱灾、白灾等自然灾害频发，牧区畜牧经济的发展受到严重的制约。

牧区旅游经济效益低，外出打工收益少。牧区的旅游业是牧民收入的来源之一，但是由于景点对外宣传效力不够，景点没有特色，不足以吸收足够的游客，牧民也没有足够的经济实力投入旅游经济建设，游客少，效益低，这样便陷入恶性循环之中，牧民想通过旅游增加经济收入的举动无疑是困难的。牧区畜产品的销售渠道有限，相对来说比较狭窄，再经中间商的层层盘剥，能够到牧民手中的钱很少，畜牧副产品的价格更是跌落低谷，牧民投入的草料人力成本无法收回，连年亏损。有些牧民到旗县或市里寻求其他的生存方式，外出务工人员增多，牧区的青壮年以及素质高的劳动力流失严重，这更加不利于牧区经济的发展；另外一部分牧民文化程度，劳动技能不高，只能从事一些体力消耗较大的劳动，勉强维持生存，经济上并没有得到很大的改善。

牧区的经济发展制约当地财政收支，政府没有足够的财政资金搞基础设施建设，没有足够的结余支持牧区精神文化活动，牧区的养老事业就不能得到较好的发展。虽然精准扶贫的国家政策已经下达并实施，但是作用周期长，见效慢，对于眼前的牧区贫困化问题的解决作用不大。经济收入减少，牧民会增加草场的载畜量，这样导致草场进一步被破坏，沙化严重，经济收入再次受到影响，陷入恶性循环之中，养老事业发展受到阻碍。

（五）牧区社会福利发展水平低

牧区的各项社会福利制度发展比较滞后，福利水平低，一些基础性的社会福利设施建设滞后，为老产业发展动力不足，老年人的一些社会需求不能得到满足；我国社会福利制度显著的特征之一就是巨大的城乡差异，地域发展的不平衡性使得处于偏远地区的牧区的社会福利体制存在很大的缺陷。根据需求层次理论相关内容，人只有在低层次简单的需要得到满足之后才会花时间和精力去追求更高层次的需要，假如基本的需要都不能得到满足，那么更高层次的社会需求便成为了无稽之谈。在牧区，老年人的需求满足层次一直处于基础性的程度，集中于生理上的需要。牧区的低龄老年劳动力比较常见，虽然已经步入老年行列，在本该颐养天年的时候还要承受繁重的体力劳动，对于这些老年牧民而言，从5：00~22：00一直有不同的事情需要去做，没有闲暇时间去丰富自己的精神文化生活。人与人之间的需求差别不大，牧区老人同城镇的老人一样，也存在着除了基本的生理和安全需求之外的更高的需求，但牧区社会福利发展的滞后限制了牧民社会需求的满足，同时受自身的文化程度、生活环境、接触的社会事物的影响，牧民同城镇居民的需求层次相比存在着不同。年轻力壮尚有劳动能力的牧民则把全部的精力都献给了草原和子女，当步入暮年时，不能继续进行体力劳作时只能赋闲在家；而对于城镇离、退休的老年人来说，相约同事朋友外出旅游，或志同道合者相互影响发展书法绘画等兴趣爱好，他们的晚年生活是丰富而充实的，这与牧区老人的老年生活形成了鲜明的对比。

分散点状的居住形态，为牧区基础设施建设和牧民基本活动的开展带来挑战。对于城镇和农耕社区，居民住所比较集中，可以共同最大化地利用基础设施资源，可以在政府建设的活动广场上利用健身器材、篮球场、乒乓球台等公共设施健身娱乐，也会有一些社区组织老年人休闲娱乐充实精神生活，例如，开设图书馆俱乐部、组建广场舞队伍、合唱团等。但是在牧区并不是这样，一方面，由于草场分割到户，每户有上千亩的草场，牧民在自家的草场上定居，相互之间的距离较远，牧民之间的互动交流由于距离上和交通上的限制而受到制约；另一方面，受地域和经济条件的限制，牧区公共基础设施建设面临现实性的困境，其共享性也难以实现。

五、针对内蒙古牧区养老问题的对策建议

不同的情境应该做出不同的应对策略，同样，在养老这个社会性的重大问题上，不可以千篇一律“一刀切”。根据牧区的养老现状以及出现的问题，同时结合当下社会养老领域的发展趋势，从微观的理念宣传和社工实务相结合的知行合一以及从宏观的制度建设两个层面提出对策。

（一）弘扬家庭养老传统，提倡互助院“抱团养老”，实践医养结合新模式

1. 弘扬传统家庭养老模式

虽然社会养老对于家庭养老具有一定的替代性，但就目前中国保障水平的发展状况来说，家庭养老方式始终而且应该是近几十年中国老年人的主要养老模式。如此，弘扬家庭养老的传统仍应该作为牧区当下重要的宣传内容，而对于社会上的虐老事件、不尽赡养老人义务的事例不仅要在社会舆论上给予相当的压力，而且国家也应该加强法律效力，对于那些侵害老年人正当权益的人予以法律制裁，让牧民们深刻地意识到孝敬父母是永远不应该改变的优良传统，无论何时都应该严格地遵守，孝顺是个人的事情，不应该攀比，不应该盲目地跟随社会不良的风气，要对父母尽到应尽的养老义务。同时大力宣传孝文化，如制作宣传标语、印制宣传手册、定期举办以孝文化为主题的活动或者讲座，营造孝文化的社会氛围，让人们耳濡目染，深入到内心。

2. 提倡互助院“抱团养老”，完善、提高互助院养老基础条件，逐步实践互助院医养结合

充分发挥牧区幸福互助院的养老作用，在家庭条件不能满足养老需求的情况下，鼓励老年人转变固有的家庭养老思想，通过牧区幸福互助院实现老有所住，老有所依。抱团养老是舶来品，近些年来传到了中国，指相互之间熟悉、亲近的朋友、邻居或者同事，在老了之后居住在一起，相互之间给予照料和关怀。居住的地方不唯一，只要是协商一致即可，或者社区，或者风光无限的田园等。牧民入住幸福互助院一起养老此种情形与国外真正意义上的抱团养老虽有些许差别，但殊途同归，无论是“互助”还是“抱团”，其最终目的都是为了使老年生活有更多的保障。为了使入住幸福院的牧区老人老有所养，老有所乐，引进“医养结合”新理念，“医”即医疗、医生；“养”即养生、养老，“医养结合”即把老年人对医疗和养老养生的需求，对日常照料和治疗康复关怀结合起来，将养老机构和医院的功能融为一体，针对机构内的慢性病患者、残障人士、大病恢复期老人

以及身患绝症的老人进行治疗，为老人提供预防、保健、护理、康复、治疗和临终关怀等服务，牧区可根据实际情况把当地的医疗卫生服务设置在互助院内，或者当地医疗机构利用医院闲置的资源，设立幸福互助院，抑或是为互助院配置专业的医养护理人员。把“医养结合”的养老新途径与幸福互助院养老方式相结合应是提高牧区老人养老生活质量的一种新的选择，充分地提高入住幸福互助院老人的医疗卫生服务水平和质量；另外，在幸福互助院内，增设休闲活动室，配备专业为老服务人员，组织开展有益老年身心的小组，定期开展愉悦老年人身心的休闲活动，尤其是注重对传统少数民族休闲活动的重拾，这样不仅可以娱乐牧民的身心，培养老人的兴趣爱好，丰富他们的日常生活，保证老人的精神健康，在某种层面还可以凝聚牧民的团结向心力，更容易增进牧民之间的感情。

除了“医养结合”的模式之外，政府还应该积极倡导运用智慧养老的方式，建立养老服务网络和基础信息数据库，强化数据查询，养老服务需求评估，养老补贴管理，养老机构运营监控等功能，充分利用互联网和高新技术产业发展成果，引导牧区养老新模式。这种大的养老趋势，可以而且应该成为老龄化严重的牧区将来解决养老问题的发展方向，地方政府要给予充分的政策上和经济上的支持，发挥协调各方的作用。

（二）宏观上充分发挥政府的主导性作用，完善社会保障制度建设，发展牧区经济

1. 建立健全牧区的社会养老保障制度

（1）加大政策上的宣传力度。国家的政策要想发挥到应有的作用，首先应该在解读和宣传政策上着手，这是顺利落实政策的第一步。就牧区而言，基层领导干部要加大力度学习上级政策内容，领会政策要义，克服牧区的现实性困难，积极传达政策。可以按区域划分成小组并组成小组委员会，选举出组长负责人，这样经过责任的分摊可以促进政策的传达效率；充分发挥牧区区域性小队长的作用，以此作为相关政策传达的一个保障渠道；通过网络信息工具进行传达，充分发挥网络时代的作用，建立微信群、QQ 群等线上沟通小组，多渠道的对政策进行宣传，让牧民能够对政策有个深入透彻的了解。

（2）建立健全法律法规，增强社会养老保障政策的法律依据和效力。法律是支持社会养老保障体系正常运行的保证，但是由于牧区的社会养老保障政策起步晚，各项工作还处于探求和摸索阶段，政策的法律支撑还没有建立起来，单凭基层干部的言语不具有说服力，这样造成的一个后果就是牧民对养老保障政策的不信任和持观望态度。在经济生活条件艰苦的情况下，牧民不会把自己的血汗钱

随便地进行不确定性的投入，这就打击了牧民的参保念头，所以，完善牧区新型养老保障制度的法律法规依据非常迫切。

（3）改革完善养老保障金的监管制度，并对牧区养老金的保值增值采取相应措施。牧民参保率低，对养老保险制度不信任与养老保险金的监管以及增值问题有着密切的联系，只有在基金的安全和保值增值问题上给予牧民充分的信心，才能够促进牧区养老保障制度的健康运行，进而提高牧民参保的积极性。要实现基金的安全和增值，必须要重新统筹基金管理和运营方法，由全国集中运营管理，变为地方分散管理，且加强各地方的监管力度，成立监督管理委员会或相关行政部门，确保基金的安全。在基金运营方面，可以把牧区社会养老保险基金分成具有高度流动性的部分、具有相当流动性的部分和可用于中长期储蓄投资的部分，建立起资金流动的梯形结构：具有高度流动性的部分不能用来投资，只能存入银行用于短期支付养老保险金；具有相当流动的部分可以投资货币市场；对于储备的部分可由政府加以运营，确保资金增值①。

2. 多途径增加牧民家庭收入，科学地转变收入增长方式

（1）牧民以畜牧业为生，生产方式单一，收入来源同样是单一的，为了增加牧民的经济收入，也为了增强牧民的经济抗险能力，开拓牧民经济收入的新途径、新方式显得尤为重要；草场退化，生态保护政策的实施，使牧区的剩余劳动人口转移问题日益突出，为了实现牧区过剩劳力的顺利转移，应加大力度发展牧区教育，提高牧民的文化水平；在劳动力的技能培训上也要着力加强，提高牧民的社会适应能力，促使牧民掌握某项社会大生产环境下得以生存、提高经济收入的专项技能。增加牧民的收入还应该寻求牧区新的经济增长点，扩大牧民的经济收入来源，同时也应当兼顾保护牧区的传统文化，促进文化的多元性发展。

（2）对牧民进行有针对性的技能培训。随着城镇化的发展，大量的牧区劳动力转移到城市，部分牧民缺乏相应的劳动技能，劳动力素质偏低，只能靠出卖体力做些技术层次低的工作，工资低，生活压力大，经济收入不稳定。畜牧业对文化水平和技能要求不高，牧民在学校接受教育的程度普遍不高。随着国家对教育的重视，牧民的教育水平得到提升，但还是不足以适应当下社会发展的需要。政府部门应该加大对教育的投入，完善教育补贴制度，鼓励广大牧民积极地接受学校教育，解除他们的后顾之忧；同时对牧区的剩余劳动力进行有针对性的劳动技能培训，开设相关的技能培训课程，促进牧区劳动力的顺利转移，从而增加牧民的家庭收入。

（3）发展牧区生产合作社经济，适当地进行规模化经营。生产合作社是牧户

① 张云凤．内蒙古农村牧区社会养老保险问题研究［D］．内蒙古师范大学硕士学位论文，2014.

联合起来，共同管理草场，共同进行畜牧养殖。这样的合作社养殖经济在牧区已经实施，但是不具有普遍性，目前是党员带头试点，类似于股份化经营。在这种情况下，一方面，牧户风险共担，资源共享，借鉴国外养殖畜牧经验，引进改良新的草畜品种，在一定程度上缩小放牧的成本和代价。另一方面，合作化畜牧经济是小范围的游牧，几个草场联合起来就相当于以前的小型部落经济，在小区域的草场上，牧民进行畜牧养殖，对草场的生态恢复和发展具有保护性的作用。生产合作社畜牧经济的发展有望在将来成为扭转现行政策改革给草场带来的负面效应。

（4）发展蒙古族特色旅游业。蒙古族处于我国北部边疆，地理位置和气候条件决定这里的自然环境适合草类和灌木丛的生长发展。辽阔的大草原是牧区独有的风光，每年的8~11月旅游旺季，大批的游客前来避暑和欣赏草原景色，旅游业为牧区的经济增长做出了巨大的贡献。牧区旅游应注重旅游点的质量，要充分体现牧区的传统文化特色，在增加经济收入的同时，弘扬传统的牧区文化。针对牧区旅游业发展的跟风效应，政府应对牧区景点的经营设立一定的标准，达不到标准则不能随地开设，这样严格的准入政策有利于牧区旅游业的长远发展。协同旅游业的发展，注重发展传统的具有牧区民族特色的行业发展，例如，手工艺品加工制造业、蒙古袍服装行业等，这些独具蒙古族特色的相关行业有着很大的市场，蕴藏着经济增长点。一方面可以增加牧民的家庭收入，另一方面可以通过这些装饰品和蒙古族服饰的销售，传播蒙古族的传统文化，在一定程度上也为旅游业的发展起到宣传作用。

3. 社会工作者以幸福院为依托开展专业为老服务

社会工作从西方社会传入中国，其在国内发展的过程也是其本土化的过程，牧区社会工作则是社会工作本土化的一个具体表现。牧区社会工作通过运用社会工作的专业知识、方法、模式与步骤，以牧民为服务对象，以预防和解决牧区、畜牧业及其牧民的问题为服务内容，最终达到增进牧区社会福利、促进畜牧业和谐发展、提高牧民生活水平、维护牧区社会稳定、推动牧区社会发展与进步的价值目标。受现实性因素影响，处于偏远地区的牧区，对于新的外来事物缺乏敏感性，对社会工作一无所知，而且牧区牧户之间居住分散，交通不便，语言沟通交流也存在一定的障碍，这些都给牧区社会工作的开展带来挑战。牧区社会工作处于探索发展阶段，在牧区的养老问题方面，以幸福院为依托开展牧区老年社会工作有一定的可行性，笔者以牧区幸福院为例，提出可行性的工作策略。

入住幸福院的牧民都是孤寡老人或者五保户，作为社会弱势群体，他们的正式社会支持较少甚至缺失，非正式社会支持的帮助也是有限的，他们比别人更需要关心和帮助。笔者拟从生理和心理两个维度进行专业社工介入。

在生理健康方面，社工可以通过一对一的辅导，在面谈的过程中深入了解老人面临的健康问题，有针对性地传授健康知识。可以开展小组，进行团队学习，如社工组织老年人学习老年人常见病预防治疗知识，增强老年人保健意识；学习人脑保健知识，预防老年痴呆；开展高血压老人小组，通过小组分享老人患病的心情，释放情绪和压力，学会养生和自我调节保护。在小组中，老人不仅能学习健康知识，也有助于增进老人之间的互动，满足老人的社交需求。

在心理健康方面，对于缺乏照顾体系的独居五保老人来讲，除了常人遇到的情绪问题之外，又增加了孤独感、抑郁和压力等。社工通过提供抑郁症系列辅导，运用系统脱敏法缓解情绪，同时调节现实矛盾，改善老人的抑郁症状。对于孤独感比较强的老人，完善和建立支持网络，加强人际联络；定期探访，提供情感支持；对于照顾压力大的老人，社工可以协助分析压力产生的原因，调动可运用的资源，积极改变现状；对于丧偶的老人，社工协助老人理性看待死亡，重视生命的可贵，提供哀伤情绪辅导，建立和巩固支持网络。

社工作为资源链接者应积极发挥应有作用。社工通过整理出有理有据的报告，向政府进行政策倡导，呼吁政府对牧区弱势群体关注的倾斜，在政策和资金上给予支持；社工通过动员和整合高校志愿者和义工资源，为老人进行志愿服务；社工还可以为老人提供详细的政策信息，并协助申请相应的服务，也可在逢年过节的社区活动时，宣传与老人相关的政策和服务。

六、结论

全球各国相继进入老龄化社会，随之而来的养老问题成为共同关注的问题，而养老问题作为社会福利主要研究的问题之一，属于宏观社会工作范畴。老龄人口的增多意味着越来越多的人离开“工作岗位”，由抚养主体变为抚养客体。中国没有为老龄化的到来做好充分的准备，农村地区的养老问题突出，尤其对于边远内蒙古牧区来说，经济基础水平差，生态环境相对脆弱，社会保障政策发展不足，基础设施建设不完备，再加上传统的家庭养老功能弱化，土地保障不如从前，牧区的机构养老作用微弱，旧的养老方式已难以发挥应有作用，而新的牧区养老方式尚未形成。未步入老年行列的牧民承载着较大的养老负担，其关于养老的价值观念也逐渐得发生变化。面对现实的社会条件，他们对未来养老方式的选择没有明确的答案，充满焦虑。牧区面临的诸多养老方面的问题，究其根本原因应是制度设计偏差导致的生态环境恶化，进而经济发展不断衰退，为提高经济收入过牧导致生态进一步恶化的恶性循环。养老问题与经济发展有着紧密的关系，当草场收入减少时，牧民谋求畜牧之外的其他生存方式，流动人口增加，空巢、独居老人增多，传统的家庭养老模式的主体地位受到影响。根据现在牧区各方面发展的现状，传统的家庭养老方式仍应作为牧区当前主要的养老模式进行提倡，同时要完善牧区的幸福互助院建设，采用医养结合的方式提高幸福互助院的养老水平，保证入住老人的生活质量，另外，智慧养老等新方式也应该逐渐在牧区试行。国家无论在制度建设上还是在经济发展上都应该充分地发挥主导性作用，调整牧区的相关经济发展政策，找到适合牧区环境、促进牧区经济发展的政策，增加牧民收入途径，这些都是解决牧区的养老问题所必需的。同时，从微观社会工作视角出发，以牧区幸福互助院为依托，运用社会工作方法开展相应的为老服务，以兹为牧区社会工作的进一步发展做出探索。

内蒙古牧区养老问题涉及经济和社会发展的方方面面，需要国家、区内各级政府和牧民的共同努力。本文在牧区传统文化习俗与养老方面的研究没有能够较深入地展开，未能挖掘牧区养老现状与传统畜牧文化之间的内在联系。文中提到的牧区养老存在的问题还有很多没有涉及，提出的对策还不够成熟。对于这些问题，今后在实践的基础上需要进一步的研究和完善，文章在写作中难免会出现一些不周到的地方，敬请各位老师批评指正。

参考文献

[1] 杨云刚．现阶段农村老年人养老现状研究 [D]．华中农业大学硕士学位论文，2013.

[2] 内蒙古民政厅农村养老问题课题组．贫困地区的农村养老途径探析——以内蒙古乌兰察市化德县为例 [J]．社会福利，2012 (8)：44-49.

[3] 杨燕绥．全球养老保障——改革与发展 [M]．北京：中国劳动社会保障出版社，2002.

[4] 刘从龙．中国农民如何养老 [J]．中国劳动保障，2008 (4)：35-36.

[5] 宋健．农村养老问题研究综述 [J]．人口研究，2001 (11)：64-69.

[6] 郑功成．中国社会保障制度变迁与评估 [J]．北京：中国人民大学出版社，2002.

[7] 梁鸿．土地保障：最后一道防线的虚化 [J]．发展研究，1999 (6)：24-25.

[8] 张媛媛．土地养老，何以为继 [J]．当代经理人，2005 (1)：133-134.

[9] 许照红．我国农村养老模式的历史变革与现实选择 [J]．特区经济，2007 (6)：114-115.

[10] 喻丽，何金旗．关于我国农村养老模式的探讨 [J]．华东经济管理，

2003（2）：42-44.

［11］阳义南．四支柱模式：农村养老保障体系研究［J］．农业经济，2004（4）：19-21.

［12］陈吟娥，王亚柯．内敛型养老模式——转型期我国农村养老保障的探索性思考［J］．江汉论坛，2002（11）：40-42.

［13］熊茜，李超．超老龄化背景下农村养老模式向何处去［J］．财经科学，2014（6）：125-132.

［14］李建新，于学军等．中国农村养老意愿和养老方式的研究［J］．人口与经济，2004（5）：7-12+39.

［15］田北海，雷华，钟涨宝．生活境遇与养老意愿——农村老年人家庭养老偏好影响因素的实证分析［J］．中国农村观察，2012（2）：74-85.

［16］张争艳，王化波．珠海市老年人口养老意愿及影响因素分析［J］．人口学刊，2016（6）：88-94.

［17］刘文俊，孙晓伟，张亮．构建全民健康覆盖视角下“医养结合”养老服务模式的必要性［J］．中国卫生经济，2016（1）：35-37.

［18］马丽丽，陈娜，汤少梁．医养结合养老机构养老服务发展政策研究［J］．医学社会学，2016（4）：40-43.

［19］睢党臣，彭庆超．“互联网+居家养老”：智慧居家养老服务模式［J］．新疆师范大学学报，2016（9）：119-128.

［20］朱海龙．智慧养老：中国老年照护模式的革新与思考［J］．湖南师范大学社会科学学报，2016（3）：68-73.

［21］陈俊傲．西藏林芝林牧区养老模式研究——基于发展型社会政策的视角［D］．华东理工大学博士学位论文，2012.

［22］兰继华．创新内蒙古农村牧区养老模式——化德县互助幸福院调研报告［J］．经济社会生态，2015（3）：28-30.

［23］曹莉，马占新，白古拉胡．人口老龄化背景下内蒙古养老的现状与对策分析［J］．财经理论研究，2016（2）：66-70.

［24］．赵淑辉，苗海滨．高度重视我区农村牧区留守老人养老保障问题［J］．经济社会，2012（2）：34-35.

［25］董少杰．内蒙古半农牧区农村养老保障模式研究［D］．兰州大学硕士学位论文，2010.

［26］张春燕．内蒙古农村牧区养老保障制度的研究［D］．内蒙古大学硕士学位论文，2011.

[27] 张云凤．内蒙古农村牧区社会养老保险问题研究 [D]．内蒙古师范大学硕士学位论文，2011.

[28] 阿云嘎．内蒙古农牧区养老保险政府供给研究 [D]．内蒙古大学硕士学位论文，2010.

[29] 刘春．建国以来内蒙古农村养老保障制度变革 [D]．中国农业大学硕士学位论文，2014.

[30] 杨翠迎．中国农村养老保障何去何从？对农村养老保障现状与问题的思考 [J]．商业研究，2005（8）：167-170.

[31] 通拉嘎，王义忠．内蒙古自治区锡林郭勒盟牧区养老困境的破解之道 [J]．中国民政，2016（6）：40-41.

[32] 沙玉霞．我国农村养老保障的问题与对策研究 [D]．山东大学硕士学位论文，2010.

[33] 李碧宏，刘畅．贫困的基本理论及其对武陵山片区扶贫工作的启示 [J]．重庆师范大学学报，2014（4）：84-89.

[34] 赵艳．内蒙古农牧区养老保险问题研究 [D]．内蒙古师范大学硕士学位论文，2006.

[35] 周立，董小瑜．"三牧"问题的制度逻辑——中国草场管理与产权制度变迁研究 [J]．中国农业大学学报，2013（2）：94-107.

[36] 明月．论蒙古族民俗及其在当代的变迁 [J]．内蒙古社会科学（汉文版），2001（3）：30-33.

[37] 唐吉思．藏传佛教对蒙古族家庭伦理的影响 [J]．西北民族研究，2003（1）：9+119-125.

[38] 敖仁其，达林太．草原牧区可持续发展问题研究 [J]．内蒙古财经学院学报，2005（2）：26-29.

[39] 梁鸿．土地保障：最后一道防线的虚化 [J]．发展研究，1999（6）：24.

[40] 姚远．中国家庭养老研究述评 [J]．人口与经济，2001（1）：11+33-43.

[41] 李建新，于学军等．中国农村养老意愿和养老方式的研究 [J]．人口与经济，2004（5）：7-12+39.

[42] 李利．内蒙古农村牧区养老保障制度研究 [D]．内蒙古大学硕士学位论文，2011.

资本、资源与自主：牧区生计可持续发展与社会工作的介入

刘金浩

【内容摘要】 自2015年推出《国务院关于打赢脱贫攻坚战的决定》以来，国家着重解决贫困问题，并于2020年实现“脱贫攻坚”的全面完成。内蒙古自治区共有31个贫困旗县，其中，包括牧区、半农半牧区22个旗县。在各级政府及各项扶贫政策的作用下，国家逐渐建起一道坚固的生活保障底线。这一举措有效地改善了农村、牧区贫困人民的整体生活条件，也为农村、牧区未来的社会发展夯实了基础。随着脱贫攻坚的顺利进行，内蒙古自治区20个国家级贫困县实现“摘帽”，标志着内蒙古自治区“脱贫攻坚战”获取全面的胜利。在国家“精准扶贫”政策的推行下，牧区已基本上达到了“两不愁、三保障”的总体目标。但由于牧区生计方式较为单一，其生产收入有限，如何实现牧区的可持续发展、将牧区资源合理高效地运用、巩固“脱贫攻坚”成果、提高牧民的生活质量，是目前亟待解决的问题。

本文选取国家级贫困县、内蒙古自治区四子王旗为研究地点，通过实地调研，使用文献研究法和质性研究方法，运用非参与观察与半结构访谈的方式收集资料，考察牧区牧民的现有生计状况。经由调查，当前牧区在面对全球化、市场化、城镇化等因素影响下，生产互助下降、劳动力转移等情况使牧民生计状况展现出生产成本、生态成本的不断上升，社会资本不足以及收入消费不对等的可持续发展问题。尝试通过自然和社会两方面探讨造成牧民生计欠可持续问题的原因，利用社会工作理念和方法，明确社会工作的服务对象及自身角色扮演，提出增强社区互助、资源链接、民族文化重构、普及金融知识及政策倡导等方面的社会工作介入牧区可持续生计问题的实践路径。

【关键词】 牧区生计；可持续发展；牧区社会工作；社会工作实践路径

一、绪论

(一) 问题的提出

2015年推出《国务院关于打赢脱贫攻坚战的决定》（下文简称《决定》）后，我国开始大力度大面积地解决贫困问题。内蒙古自治区积极落实《决定》并且明确到2017年基本消除绝对贫困，自治区重点贫困旗县全部“摘帽”；到2019年基本完成“人脱贫、县摘帽”的目标；到2020年实现农村牧区贫困人口稳定脱贫，国家重点贫困旗县全部“摘帽”，解决区域性整体贫困，确保贫困地区、贫困人口与全国同步全面建成小康社会。① 截至2018年底，内蒙古自治区通过特色产业扶贫帮助14.8万贫困人口实现脱贫；通过就业扶贫帮助6.4万名建档立卡贫困人口稳定就业；通过金融扶贫，对贫困户4.97万户发放小额贷款21.6亿元；通过教育扶贫，为贫困5.5万学生提供资助；通过健康扶贫，使签约贫困人口的大病救治比例达98%；通过生态扶贫，为1.15万名贫困人口提供公益性护林员岗位；实现住房安全保障2.84万户；将符合条件的16.94万贫困人口全部纳入低保兜底范围，为符合条件的18.8万未脱贫人员代缴基本养老保险费。②

随着“脱贫攻坚”的顺利进行，2020年2月内蒙古自治区20个国家级贫困县实现“摘帽”，标志着内蒙古自治区“脱贫攻坚战”取得胜利，内蒙古贫困地区、贫困人口的生活质量得到改善，“脱贫攻坚”一系列政策措施建立起了贫困生活的基本保障线。在这些政策的推行下，牧区基本已经达到了“两不愁、三保障”的总体目标。但由于牧区生计方式较为单一，其生产收入有限，如何实现牧区的可持续发展、将牧区资源合理高效地运用、巩固“脱贫攻坚”成果、提高牧民的生活质量，是目前亟待解决的问题。牧民的生计在面对全球化、市场化、城镇化等因素影响下，存在生产成本、生态成本的不断上升，社会资本不足以及收入消费不对等方面的问题。首先，生产成本是反映在牧业生产投入、生产支出的上升；牧业产品（肉、毛、奶等制品）在市场竞争中并没有体现出明显的优势，导致位于产业链最底端的牧户日益艰难。生态成本表现为：在没有实现生态保护之前，牧民为了加大对经济利益追求而扩大养殖规模，导致不得不承担环境

---

① 内蒙古自治区“十三五”脱贫攻坚规划［EB/OL］. 内蒙古人民自治区政府官网，http://www.nmg.gov.cn/art/2017/4/10/art_1686_137723.html.

② 内蒙古自治区扎实推进脱贫攻坚新闻发布会［EB/OL］. 内蒙古人民自治区政府官网，http://www.nmg.gov.cn/art/2019/4/19/art_5985_6395.html.

退化所带来的费用（如打井、修建挡风墙及牧草短缺情况下草料补充的费用等）。消费和收入不对等则表现在消费主义兴起，导致牧民出现不惜贷款消费。这些消费小到购置家电，大到购买汽车、农用机械以及加盖房屋和翻盖旧房等方面都存在贷款消费的现象。社会资本不足则体现在牧民难以直接与市场对接及以旅游业形式发展的牧家乐难以获得游客资源。

在上述情况下，牧民生计现状为牧区脱贫攻坚成果巩固、为达到全面小康社会的目标带来了不小的阻力。如何克服上述困难，保持牧区生计的可持续性发展，是摆在我们面前艰难的问题。所以本文选择脱贫攻坚背景下牧区生计可持续发展问题研究，考察影响牧民生计可持续问题的造成因素，并从社会工作视角探索解决牧民生计问题，为牧区脱贫攻坚和可持续发展献计献策。

（二）文献综述

1. 国外相关研究综述

由于牧区是一种区别于城市而划定出的区域，其与农村的生计方式生活状态有极大的相似性。并且在国外并未有两者的明显区别，在查阅文献时，国外相关领域的文章都属于农村（Rural Area）的范畴。因此，在国外研究综述方面，本文选取农村社会工作领域整理。

1919年美国红十字会在中学和大学为农村社会工作者制订了一系列培训计划，目的是为了能够系统性地帮助农村社会发展。这标志着社会工作者成为专业性农村社会福利服务提供者的开始[①]。斯旺森（1972）指出，在20世纪20年代末和30年代以后，儿童福利联盟和家庭福利协会便开始致力于服务于推动农村社会工作和社会福利。[②] 格温（1927）提出，农村社会工作者介入农村发展，主要从事帮助村民改善（Betterment）生活处境，这一问题主要从改善农村居民入手，所以提出了农村发展应该保证具有胜任力的社会工作者与卫生人员（Nurse）共同合作的实践模式。布朗（1935）认为，农村社会工作者在帮助农村发展时形式上是独一无二的。他重点探讨了社会工作者通过提供个案治疗方式解决农村的“老无所养”问题，并在社会工作者的力量下建立农村养老院（The Old House）。[③] 随后，杰克布森（1984）强调了农村社会工作者帮助农村发展提供的

---

① Leon H. Ginsberg. Rural Social Work [J]. Social Casework, 1970: 167-169

② Merwin Swanson. Professional Rural Social Work in America [J]. Agricultural History, 1972: 515-516.

③ Josephine C. Brown. The Rural Community and Social Case Work [M]. New York: Family Welfare Association of America, 1933: 43-47.

“无差别”（Undifferentiated）的服务。她强调了社区参与农村社会福利规划的重要性①。

马丁内森（1981）对20世纪40年代的社会工作提供“农村发展服务”进行总结，在培养当地人的能力时，提出社会工作者应参与到增地学院（Grant College）教育之中。农村社会工作者可以提供一些家庭经济学、农村社会学、农场管理和相关学科的补充课程。② 20世纪40年代后，第二次世界大战使社会工作者的目光转向了战争需求下改变战争对社区影响的服务探索。

经过了战争后的经济恢复与社会发展的重心转移，加尔布雷斯（1958）确定了两种类型的贫困——“个案”贫困和“孤立”贫困。③ 特拉特纳（1979）提出，到1962年之后，整个社会开始认识到了贫困的重要性，美国开启了一场“反贫困战争”。社会工作开始对农业收入低、农村人口向外迁移和农村发展进行介入。旨在通过宣传新的农业技术来提高农业收入，吸引部分年轻人返乡，发展农村经济④。

进入20世纪80年代后，越来越多的实践者和研究者将目光不止集中于贫困问题。穆尔-柯克兰（1981）写到关于社会工作介入农村精神健康的案例，社会工作者利用社区工作的方法，通过让村民一同进行对乡村特色文化的打造来增强村落内部的凝聚力，使乡村内部形成村民间的关怀，而帮助到村落内部村民精神健康问题。⑤ 凯瑟琳（1988）探索出了小组工作对于农村艾滋病群体的实践路径，通过结成小组来提升内生力，帮助艾滋病患者自信的提升以及组织农村艾滋病患者进行反歧视游行，以求平权。⑥ 杰弗里（2005）提到农村社会工作主要是能力提升（Ability Enhancement），用社会工作的方法，通过多方面资源的整合帮助到美国中部农村发展。⑦

由上述内容可以看出，国外的社会工作在农村进行服务，经历了国家推动到专业主动过程，具体服务内容经历了“治疗取向”转向“建设取向”。但是，综

① Jacobsen G. M. Social Work in Rural Areas：The Resurgence of Interest within Social Work Education，1969 to 1984［D］. the University of lowa，1984.

② E. Z. Martinez-Brawley. Seven Decades of Rural Social Work：From Country Life Commission to Rural Caucus［M］. New York：Praeger，1981.

③ 梁漱溟 . 乡村建设理论［M］. 北京：商务印书馆，2016：155-177.

④ Trattner W. I. From Poor Law to Welfare State［M］. New York：The Free Press，1979：249.

⑤ Moore-Kirkland and K. V. Irey. A Reappraisal of Confidentiality［J］. Social Work，1981：319-322.

⑥ Kathleen A. Rounds. AIDS in Rural Areas：Challenges to Providing Care［J］. Social Work，1988：257-261.

⑦ Jennifer Lehmann：Human Services Management in Rural Contexts［J］. The British Journal of Social Work，2005（4）：355-371.

述文献特别是“二战”之后，国外社会工作在解决农村问题时，工作方式由“个案化”转变成“社区化”是不全面的，还应该在保障解决社区问题的同时也对解决个人问题做出努力。并且解决社区问题时也应该采取“社会行动”以外的模式，保证合理彻底地解决问题。

2. 国内相关研究综述

（1）首先是关于社会工作介入农村发展的研究。提到我国学者对于农村建设、农村发展方面的探索，就不得不提出最早出现在20世纪20~30年代的“乡村建设运动”。晏阳初、梁漱溟等开始对于农村社会发展进行探索，他们在“中国文化失调与重建”与“愚穷弱私论”的理论指引下展开实践。“文化失调与重建”理论的实践是通过学校培养出合格的具有较高政治素质，有共同文化连接的组织为农村发展提供力量；“愚穷弱私论”理论的实践重点通过文艺、生计、卫生以及公民四方面教育，来培养农民的知识力、生产力、强健力与团结力。这些实践者总体希望通过教育的方式来达到乡村建设与发展的目标。①

自中华人民共和国成立以来，林毅夫（2003）提出国家将发展战略集中在城市，农村的发展重点则在基础粮食供应，助力城镇发展。随着城乡发展差距显现，“三农”问题逐渐成为国家关注点和学者的研究重点。在党的十六届六中全会后国家明确加快农村发展的决策，社会工作学界才逐渐对农村社会工作进行实践与探索，逐渐形成三种主要的社会工作介入农村的实践模式。

绿寨模式，是指在少数民族村落进行的农村社会工作初探，旨在通过利用优势视角去看待现有问题。通过树立农民的主体本位，社会工作作为参与者的构想，利用增能培力的方式，调动起村民参与村落建设的积极性。支持当地的农民通过互助合作的方式开展各种生计支持、文化传承保留等项目，以改善当地农民的生存状况，增加村民对抗现实问题的能力。②

万载模式，是政府制订了社工人才队伍发展模式，搭建组织网络，开发社工岗位，创建与高校的联动机制和社工、从工、义工联动机制，制定了规范社工职业操守和职业技能标准的方案。高校社工则依托此平台充分实践，提升社会工作

① 古学斌．幸福像花儿一样［M］．北京：北京大学出版社，2014：25-53；沈费伟．民国时期的乡村建设流派：兴起背景、经典案例与经验启示［J］．理论月刊，2019（5）：142-148.

② 张和清．全球化背景下中国农村问题与农村社会工作［J］．社会科学战线，2012（8）：175-185. 张和清，杨锡聪，古学斌．优势视角下的农村社会工作——以能力建设和资产建立为核心的农村社会工作实践模式［J］．社会学研究，2008（6）：174-193+246；古学斌，张和清，杨锡聪．地方国家、经济干预和农村贫困：一个中国西南村落的个案分析［J］．社会学研究，2004（2）：79-88；古学斌．性别性受苦——中国贵州苗族中年妇女关于家庭暴力的口述见证［J］．浙江工商大学学报，2014（4）：3-21.

专业技巧。逐步形成在政府指引下，社会工作介入农村发展的模式。①

珠海模式，是在广东政府推行《创建幸福村居提升宜居水平工作方案》等六个工作方案的通知之后，开始进行的以“幸福村居”为目标的社会工作实践。政府提供资金，通过政府购买社会工作服务的方式，要求社会工作在村内建立驻村社会工作服务站，以驻村点作为社会工作服务散射点。这一模式还强调了社会工作的专业性，通过走访访谈与问卷等方式仔细了解村民需求，针对不同受助群体分类进行个别化的服务，最终希望达到社会工作服务在农村与城市中“有服无类”。②

综上所述，在具体进行农村社会发展的努力上，绿寨模式强调了农民作为主体性的介入方式，万载模式则突出政府在农村社会工作中的引领作用，最后珠海模式则是将重点放在让乡村与城市能够缩短差距、相互适应的要求上。但可以看出，三种模式的“主体性”视角有所差异，“绿寨模式”突出了农民主体，其余两种模式主要是以“政府推动”作为出发点。这样就造成两种问题，回顾“绿寨模式”其中，社会工作介入和服务投入了大量的资源才见其成效。在“政府推动”模式下虽然效率得到保障，但“农民主体”方面的表现却不及前者。是故，探究农村社会工作的具体实践模式，是为了在此基础上为社会工作介入牧区社会工作汲取养分，从而探索适应牧区社会、有利于牧区发展的社会工作实践路径。

（2）关于我国牧区发展的研究。国内学者对于牧区发展的研究大多集中在经济以及社会变迁等方面。在经济方面，滕有正（1987）主要针对牧区经济单一，提出“奔马型”草原生态经济结构模式。其中，强调牧区矿产资源丰富，应该注重开发矿产资源，作为“奔马型”的马体支撑。邓艾（2003）提出，保证牧区经济发展要加强牧区工矿业开发作为牧区经济另一支柱、旅游业开发作为补充。杨方勋（1984）发现，我国羊毛净毛率较低，通过“季节畜牧业”生产的经验，认为提高牧区牲畜的商品率和质量是未来牧区的发展方向。于中流（1994）认为，牧区经济发展需要考虑草原资源自身天然的价值，人类投入劳动资金后产生的价值，草原资源的环境价值这几方面的因素。赤旦多杰（1997）指出，牧区要与国际市场对接，这样才能激发牧区的经济活力。盖志毅（2005）在分析牧区生态系统的可持续性后，指出牧区的经济发展还应避免不合理的工矿开发，在可持续生态系统下发展乳业、草药业等绿色产业。刘伟（2010）认为，牧区通过建

① 卫小将．中国社会工作发展模式与检视——基于上海、深圳和万载的探索分析［J］．开发研究，2014（5）：77-80.

② 向羽．从“服务”到“发展”：农村社会工作发展路径探析——对珠海农村社会工作发展的反思［J］．社会工作与管理，2016，16（3）：31-38.

立“混合型的金融体系”通过更加便捷的信贷和储蓄，以此拉动牧区经济。李媛媛、盖志毅（2010）结合牧区经济政策和牧区产权制度变迁，提出保证第一产业的发展，加快向第二三产业转变的经济发展模式。达林太、郑易生（2010）在《牧区与市场》一书中，详细描述了内蒙古草原牧区的历史变迁，通过站在牧区与牧民的角度，描写了改革开放对牧区和牧民生活的影响，并对牧区振兴提出了若干政策建议。高翠岭（2013）提出，牧区发展应遵循草原生态规律、遵循市场和经济规律、遵循生产力和生产关系矛盾规律，提出引入现代企业管理制度、推行既有独立法人又有市场主体的新型合作组织。萨础日娜（2017）则建议牧民应该改变原有个体和家庭牧场，转化为股份公司作为牧区牧业发展的新方向。

在社会变迁方面，敖仁其（2005）指出，不合理的草场边界划分，打碎了原有的游牧文化，以及在游牧过程中的“五畜”（马、驼、牛、山羊、绵羊）与特定草原生态地貌、植被的和谐与互补，也打破了牧民与牧民之间在利用共有草场或交叉使用草场中的民规俗约，对牧区发展构成不利影响。额尔敦乌日图（2008）提出，草场流转、生态环保等政策出台，导致牧区出现大范围劳动力转移，牧区“空心化”显现。刘鑫渝（2011）针对哈萨克牧区做出调研，认为土地制度变迁的情况导致草地水土流失严重、草原荒漠化的问题产生。同时，村庄运动在极大程度上导致观念体系和组织的严重分化。王晓毅（2013）以克什克腾旗为例探讨了制度变迁下，牧民活动对于牧区生态气候产生负面影响。牧区社会之前存在的共同体被打散，定居之后，牧民照看牲畜以及牲畜转场费用加大。在这样共同作用下牧民生产进入不可持续发展的状态。乌兰（2015）在论文中探讨牧区制度变迁的历史过程，并对牧民人际关系进行阐述，提出在新的历史条件下如何建构和谐的新型牧民关系问题。

随着市场化的推动，牧区的经济发展经历了波动变化，尽量牧区经济也在传统牧业经济的基础之上多出了工矿经济的补充，但在市场化的推动下，牧区经济的可持续发展问题逐渐显现。在社会变迁方面，主要显现为文化打破和土地流转所带来的影响，这些问题导致牧区生态因此遭到一定破坏，从而给牧区发展造成不可持续发展的后果。

（3）关于内蒙古牧民生计状况的研究。关于内蒙古牧民生计状况的研究，大部分研究集中在牧区政策制度以及气候变化对于牧民生计的影响这两大方面上。在政策方面，孟慧君和塔娜（2010）通过对于巴彦淖尔牧区的研究，指出内蒙古中部草原，在草地流转制度下，流转价格较低一方面影响牧民增收，另一方面造成了牧区剩余劳动力转移的情况。伊丽娜（2015）在研究中发现，虽然政策的实施有利于草原生态环境的恢复，能够促进草原畜牧业的可持续发展，但舍饲禁牧带来牧业成本的上升，牧民的生计风险增加，并提出提高牧民参与草原保护的能力与发挥牧民的本土生态知识，有利于草原生态保护与牧民生计的可持续发展。陈伟娜、闫慧敏和黄河清（2013）通过对牧民的访谈，应用可持续生计分析框架分析了不同草原区牧民对气象灾害的应对能力和可持续生计能力；孙特生、胡晓慧（2018）以准噶尔旗北部的富蕴县为例进行了研究，发现农牧民过度依赖天然草地放牧，普遍缺乏发展型生计，有着生计资本水平低、生计转换能力弱、生计脆弱性高的特点。在气候变化方面，王云霞（2010）研究了1960~2004年内蒙古半农半牧牧区旗县45年间平均气温。发现在此期间平均上升1.7摄氏度，并且证明了气温上升和草原退化呈正相关趋势。她认为气温上升造成牧民生计困难的现象将会成为牧区未来应该着重解决的问题。叶海瑞（2014）对内蒙古典型草原、荒漠草原及草甸草原区域1981~2014年年均降水做出研究，他指出这三类区域虽然年代际降水未有明显波动，但年际降水差距明显，变化大的降雨对牛羊生存不利。局部干旱的现象频发，牛羊饮用水匮乏。魏玉荣、武铁明（2016）提出，牧民收入主要依靠牧群，而牧畜的生长遵循“夏天挂膘，冬天掉膘”定律。内蒙古的夏季高温、降雨不足影响了牧畜“夏季挂膘”，从而影响整年的出栏率。李子夏、王宇宸和朝鲁等（2018）从草原生态入手，提出草原的沙漠化带来的是局部气候的转变，沙化的土壤中水分减少，就会进一步加剧草原的干旱。表明降水量每增减1mm，牧草产量分别增减14kg/m^2、20kg/m^2、12kg/m^2，以此证明牧区气候对现存牧业生计造成的不利影响。

（4）关于牧区社会工作的研究。通过查阅文献，笔者发现，目前牧区社会工作研究与实践甚少，并且呈现碎片化的趋势，以至于到现在为止学界对于“牧区社会工作”概念还未达成共识。回顾过往，与牧区相关的社会工作探索的第一阶段是20世纪40年代，李安宅（1944）的《边疆社会工作》一书的出版，他认为边疆不在方位而在地形，不在部族而在文化。他提到的地形和文化主要是从生计上、从历史上来理解。与中国截然不同的生计方式造就了边疆工作落脚点的差异，并且明确了在边疆工作的社会工作者应该用不同的方式去应对“在地”的差异，要具备“一套软中有硬的功夫”，即在保证理解边疆地区的特殊性后，利用不越俎代庖的助人原则，稳中求进的态度，达到善与人同避名求实的助人自助目标。但随着战争的蔓延以及新中国的成立，“边疆”这一概念转而消失，社会工作专业也在当时进入沉寂。

直到20世纪80年代社会工作以“教育先行”的方式回归，社会工作舶来性质使得社会工作本土化在探讨伊始，更多学者关注到中国社会特殊性，使社会工作更适应中国社会的发展，从而希望达到利他主义价值最大化，实现专业助人的目的。针对社会工作“本土化进程”牧区社会工作的研究迎来第二阶段，张银花（2011）在社会工作本土化研究背景下，提出农村社会工作已经形成相关的研究成果，但社会工作作用于牧区的研究与实践还属欠缺。因此，她提出针对牧区社会的“三牧”问题所产生的需要，社会工作可以形成以“牧区”地区作为服务范围，运用社会工作专业理论与技巧，通过预防和解决牧区、畜牧业和牧民的问题，达到社会福利的提升，促进社会稳定与和谐发展。在对于“牧区社会工作”概念界定之后，提出“政府提供社会工作在牧区服务政策支持，高校提供牧区社会工作人才专业教育”的牧区社会工作未来发展方向，以此作为学术性的探讨，是牧区社会工作研究的开端。但是，对于牧区社会工作的实践路径并没有提及，随着“民族社会工作”概念的提出，将社会工作服务聚焦到“人群”为本的工作理论之后，牧区社会工作的探讨进入到下一个沉寂期。

乔益洁、札登太等（2016）以实践研究的范式，对在青海牧区进行的社会工作实践进行反思时提出民族社会工作对于“民族”群体的限定，忽略了民族地区存在少数民族群体、非少数民族群体的牧区区域复杂性。并且关注到牧区的牧场变迁、收支失衡以及市场压力方面的问题。针对牧区社会的发展，认为有必要形成区别于“一般社会工作”，针对地区遇到的社会问题，注重社会结构与在地文化的结合，形成专有的社会工作方法。随后对于牧区进行社会工作的实践、牧区社会工作的介入研究开始出现。傅剑超（2017）探讨了社会工作介入牧区精准扶贫的实践，并提出了以社会工作为主体结合驻村干部、嘎查党委、牧民以及其他资源的“一个中心四个轮子”的扶贫开发模式。张丽璇（2017）以脆弱性视角分析了牧区生态、牧民生活中现存的问题，提出社会工作可以利用政策倡导、资源链接、文化重构等方式进行社会工作介入。萨其仁贵（2018）针对牧区因病致贫问题也对社会工作的介入进行探讨。但是牧区社会工作实践探讨仍处在最初发展阶段。

（三）研究意义

1. 现实意义

从 20 世纪 80 年代社会工作恢复专业设置，到如今已经走过近 40 年的历程。社会工作的舶来性质使其进入中国后本土化工作从未停止，按照中国的社会现状，社会工作也经历了从政府主导下行政性非专业化的社会工作，到项目购买制社会服务下的“专款专项”。社会具体服务也从之前的几乎所有福利性、服务性、公益性的活动都是由政府负责和推行，到现在社会工作也相继探索出了介入社会治理、精准扶贫、社会救助、灾后救助等实用且精准的路径。社会工作作为社会服务的提供者之一，对于社会福利提供应该做出积极贡献。

首先，社会工作对于牧区社会服务的实践探索才刚起步，有关社会工作介入牧区可持续发展问题还有待探讨。通过实地调查后发现，现有的牧区生活未能完全满足牧民的生活需要。诚然这种需要涵盖社会的诸多领域，但是，站在牧民的角度上，反映最多的问题是现有的生计条件下并不能够满足生活的基本需求。因此在生计为本的要求下，本文重点希望为探索牧区生计可持续性发展做出贡献，对于社会工作介入牧区提供路径探索。其次，对牧区发展的现实需要具有现实意义。我国牧区包括内蒙古、四川、新疆、西藏、青海等13个省区的268个牧区、半牧区县（旗、市），土地面积近400万平方千米，占全国国土面积的42%。按照其归属方式来看，牧区与农村属于乡村范畴。从地区背景上来看，牧区空间跨度大，地广人稀，并且少数民族是牧区人口构成的主体部分，存在着民族的特殊性。从实地调查结果来看，牧区生态脆弱，家庭风险抵御能力不足，文化联结能力下降，还存在着交通不便、沟通不畅、公共服务欠缺等问题。所以，现阶段牧区在生计发展、抵抗风险、信息资源等方面已产生极大需求。

2. 本研究理论意义

本文拟通过对前人相关研究成果进行归纳总结，运用访谈以及非参与观察方法，收集资料探索牧区生计不可持续发展背后成因，从社会工作专业服务视角出发，建构一个适合该区域、有助于该区域可持续发展的社会工作介入路径。从目前所查找相关研究来看，首先，多数学者认为牧区发展受困源于其自身的脆弱性，但研究牧区发展不应仅关注在脆弱性这一现象，本文试图找到脆弱性背后隐藏的成因，在此基础之上探讨社会工作助力牧区可持续发展的介入路径。其次，尽管我国学者对牧区社会工作、牧区生计可持续发展、社会工作介入农村可持续发展等相关研究已呈现很多的成果，但就社会工作介入牧区的生计可持续发展研究寥寥无几。虽然牧区归属于乡村，但牧区还具有民族文化的特性，本文在社会工作介入农村可持续发展的基础上，根据牧区的自身特性，更深一步探索，希望利用社会工作专业方法，探寻针对牧区市场化、城镇化表现的不可持续方面的问题，提供社会工作支持，从而为拓宽社会工作领域做出一份贡献。

（四）相关概念界定

1. 生计

根据康维和钱伯斯（Conway and Chambers，1992）的经典定义，生计是建立在能力、资产（包括资源、储备物、要求权以及享有权）和活动基础之上的谋生方式。[①] 随后，康维和钱伯斯将生计能力概括为个人处理胁迫和冲击的能力，发现和利用生计

① Chambers R. G. R. Conway. Sustainable Rural Livelihoods：Practical Concepts for the 21st Century［J］. Institute of Development Studies（UK）1992：296.

机会的能力。(其中，资产分类为有形资本，包含存储和资源，存储包含水资源、食物、货币等有价值之物。要求权和可及性构成无形资本，要求权包括对物质、精神和实际支持及可得性的需求和诉求等；可及性包括使用资源、储存、服务、获取信息、物品、科技、就业、食物或收入等实际机会。）由于该定义较为全面且受认可程度高，因此，本文沿用这一定义。

2. 可持续发展

在1972年联合国人类环境研讨会上正式确立可持续发展概念，即是关于经济、生态、科学技术、社会协同等方面综合发展的理念。基于上述四个方面的关注，对于可持续发展的定义近百余种，纷繁杂多。这些定义大体可以分为自然、社会、经济、科技四个方面，每种定义各有侧重，但并不综合。直到《我们的共同未来》报告中对“可持续发展”定义为：“既满足当代人的需求，又不对后代人满足其自身需求的能力构成危害的发展。”① 这一概念高度概括了前人研究，被众多学者所接受，因此，本文也沿用这一定义对于可持续发展进行界定。

(五) 研究方法

1. 文献研究方法

本文采用非反应性文献研究，通过文献研究主要从国家统计局、内蒙古自治区统计局的历年统计年鉴中了解内蒙古牧区的总体情况以及四子王旗概况。此外，还对牧区发展等文献内容进行分析，并结合内蒙古牧区牧业生产情况、牧业生产成本、天气情况、牧民消费等方面进行纵向数据比较，作为可持续性问题研究的宏观背景。以此部分回应牧民的生计可持续发展，解释牧区现存可持续问题。

2. 质性研究方法

本文通过非参与式观察、半结构访谈方法进行资料收集，首先，采用非参与观察法，笔者以游历等方式在四子王旗牧区进行无结构游览观察，观察内容包括基础设施建设、生计方式、住房情况等客观情况。其次，对20户牧民有针对性地进行半结构访谈，选取其中有代表性的访谈内容整理。这20户被访者中涵盖了嘎查久住长者、新到租户、精准扶贫户、传统旅游兼业牧户。在具体操作方面，本文对访谈录音进行文字转换，形成对话式文稿，以语意语段为基本单位进行编码分析。本文在进行编码过程中参照了扎根理论的编码方式，编码过程包含

① 张志强．区域可持续发展的理论与方法［J］．中国人口·资源与环境，1994（3）：23-29.

了初级编码和聚焦编码两部分。初级编码是对于所访谈语句或语段的概括和凝练，在此过程中遵循本意、遵循事实。聚焦编码是对所进行的初级编码在原意之上进行聚焦归类处理。本文的思路如下：在当前的牧民的生计方式之下，是否在生计上存在问题？如果这些问题存在，是否存在共性，这些共性是如何成为牧民生计的影响因素的？

依照上述思路，本文在13万余字的访谈记录中，对被访谈者的谈话进行编码，共统计出204个初级编码。剩下的部分内容较为零散，呈现个体性差异的情况。同时按照研究主题，主要针对生计方向问题的探讨，因此，选取有关方向问题进行分析，共得出134个初级编码。通过凝练和总结，本文将影响牧民生计的因素进行归类分析，分为四部分内容，生态成本影响因素包含42条初级编码、生产成本相关初级编码为34条、消费构成相关初级编码为31条、社会资源相关初级编码为27条。所呈现编码具体见表1。

表1 编码提炼过程

初级编码	聚焦编码	所属主题	初级编码数量（条）
干旱或生产生活用水不足需要打井或拉水等	用水补偿	生态成本	42
修建牛羊棚圈、挡风墙等	风险应对		
草场牧草不足需要额外购买草料、饲料等	载畜能力		
生产工具购买、生产通勤耗费等	生产耗费	生产成本	34
雇佣专人放牧、剪羊毛等	雇佣支出		
维护草场、兽药、牲畜卫生等	生产保障		
生活必需品购买、医疗、教育等	生活消费	消费构成	31
消费模式、缺少金融知识等	消费观念		
收入周期长	收入模式		
肉、毛、皮产品价格等	市场导向	社会资源	27
地方互助减少、人际关系紧张等	社会联结		
信息渠道窄、游客资源短缺等	信息获取		

二、内蒙古牧区及G嘎查的概况

（一）内蒙古牧区特色及发展状况概述

内蒙古牧区是我国四大牧区之一，草原面积13.2亿亩约占全国草场面积的1/4。内蒙古草原类型齐全，按照地域分布由东向西依次为草甸草原、典型草原和荒漠草原。内蒙古平均海拔高度超过1000米，年降水量低于400mm，气温年较差、日较差较大且干旱少雨。

根据我国牧区旗县与半牧区旗县统计，内蒙古牧区共有旗县33个，半农牧旗县为21个。截至2018年，内蒙古牧区人数达到169.9万人，劳动力资源达到112.91万人，牧区从业人员为100.58万人，其中，49.98万人选择从事畜牧，占总从业人口的49.96%。畜牧业依旧是牧民的支柱性生产方式（见图1）。

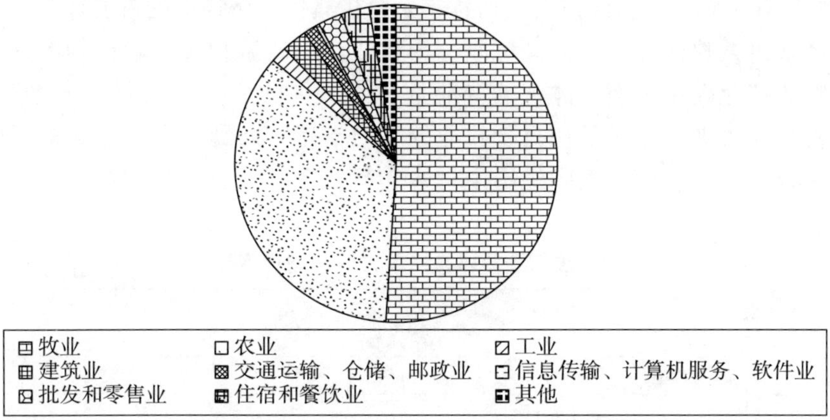

图1　内蒙古牧区按行业分从业人数比例①

内蒙古自治区依靠丰富的草原资源与自然资源，加之地广人稀的区域特点，以及在国家政策性的帮扶下，自20世纪80年代以后，内蒙古牧区进入了高速发展阶段。实行“责任承包”制之后牧户的劳动积极性明显提升，畜牧业产量随之增长。内蒙古牧区矿产资源丰富，工矿产业的发展也为牧民增添了新的收入来源。内蒙古草原自身拥有丰富的旅游资源，加之人民物质水平的提升，为牧区开创了旅游类新兴产业。但随着高速发展，内蒙古牧区社会也产生了部分问题。为了提升个人最大利益，牧区草场退化现象发生，草原荒漠化随之而来。牧区草场划分也导致牧区部分优势游牧文化式微；牧区工矿业的发展，对草地不断入侵，激化了牧业与工矿业间的矛盾；旅游业兴起面对的是特色同质化严重，服务质量良莠不齐等问题。诚然，上述只言片语并不足以形成对研究主题的回应，这需要通过经济、牧民收支情况、医疗及教育等各方面进行梳理宏观了解牧区特色、牧民生活，为后续研究提供基础经验。

①　内蒙古自治区就业人员和工资［EB/OL］．国家统计局官网，http：//www.stats.gov.cn.

1. 内蒙古牧区经济概况

首先，谈及经济，有必要先对具体的经济政策进行梳理。因为经济政策作为一种公共政策，其本质是着眼于社会发展，并有目的和有计划地引导具体方面的社会运行。① 在计划性方面，牧区经济政策的引领和决定作用主要体现在对牧区经济重心的把握以及发展方向的指引上；在目的性方面，其主要回应地区发展的需要、人民发展的需要，同时这些需要随着历史变化而变化。因此，通过分析牧区经济政策的变迁了解内蒙古经济发展历程，是分析具体经济情况的首要环节。

具体来讲，牧区经济政策又可以分为牧业产业政策和牧业产权制度这两大部分。在牧业产业政策方面，体现的特征是"发展—转变—再发展"的系列过程，这一过程具体表现为：从最初对于牧业的大力支持转向到注重生态保护下的牧业发展。在牧业产权制度方面则经历了"承包确权"不断深化的过程（见表2）。

表2　改革开放以来内蒙古牧区政策变迁②

政策 / 提出时间	牧区产业政策
1981年	林牧为主，多种经营
1987年	畜牧业为主，草业先行
1996年	增草增畜，提质量，提效益
1999年	围封转移
2001年	三农"三减免、三补贴"
2007年	调结构，增产量
2011年至今	草畜平衡（内蒙古西部禁牧、中部以水定草、以草定畜，东部全面推行休牧和划区轮牧）
政策 / 提出时间	牧区产权制度的演变
1983年	牲畜作价，户有户养
1984年	草畜双承包
1989年	双权一致
2005年	新型合作经济组织
2014年	草场确权，深化承包

① 关信平．社会政策概论（第三版）［M］．北京：高等教育出版社，2015：3-10.

② 盖志毅，李媛媛，史俊宏．改革开放30年内蒙古牧区政策变迁研究［J］．内蒙古师范大学学报（哲学社会科学版），2008（5）：28-31；李媛媛，盖志毅，马军．内蒙古牧区政策的变迁与农牧业发展研究［J］．农业现代化研究，2010，31（1）：15-18；国务院官网：《国务院关于促进畜牧业持续健康发展的意见》（国发〔2007〕4号）；国务院官网：《国务院关于促进牧区又好又快发展的若干意见》（国发〔2011〕17号）；内蒙古自治区政府官网：《内蒙古自治区完善牧区草原确权承包试点工作实施方案》（2014）。

在梳理牧区政策变迁之后，对应政策下的牧区经济情况则会有更加清晰的印证。因此本文选取自2007年对于牧区推行“具有整合牧民家户之间生产的新型经济合作组织”，以及政府推行“调结构，增产量”政策至2017年作为时间节点分析具体的经济情况。

经济的一般定义，是指价值的创造、转换与实现。在选定年份中，内蒙古农林牧渔产值整体呈现上升趋势，但2014年后整体产值增长速度放缓。内蒙古牧业在自治区农林牧渔总产值占比均超过了41%，在2011年之前，牧业产值平均每年达到100余亿元的增长速度。但在2012年之后牧业产值出现产值增速下降的现象。由于草原生态保护性和新一轮草原确权的政策提出，为内蒙古牧业发展提供了引领和规范的作用，使牧业产业有序发展，但可以看出，2013~2017年，内蒙古农林牧渔总体总产值和牧业总产值都出现增速回落的现象，并且个别年份存在负增长的情况（见表3）。

表3　内蒙古农林牧渔总产值（万元）与内蒙古牧业总产值（万元）统计①

年份	内蒙古农林渔总产值（万元）	内蒙古牧业总产值（万元）	牧业总产值在农林牧渔总产值中的占比（%）
2007	12764437	5596517	43.84
2008	15257369	6996335	45.86
2009	15705841	7214442	45.93
2010	18435700	8224208	44.61
2011	22045061	9983126	45.29
2012	24493357	11188550	45.68
2013	26994991	12084853	44.77
2014	27798064	12056515	43.37
2015	27515500	11608538	42.19
2016	27942200	11497000	41.15
2017	28224000	12610000	44.68

绵羊、山羊、牛、马、驼五种牲畜作为牧业经济的重要组成部分，其产值与成本应该受到关注。本文选取“羊”“牛”——内蒙古牧区数量最多的牧畜进行分析（见表4）。虽然在引进了改良羊种、改良牛种后，牧畜整体出栏重量有所上升，但可以看到其中每百只的牛羊生产成本在不断攀升，经济情况并未得到改

① 内蒙古自治区农林牧渔产值及指数（2007－2017）［EB/OL］. 国家统计局统官网，http：//www.stats.gov.cn.

善。甚至在 2013 年之后每百只本地羊种以及改良羊种都出现净利润负增长现象，直到 2017 年改良羊种的利润才有所上升。同样牛的产值、成本与利润也出现了产值不断上升，成本不断上升，但利润逐年下降的情况。

表 4　内蒙古每百只羊（本地、改良）牛产值、成本与利润统计①

年份	本种绵羊每百只产值（元）	本种绵羊每百只生产成本（元）	本种绵羊每百只净利润（元）	改良绵羊每百只产值（元）	改良绵羊每百只生产成本（元）	改良绵羊每百只净利润（元）	牛每百头产值（元）	牛每百头生产成本（元）	牛每百头净利润（元）
2007	28685.97	13722.48	14963.49	24696.46	15472.55	9223.91	114985.95	37117.14	77868.81
2008	29744.4	14113.36	15521.4	29814.76	16989.87	12824.89	125085.32	38237.22	86848.1
2009	29155.22	13975.51	15179.71	32703.02	17931.8	14771.22	135430.86	39640.34	95790.52
2010	33599.37	17944.17	15655.2	48996.54	18351.18	30645.36	161712.59	53186.44	108526.15
2011	47207.24	25362.88	21747.38	69472.17	25039.44	44432.73	206228.34	124572.23	81656.11
2012	66253.63	63147.3	2947.93	66697.49	57065.36	9632.13	352417.41	306855.75	45336.63
2013	57123.79	65536.88	-8606.98	69751.22	72456.85	-2705.63	334718.66	264937.31	69546.65
2014	48997.04	65001.09	-16004.1	51990.8	89557.12	-37566.3	378677.81	330001.03	48676.78
2015	41187.99	85236.79	-44048.8	40140.03	73787.43	-33647.4	282200	310969.82	-28769.82
2016	38932.58	76492.37	-37559.7	50796.66	83670.89	-32874.2	312492.56	306476.93	6015.63
2017	63870.1	67507.38	-3637.2	63662.39	58503.18	5159.21	332769.62	321195.12	11574.5

从上文资料数据来看，无论是内蒙古牧区牧业从业人口数量，还是牧业占农林牧渔总产值的比重，都可以看出牧业仍然是牧民的主要谋生方式。但是总体来看，在牧业经济中，牛羊的饲养成本不断上升，利润却在不断下降。

2. 内蒙古牧民收支概况

牧民的收入与支出情况会体现牧民生计的现状。本文将 2013～2017 年内蒙古牧民人均可支配收入与牧民人居消费性支出资料进行整理。在牧民人均可支配收入方面，2013 年内蒙古牧民人均可支配收入为 12891 元，2017 年牧民人均可支配收入为 18058 元，五年间牧民人均可支配收入年均上升 1033.4 元，年均增长率为 14.28%。在收入上升的同时，牧民消费性支出也呈现出增长趋势，从 2013 年的牧民人均消费性支出 12402 元增长到 2017 年的 16296 元，年平均上升

① 内蒙古自治区每百只羊（本地、改良）牛产值、成本与利润（2007-2017）［EB/OL］. 国家统计局官网，http：//www.stats.gov.cn.

778.8 元，年平均增长率为 15.22%。

从总体来看，牧民的可支配收入的确有所上升，但是，也应该关注到，伴随经济不断发展，牧民消费性支出也在上升。2013-2017 年，收入与消费之间的差值并没有增大，两者间每年均未超过 2000 元。值得注意的是，五年间牧民人均可支配收入的年均增长率低于人均消费性支出的年均增长率，并且 2014 年出现人居消费性支出大于人均可支配收入的情况（见图 2）。

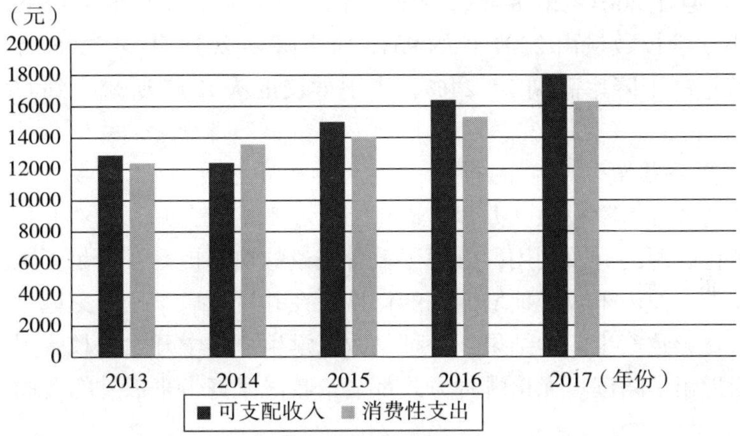

图 2　2013~2017 年内蒙古牧民可支配收入与消费性支出发展趋势①

3. 内蒙古牧区医疗概况

在宏观上，随着“新农合”医疗保险的推进，牧区人民的基本医疗得到保障，且内蒙古自治区新农合住院报销比例达到 75%。同时，在推进医改的过程中，政府逐步将儿童白血病、儿童先心病、重性精神病、终末期肾病、耐多药结核、布病 6 种疾病纳入农村牧区重大疾病医疗保障范围。截至 2019 年，大病保障范围由上述 6 种增加到了 21 种，牧区地方性疾病与常见病也被包含其中。② 医疗保险疾病纳入范围逐步扩大，极大地减轻了牧民在疾病医治上的压力。

在微观上，由于牧区城镇化的深入，牧区卫生机构和赤脚医生都趋于减少，使牧民现在生病后只能到旗县医院看病。2015 年牧区逐步推行了“牧民小药箱”医药到家政策，以牧民家庭作为散射点投放必备药品的小药箱。但小药箱中的药品更换周期长，有很多药品在更换周期之内就超过保质期限。至此，由于牧区合

① 内蒙古自治区牧民人均可支配收入与牧民人均消费性支出（2013-2017）[EB/OL]. 国家统计局官网，http：//data.stats.gov.cn/easyquery.htm/cn=E0103.

② 内蒙古提高新农合 21 种重大疾病医疗保障水平 [EB/OL]. 中华人民共和国中央人民政府官网，http：//www.gov.cn/gzdt/2013-01/06/content_2305616.htm.

作医疗制度的逐步健全和国家政策的倾斜，牧民看病贵、看病难的问题有所缓解，但仍有很多问题突出。

4. 内蒙古牧区教育概况

自1987年国家推行《中共中央关于教育体制改革的决定》政策开始，教育改革在全国普遍开展。2000年开始内蒙古全区开始实行义务教育之后，内蒙古牧区教育情况得到改善。牧区学龄儿童入学率达到99.94%，初中入学率也达到了99.87%。但在2001~2018年，内蒙古全区中小学学校数量呈现下降趋势。内蒙古全区小学学校数量由2001年的9312所下降到2018年的1655所，这段时间小学学校数量的下降率高到77.24%，中学学校也从1342所减少到691所，下降率也超过了48.5%（见图3）。

随着“撤乡并镇”制度的推行，牧区学校也经历了“撤乡并校”的过程，学校由之前的各苏木学校独立办学，进行临近苏木学校合并。虽然并校在一定基础上保证了教育资源的有效利用，方便了教育质量的快速提升，满足了人民对于高质量教育的需求，但由于牧区地域广阔的特性，在并校以后学校与家庭之间的平均距离加大，这就导致产生两种结果：一种是牧区学生从小学开始住校，另一种则是家长在学校附近租房陪读。无论哪种方式都会给牧民家庭带来额外的费用支出。

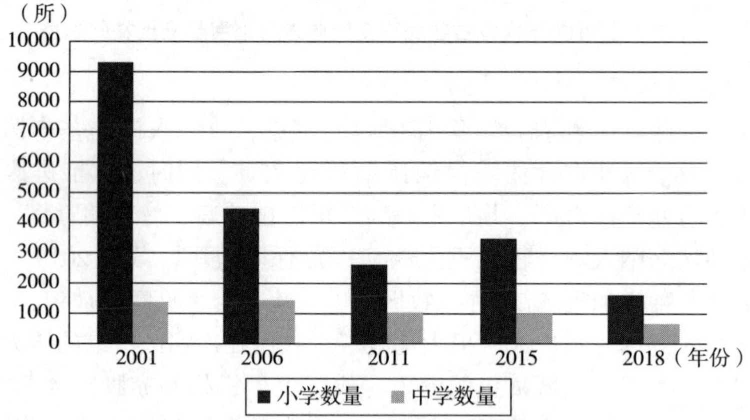

图3　内蒙古全区中小学数量①

（二）G嘎查概况

G嘎查地处内蒙古四子王旗乌兰花镇东北部，在村辖区464.1平方千米的面

① 内蒙古自治区中小学数量（2001-2018）［EB/OL］. 国家统计局官网，http：//data. stats. gov. cn/easyquery. htm/cn=E0103.

积上共有262户人家。嘎查草场面积为69.6万亩，辖区面积与草场面积正好相等。该嘎查草场属于典型草原类型，牧户以畜牧业作为主要生计方式。嘎查地广人稀，家户之间距离较远。

四子王旗地处内蒙古自治区西北部，年平均温度低，降水量少且降水集中。就气温方面，截至2010年数据，年平均气温维持在4摄氏度左右。从年平均气温变化来看，全旗年平均气温一直处于上升状态（见图4）。

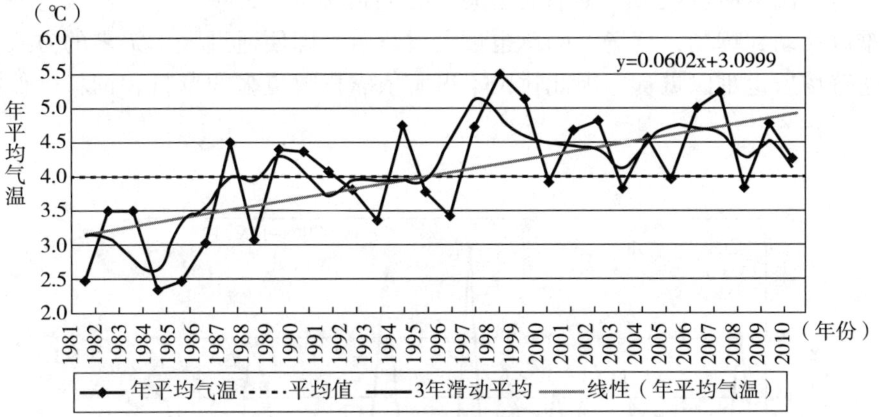

图4　四子王旗年平均气温统计①

全旗年平均降雨量334.4 mm，降雨多集中在夏季，占全年降雨量的70%左右。从图5可以看出1961~2018年，四子王旗的夏季年平均降水量呈现减少趋势，夏季干旱现象明显。

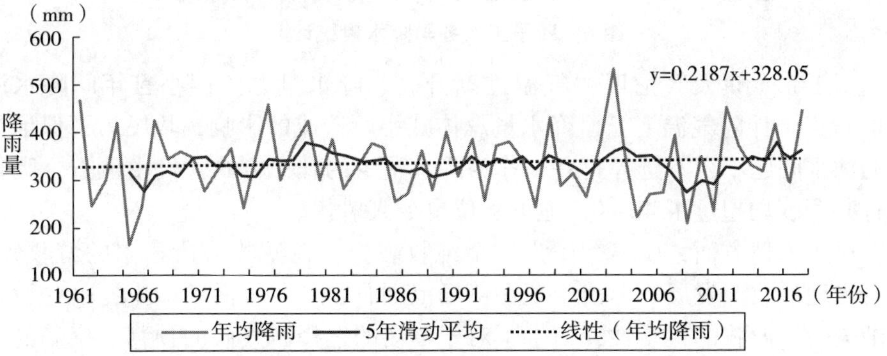

图5　四子王旗夏季降水量统计②

① 邹纯丽．四子王旗近30年气候特征分析［J］．时代农机，2018，45（1）：192.

② 李金莲．1961~2018年四子王旗旱涝特征及其变化规律分析［J］．水资源开发与管理，2019（12）：17-21.

该地区虽然降雨量不大且连年降水量逐渐降低，但是局部易发生暴雨。暴雨面积小、强度大且时间短，加之主要植被类型为草地，锁水能力不足，且为多丘陵地形，易发生洪水。特别是 2019 年发生的洪灾造成全嘎查 20%家户受灾，其中房屋损坏 9 处，棚圈毁坏 10 处，草场围栏受损家户达到 24 户，水井损毁 28 处。

就冬季降水来讲，四子王旗全旗冬季年间降水量波动大。在这样的情况下，易发生对牧民生活造成极大影响的雪灾（在当地称为“白灾”）。积雪过厚使得牛羊难以移动到草场，草场上的草也被大雪覆盖，即便通过人工铲雪的方式，牛羊到达草场后也难以觅食。因此牧民不得不依靠投喂更多的草料和饲料确保牲畜存活（见图 6）。

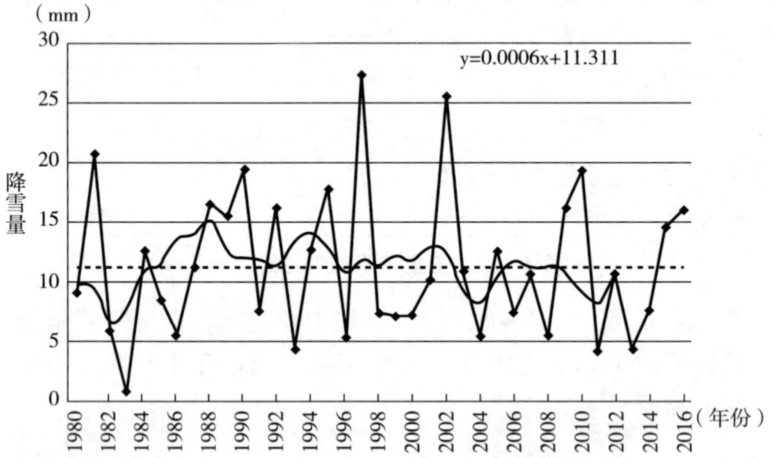

图 6　四子王旗冬季降水量统计①

四子王旗全旗天气呈现“气温逐渐升高、降水量总体偏小且年间降水波动大”的特点。伴随气温上升、降水量总体减小所造成的影响，牧民为了保证夏季牲畜的饮水问题不得不选择打井来作为降水量少的补充方式。经由调查，嘎查内牧民打井深度均超过了 40 米，地下水位也令人堪忧。

在风土人情方面，G 嘎查作为一个纯牧嘎查，在游牧阶段积累的游牧知识，推动着当地的牧业发展。但由于现在草场范围有限、游牧活动减少，一些游牧文化逐渐失传。游牧的机动性，衍生了对于草场的选择、气候的预判、疾病的预防等地方“米提斯”。嘎查以前是有“瑙图克沁”（掌握天气地理知识的，具备天

① 刘智明. 1980~2016 年四子王旗降雪变化特征及其对农牧业的影响［J］. 现代农业科技，2018（11）：203+205.

气情况预判、草场选择判断能力的人）的专一传承，但现在已经失传。目前牧民更多的是依靠天气预报来大致预测出该地区天气变化，对于瞬间性、局部性的天气预测还不能较之前相比。

关于其他文化活动，根据调查之前嘎查内有集体祭祀敖包的习俗，现已变为一家一敖包，祭祀的时间也不尽相同。那达慕作为“草原的盛会”得以被保留，每年阳历7月23日前后一周，整个嘎查会参与到那达慕的盛会当中。在宗教文化方面，当地盛行藏传佛教，因当地希拉木伦庙之前还承担着部分瞧病抓药、帮扶贫困等角色，特别是在抗日战争时期，做出了极大的贡献，当时抗日军队曾把当地希拉木伦庙作为据点，并修缮防御工事。因此，希拉木伦庙在当地人民的心中占据极高地位，每年阴历七月十一日，是当地一年一度的庙会，周围牧民都会赶到希拉木伦庙祈求来年顺利平安。

在生产互助方面，在没有规定草场范围之前，牧民以生产大队的方式进行劳动，相互帮助。在分草场之后，互助现象明显减弱。以前牧户之间每逢剪羊毛、洗羊、打药都会与周围邻居共同合作，三五户家庭轮流进行劳作，但现在从事这些工作还需要额外花钱来雇佣劳动力。此外，嘎查自2008年成立公司合作的经济生产合作社以来，旨在实现牧民家户共同生产、共同受益，但现在已“名存实亡”。在访谈的家户中，大家均提及没有参加合作社。牧民表示参加合作社的意义不大，唯一好处是以合作社进行贷款时手续更加简便。因此，大部分嘎查牧民在进行生产劳作时都是独立完成。

1. 各类政策的推行概况

首先看脱贫攻坚政策推行情况。2014年开始嘎查积极落实脱贫攻坚下的各项政策，嘎查实行“三到村三到户”政策，并开始对扶贫户进行建档立卡，明确每户经济条件类型，评估房屋结构，计算房屋面积，查明危险等级、居住方式以及改造方式。了解致贫原因，并给予相应政策支持。截至2019年，嘎查先后对贫困家庭的32处危房进行改造；针对14户疾病残疾贫困家庭给予全额医疗报销补贴，并给予每月250元的医药补贴；为9名有劳动能力的牧民提供护林员岗位；针对资产短缺家户，进行了资产收益扶贫帮助贷款，每户共得到7万元帮助金，其中，5万元作为五年期小额贷款，其余2万元作为入股经济帮助金，入股到“赛诺”公司。第一年分红2000元，第二年在符合贫困标准认定后继续分红2000元，从第三年起每年分红4000元，按年度打入账户。

其次看经济政策推行概况。通过访谈得知，自草场承包以来，该嘎查合并之前生产大队（一队和三队）。20世纪90年代初期，嘎查按照民族、到达嘎查时间早晚，进行划分草场。蒙古族且在嘎查生活时间较长的家户每人可以分得1600

亩草场，蒙古族新户每人可分得900亩草场。汉族落户嘎查时间早的家户人均可分得1200亩草场，汉族新户则为900亩草场。同时有固定工作者“采取少分或不分”的规定。自2011年开始，嘎查明确实行草畜平衡政策，因地处内蒙古中部草原所以实行“以水定草，以草定畜”的牧业产业制度，该嘎查规定平均“每4亩一只羊，每20亩一头牛”的计量单位来确定畜牧产量，并且每亩草场给予草畜平衡补助款（2.5元/亩/年）。该嘎查没有明确的轮牧休牧政策，在划分草场时，将家户的草场划分为地域不同的两处“冬夏营盘”。并且明确规定，如果出现“分家另立户”的情况，只能在冬、夏营盘其中的一块区域划分，必须保证另一块营盘的完整。2016年政府开始推行牧区旅游业发展，该嘎查积极落实，规定凡在自家牧场上修建7个及以上的蒙古包，并且取得经营许可者可以得到50000元旅游业补助。

最后看教育、医疗以及其他政策的推行情况。义务教育阶段，针对牧区入学学生，政府在政策上给予免除学杂费的优惠政策，同时享受牧民子女上学的第一学期给予1000余元的教育补助。随着义务教育的推进以及补助的发放，给予了家庭一定的经济支持。在医疗方面，参加新型合作医疗保险实现牧民全覆盖，牧民需要每年缴纳210元的参保金，住院可按照保险涵盖项目以及涵盖药物进行比例报销。并且规定部分患有重大疾病者还可以每天领取一定的营养费用。在其他政策方面，针对降雨量不足、需要打井来获取地下水的牧户，政策给予打井每米50元的补助。

2. 受访者牧户的基本情况

（1）家庭情况。笔者在2019年7月至2019年8月针对G嘎查的20户牧民进行了入户访谈，汉族家户为5户，蒙古族为15户。其中，租户3人，本地牧民17户。按照已有牧户类型划分谋生方式，符合传统型从事牧业的家户为13户，兼业型家庭有7户，属于主要经济来源的是开牧家乐，同时兼顾养牧。按照家庭年龄结构分，户主年龄在60~70岁的有3户，户主年龄均在35~55岁的为17户。在被访家庭中，只有老年户主的子女继续从事牧业，其余家庭中子女均未继续从事牧业。20户牧户中有8户家中子女在乌兰花镇上学，母亲陪读，平时只有父亲一方在家。

（2）居住情况。现嘎查内牧民住房情况得到改善，每户都有自己的砖房，均是后新盖房屋，居住房屋数量均大于3间，并且现在嘎查内的所有家户均已接入自来水和电。每户都有羊冬天用来避寒砖瓦结构的棚圈以及储料棚。并且部分家户在居住房屋外都自行修建挡风土堤，以防冬日严寒。2010年开始，嘎查对牧民住房进行了评估，对于老房危房改造政府给予部分补助。精准扶贫以来，嘎查又对牧民住房进行再次评估，至今嘎查住房情况良好。

（3）收入支出情况。在收入方面，对调查的牧户进行统计，目前嘎查牧户的收入来源主要为旅游业和畜牧业。其中，畜牧业收入是主要经济来源，部分家庭从事旅游业以作为收入的补充。嘎查牧民主要饲养牲畜为羊，牛占少数，马的数量更少，驼属于稀有牲畜。由于受访者当中家户草场面积不尽相同（1200~10000亩），这在极大程度上影响了牧民的收入。传统型家庭的收入来源主要包括牧业收入和生产补偿两大部分，兼业型牧户相较于传统型牧户还多了“旅游收入”来源。在受访家庭中，2018年13户传统型牧户平均年收入在9万元左右，7户兼业型牧户平均年收入在10万元左右。

在支出方面，一年当中主要支出为冬季草料购置，由于气候原因，嘎查内草场不能满足秋季打草储备需要，每家每年购置5吨以上的草料及饲料。由于牧民互助现象减弱，所以部分家庭还需雇佣羊倌、牛倌，每月还要支出3000~4000元的费用。在受访家庭中，2018年13户传统型牧户平均年支出超过8万元，7户兼业型牧户平均年支出超过9万元。笔者对收集的受访家庭具体收支情况做了整理，具体可见表5、表6[①]。

表5　传统型牧户年均收支情况

类别		2017年	2018年
总收入（元）	牧业收入	75783	78845
	生态补偿	13464	13646
	合计	89247	92491
总支出（元）	饲料支出	47857	51085
	油料支出	6434	7435
	防疫支出	1836	2014
	其他支出（雇佣、围栏）	8460	9253
	教育支出	6219	7832
	医疗支出	3845	3580
	合计	74651	81199

① 资料来源于受访谈家户2018年年均收入。

表 6　兼业型牧户年均收支情况

	类别	2017 年	2018 年
总收入（元）	旅游业收入	34382	44755
	牧业收入	42497	56804
	生态补偿	8214	8214
	合计	85093	109773
总支出（元）	饲料支出	34528	46813
	油料支出	6634	7455
	防疫支出	1384	1561
	其他支出（围栏、雇佣）	28481	29768
	教育支出	5457	5493
	医疗支出	1532	1742
	合计	78016	92832

三、牧区可持续发展问题的众相及原因

自牧业经济诞生以来，由于牧业生产的脆弱性一直伴随左右，因此，造成的牧民贫困问题也不断凸显。改革开放后，内蒙古牧区的经济、社会、文化、生态环境等方面都发生了一系列的变化，牧区在城镇化、市场化等大时代背景的影响下，造成了对牧民传统的生产方式的冲击。牧区自身在面临风险的同时，牧民发展也受制于此。因而找到影响生计的因素，通过社会工作可以契合的方式来帮助牧民在现有情况下进行发展补足，才能回应脱贫攻坚战略的要求，让牧区进一步达到国家所希望实现的“振兴”，让牧民拥有更好的生活质量，享受国家发展的红利。本章分为两大部分：第一部分主要概述 G 嘎查在当前生计中牧民所面临的可持续发展问题；第二部分主要是对于可持续问题的分析，探析影响牧民生计能力和资本储存的背后成因。

（一）牧区生计可持续性问题的表现

1. 生态补充费用上升

对于牧民而言，不论生计方式是属于传统型还是兼业型，与现有牧民生计之间构成最直接联系的自然资本就是草场，在传统型家庭方面，草场的好坏决定着畜群数量、质量。对于兼业型家庭来说，草场环境优美对于游客的吸引力是首要

的。因此，草场的好坏直接影响牧民收入，也间接地影响了牧民的生活质量。首先，由于G嘎查地处内蒙古中部，由上文可见年均降水量低于313mm，较少的降水量会对草场、畜牧饮水产生消极影响；其次，G嘎查土地情况多为砂状土壤，自身锁水能力不足且土地养分不足；最后，草地生态系统自身本就是一种极为脆弱的系统，不论是草场受到自然灾害还是人为破坏，被破坏草场都需要很长的时间及很大的成本对其进行恢复。[①] 在平均气温连年上升以及降水量减少的情况下，对于牧民自然资本的积累并不容乐观。

牧民往往通过很高成本的生态补偿来满足生产需要，而这也就导致了生态成本的上升。其主要表现为三大方面即用水补偿、风险应对以及载畜能力方面上。用水补偿在所访谈资料中共被提及15次，牧民在应对干旱气候时，为了满足生产用水及生活用水而不得不需要打井或到嘎查内公共机井拉水。在被访谈家户中，有13户家庭依靠自家机井取水，有3户位于地势较低的居住位置，因此通过普通人工井进行取水，有4户是通过从公共井取水。对于用水补偿而产生的费用是牧民在生产中最为基础的支出。

片段1：（2019年7月4日）访谈对象T：咱们这水不行，近两年雨水还好一点，以前根本不行。以前我们家用的是5~6米的人工井，那是我小时候就有了，以前的水位很高，水也好。后来天旱，那几年旱时，这个水井的水就不多了，没办法，只能打机井。我门前这口井，打了70多米才出水，花了3000多元（一米100元，政府一半，我们自己一半）。

片段2：（2019年8月9日）访谈对象H：咱们这天旱是常事，牛羊喝不上水，我们（家）生活水有时不够用。我们家用水是以前打的人工井，才3米多深，旱的时候水太少了，我就得出去拉水。我这个车一次性能拉2吨多水，我隔一天去下面那个公井那儿拉水。说起拉水每次可麻烦了，来回走14千米多，路又不好走，我还因为有一次路不平，加上水没装满，车还翻过。

G嘎查春秋季大风频发，并且伴随强降温。对于风险应对方面，为了减少强降雪、大风强降温等状况发生时所造成的损失，牧民需要修建挡风墙、暖棚、圈舍来防范恶劣天气造成的畜群数量减产。在20户牧民当中，每家都修有自己的暖棚圈舍以及挡风墙。在谈到生态对于生产的影响方面时，有11户提及为了避免大风、雪灾的影响。在近5年内对棚圈和挡风墙进行修缮，并还提到，不仅材

① 包玉山，周瑞．内蒙古草原牧区人地矛盾的加剧及缓解对策［J］．内蒙古大学学报（人文社会科学版），2001（2）：93-98．

料和人工费用高，而且去旗、苏木购买材料时还需支付因为路途遥远产生的高昂材料运输费用。

片段3：（2019年7月17日）访谈对象L：我们家原来的羊圈不行了，之前的圈墙低，也不结实。后来不行冬天太冷也不挡风。2018年修了一个棚圈，连同后面的挡风墙也修起来了。花了大概3万多元。我们这儿太远了，料钱我花了2万多，但是运回来就3万了，来回运就花了3000多元。再加上还需要工人，一个人一天100元，一共3个人，一共干了11天才干完。

在载畜能力方面，牧草的补充费用较大。牧民牧草长势不佳，不足以满足饲养需要。牧民为了保证牧群产量，只能通过购买草料的方式进行弥补。在访谈中20户牧民都提到草场草长势不好，即使2019年降雨量较之前年份有所上升，牧草量并没有太明显的变化，秋天也不具备打草条件。

片段4：（2019年7月9日）访谈对象D：我今年73岁了，自打我记事起我就生活在这片草原。在我年轻时，养牛羊比今天容易得多，那时我们这草特别好，夏天牛羊基本不用管，秋天草也够高，可以直接打草。我们这就是从分户以后，那时分户啦，政策也好，人们就多养牛羊，养的多了就把草（场）吃坏了。你看现在这草，唉（较之前）可差远了，也就够夏天吃，打不了草，冬天我们再买料。草20~30元一捆，混料（是指用豆类和秸梗类混合后压成颗粒的营养成分更高的饲料）一袋就50元。一年我得花3万元买料。

综上所述，该地牧民的自然资本主要是草地，但是不论是气候对于草地的影响，还是人为对于草地系统的损害，都导致了现有生态环境不足以保证牧业生产。而牧民为了保证自己的收益，只能通过打井、修棚以及买草等形式，使牧群数量能够维持。至此牧民进入了“通过高成本的生态补充来保证有效生产”可持续性较差的生计循环当中。

2. 生产性支出上升

在当前牧民生计中，牧民除了要支付生态补充费用以外，生产性支出也明显加剧。生产性支出主要表现为生产耗费、雇佣支出以及生产保障三大方面。在生产耗费方面，其中，包含了生产所需的生产工具购买、损耗以及用于生产通勤的费用等。谈及生产工具，由于养牧的特定生产方式，因此，需要牧民经常性大范围的移动。并且随着时代的发展，之前牧民使用马、牛等牲畜实现移动需要，而现在都被现代化的工具所取代。牧民草场面积广，少者千亩多者万亩。在给牧民划分草场时，将牧民草场划分为夏营盘、冬营盘。两个营盘并非紧密相接，之间距离在5~20千米。访谈中牧民所提到的生产工具主要是摩托车、三轮车、农用卡车等。在20户访谈家庭中，每家都有摩托车，有8家购买了三轮车，有5家有农用卡车。摩托车主要作放牧以及日常的交通工具使用，三轮车和卡车主要是作草料、拉水等装载用途。在交通工具的机械化以及牧民生产活动半径广等情况下，牧民在生产支出方面就要承担购买及燃油消耗等费用。在访谈家户中谈及燃油消耗每年都在5000元以上。

从雇佣支出方面来看，人力是影响牧民生计的重要因素，在以畜牧作为主要生产方式的条件下，人力资源需要被大量使用，例如，放牧、剪羊毛、接羔、保羔等工作。在生产队存在期间，牧民进行各种生产都是依靠集体劳作，草场是共有资源。这一时期，牧区居民集体生产，人手充足。在划定草场后，牧户有了自己的草场，每家每户都忙于自己的草场、牲畜。牧民之间经常因为草场边界，或因邻居家牛羊闯入自家草场吃草而产生矛盾，邻里关系开始逐渐淡化。特别是在市场化的作用之下，牧民间的关系走向了竞争，共同劳动现象也就开始减弱。之前在家庭互助现象还存在时，部分生产所需人力来源于家庭之间的合作，并不涉及雇佣关系。但是现在由于牧民之间合作积极性减弱，因此，互助减少，雇佣关系在牧区较为常见。

片段5：（2019年8月9日）访谈对象G：以前我们干活忙不过来时就请邻居来帮忙，那时人们也愿意。就说剪羊毛，都是周围邻居几家。这几家人家，今天去你那，明天到我这，后天去他那，人多了好干活，200~300个羊3~5个小时弄完了，谁也不累。其他时间也不耽误。现在，也不好意思叫别人帮忙了，就自己剪，我们家孩子不在，就我们两个人，剪200~300个羊咋也得一天多两天，人也累。要是不想累就得雇人，一天100元。前两天我媳妇住院了，我也去医院（陪床）。家里羊就没人管了，就交给邻居看着，也是一天100元都得给钱，主要是人家也有羊，给你看羊又麻烦人家了吧，就得给钱。要不以后都怕不好相处。

首先，用于生产保障的生产费用也在逐年上升，其中，包括草场维护、兽药购买以及保证牲畜卫生等费用。草场维护主要是对于草场边界的打理和修整。在实行承包制后，牧民开始在自家草场周围打起围栏，彼此防止自家牛羊误入他人草场。围栏主要是由角钢、木材等支撑，由铁丝围封。由于风化和雨水侵蚀、土壤砂状结构松散以及牲畜的活动等，围栏需要定期维护，因此，牧民需要支付高额费用购买围栏支撑和铁网。牧民多数使用的围栏支撑钢制为220元/根，木质为150元/根，围栏按照卷为单位计算，牧民多使用高1.5米，长30米、50米，15厘米孔位的铁丝网卷，30米为150元左右，50米为240元左右。通常情况下10米内需要一个支撑，如果按平均到米计算，牧民每米围栏需要支出20~27元费用。在原本草场面积广的情况下，牧民往往维护围栏都要花费数千元甚至上万元。

其次，牧民为了能够提高出栏量，购买兽药和保障牲畜卫生也是生产保障中的重要支出，可以体现在牧民每年夏季都要为牲畜进行消毒和用药。消毒主要是通过用消毒水和抗病菌药水混合冲洗牛羊，而用药主要是通过注射兽药或将兽药添加在饮水中，防止牛羊上火、体内生虫以及牲畜传染病的发生。

片段6：（2019年7月15日）访谈对象N：现在我们就是靠牛羊生活，牛羊千万不能有病，我们邻居那年牛羊传（病）死了得有一半。现在洗羊、灌药必须弄，要不（牛羊）有病了就晚啦！前两天刚洗的羊，过两天还得灌药。我们这儿养点牛羊不容易，光这些2018年我花了得有2000元。

在生产性支出增加方面，生产耗费、雇佣支出两部分的内容属于时代发展的产物，这样的支出是在之前牧业生产中未有的，而生产保障费用在当代也有了明显的单项支出上升趋势。

3. 收入与消费错位

错位本意即失去应有的或原本的位置。[①] 在这可以理解为原本物质在空间和时间上的与原本的位置不对等现象。收入和消费的错位，主要是指原有的收入和消费在时间和空间上发生了不对等现象。这种不对等现象主要可以理解为“牧区的收入与城市的消费”。具体阐述，时间上的不对等与农村情况类似，表现为消费常恒性与收入间断性的错位；空间上的不对等则表现为“在牧区挣钱在城市消费”的错位。其中，“牧区的收入”可表现为以下两个方面：一是传统型牧户的收入主要是依靠牧业产品，主要包括肉、毛、皮等产品的生产，其出售是有时令性的，例如，肉的产出多为秋冬季，毛的产出多为春季。因此，牧民的收入在时间上存在断层。以旅游业作为补充的兼业型牧户的主要收入是在夏季，虽然与传统牧户相比兼业型牧户在夏季也有一定收入，但由于游客流量的不稳定性，其收入也并未体现出常恒性。二是就剩余价值而言，属于第一产业的牧业，生产收入较其他产业相比并非乐观。“城市的消费”中常恒性消费主要是指牧民的生活用品，教育、医疗等消费并是一直持续的需求。另外，“在城市消费”空间错位则表现为“消费+额外支出”，这主要体现在资源的可及性方面，因为地处偏远，在教育、医疗、生活用品购买等方面，牧民都需要去到50千米以外的乌兰花镇。

在不对等的情况发生的同时，牧民的消费观念随着社会发展也有所转变。之前“量入为出”消费观念逐渐消失，随着消费主义兴起，现在牧民中普遍存在超前消费的现象。在访谈家户中有10户牧民有银行贷款，有3户有与朋友或者亲属借钱。

① 刘志林，王茂军，柴彦威．空间错位理论研究进展与方法论评述［J］．人文地理，2010，25（1）：1-6.

片段7：（2019年8月9日）访谈对象G：我们家有贷款，那年买车从银行贷的款。这个车有农村下乡补贴政策一共7万多元，夏天买的。那时通过合作社贷款买利息不高，具体利息多少我也忘了，反正也不高也合适还，我就贷款买了，想着羊卖了之后一并给。后来我又去旗里看见电视挺好，也买了一个走的也是家电下乡，然后分6次给人家。买电视那会儿也想着一次拿完啦，但又得买兽药、买草料这些的不够就贷款了。结果我媳妇今年病了，夏天我手头也没钱，我又问亲的（亲戚）朋友借了，今年牛羊价格也还行，我得秋天还给人家哇。

在收入和消费不对等和消费理念转变的情况下，导致牧民消费逐渐升高，也导致牧民生产盈余进一步减少，从而造成牧民的资本储存下降，影响到牧民生计可持续性发展。

4. 社会资源匮乏

社会资源也是影响牧民生计重要的因素。在市场导向的情况下，尽管牧民的牧业产品最终通过市场进行交易获得利润，但嘎查地广人稀，部分地区都存在手机信号差、互联网覆盖率差的情况。因此，牧民不能够及时获得市场行情信息，牧区就产生了横亘在牧民与外部市场的中间商，与中间商联通关系的好坏也会影响牧民生产收益。牧民的牛羊买卖多以与中间商进行联通，中间商掌握着市场资源，常出现中间商进行价格打压现象，使牧民的牲畜或牲畜产品均以低于市场价的方式卖出，一部分利益被中间商所盘剥。

片段8：（2019年7月16日）访谈对象B：我们这的牛羊都依靠外来二道贩进行买卖，买时价钱都会高于市场价，卖时低于市场上价格，但我们也没有办法，具体市场价也不能及时收到。每年经常会有活跃于本地的“二道贩”在每家之间走动，收购牛羊，人家收主要是看“羊种、羊龄大小、公母”（本地土羊羔羊600元左右/只，2~3年大羊1300元左右/只；引进杜泊羊种羔羊800元左右/只，2~3年大羊1500元左右/只）。我们这生产收入一部分就被他们拿走了。你说我们也没办法，我们一卖数量多，再雇上车把牛羊拉下去（到市场）卖。但是我们也说不准市场价高低，万一下去了价低了我们还得赔上车钱。

同样对于兼业型家户来说，旅游业经营好坏很大程度上依靠社会资源发挥力量。以G嘎查兼业型牧户来说，游客的组成大部分是通过熟人或熟人推荐。因为部分牧户旅游点都在牧区腹地，离国道多者会有50千米以上的距离，少者也会有7千米以上的距离，且牧区没有公共交通，要来游览的观光客都要自行开车到达。由于牧区内部路况较为复杂，到达牧民家户需要付出较长时间。因此，每年熟人朋友多的牧户就会有更多的客源，旅游收入也就会上升。反之，客源缺少也会造成旅游收入低。同时，由于缺乏网络等新媒体等信息传播媒介，牧民基本上依靠传统的“口口相传”的方式进行宣传与推广。在这样的受众方式下，只能吸引当地少数游客群体，这些游客又对于草原旅游形成审美疲劳。而外部想要真正体验草原风景的大部分游客，未能成为牧家乐的客源。

片段9：（2019年7月14日）访谈对象Z：我们这旅游点主要就是靠朋友、老客人介绍。我们离的国道有20千米，太远了，知道的人少。旁边这几家都弄旅游点，我们都差不多就是靠卖饭菜挣钱，也没啥别的项目。一年里7~8月游客最多，我们就忙一个夏天。忙起来挺忙，但是没（客）人时候多。

社会资源欠缺对于当前牧民的生计造成了不利影响，牧民的生存现状也反映出社会资源对于生活的重要性，这部分资源直接影响了牧民的收入。

（二）牧区生计可持续问题原因分析

结合上文生计可持续问题来谈，每一点都可能成为影响牧区生计的重要因素。牧民在生态成本方面的支出上升，主要是因为生态补偿支出加大；牧民的生产性支出加大主要是因为现代化的生产要求以及雇佣关系的存在；牧民消费与收入不对等主要体现在消费观念转变与时空错位；最终是社会资源缺少影响收入，则是体现在信息匮乏。

借助索绪尔对于语言学研究提出“共时”和“历时”研究思路分析现有情况。“共时”类似于照快照对现有情况进行分析研究，“历时”注重演变的过程，以发展时间作为参照观测变化。因此，前文提到的牧区生计现状就像是“快照”的呈现，那么对于这份“快照”的形成，我们也应该考虑到经过时间转变而形成牧区如今的模样。下文将会按照自然成因和社会成因具体归结。

1. 自然成因

（1）生态环境改变。生态环境在牧区生计当中扮演着至关重要的角色，从事牧业生计的家庭依靠草地喂养牲畜，从事兼业型生计家庭在原有养牧的基础上，还通过内蒙古草原的特殊景色吸引游客观光。因此，生态环境的改变也进一步影响着牧区生计的现状。

已有的研究表明（王晓毅、张倩等），内蒙古地区近50年来气候经历了气温明显升高，且最低气温升高增幅明显高于最高气温增幅，夏季降水也呈现下降趋势。气温升高以及夏季降水减少，是对牧草生长最为严重的打击。牧民为了适应生态环境的改变，维护生产生活的需要，使得生产成本进一步上升。这样的生态环境变化已经成为客观事实，因此为了保证生产产出，牧民只能增加生态补偿的支出作为应对。根据内蒙古气候中心与中国农科院可持续发展研究中心利用PRECIS分析内蒙古气候，预测2100年内蒙古年平均气温、冬季和夏季平均气温均呈显著上升趋势，全区增温 3.5℃～5℃。[①] 在此情况下对于牧区生计更是严重打击，按照现在趋势，牧区生产成本将会呈现正相关上升。

在气候影响下，土地情况也呈现明显变化，土地沙化严重锁水能力下降。内蒙古全年大风天气最多可达 40 天，随着大风天气越来越多，会导致沙尘暴、暴风雪等灾害。同时，根据 PRECIS 预测未来内蒙古降水将会呈现极端性、骤时性特征。[②] 2019 年 G 嘎查 6～7 月共发生三次洪水，洪水所到之处将会把牧草连根拔起，牧草的再生长需要很长时间才能恢复。因为受洪水灾害影响，嘎查 264 户内 42 户草场围栏受损。至此，牧民生计中生态成本进一步上升与生态环境的改变密不可分，并且根据气候预测，牧区生态环境还会进一步恶化，牧民的生计也会随之成本增加。

（2）生态多样性下降。生态多样性下降主要包含两个方面：牧草多样性下降和牧畜多样性下降。20 世纪 80 年代之前内蒙古自治区自然牧草野生资源充足，有价值饲用草类就达到 900 余种，其中，包含豆科、禾本科、菊科、藜科等优质牧草 200 余种。优质牧草占饲用牧草的 1/3，粗劣牧草只占牧草总量的 1/5。[③] 但是，在第三次内蒙古草地资源普查时，现实优质牧草如菊科、禾本科生存趋于明显减少下降 1/5，优质牧草种类减少 30%。[④] 因为优质牧草包含大量生产营养元素，可以保证牧畜出栏量提升。由于优质牧草数量下降，牧民因此不得不选择饲料与营养素等保证牧畜摄入需求。例如，购买豆类与禾类混合饲料，以及定期投喂的富含矿物元素及营养成分的“牛羊舔砖”。

牧畜多样性下降，主要是“牛、马、绵羊、山羊、驼”构成五畜一体的牧群体系的打破。“五畜一体”其中每一个物种都对草原生态和牧民生计有着重要的联系，五畜共生不仅是游牧文化的体现，也是游牧民族应对自然灾害智慧与经验的结晶。[⑤] 在遇到草场被大雪覆盖的“白灾”时，马群天生有刨雪的能力，这样其他畜群也可以在大雪覆盖的情况下到草场进食。同时，马群是畜群中毒草鉴

---

① 王晓毅．制度变迁背景下的草原干旱——牧民定居、草原碎片与牧区市场化的影响［J］．中国农业大学学报（社会科学版），2013，30（1）：18-30.

② 韩志慧，刘小刚，郝琨，余宁，刘艳伟，杨启良．基于 SPI 指数的内蒙古地区干旱演变特征及趋势预测［J］．排灌机械工程学报，2017，35（5）：430-439.

③ 温都苏．生物多样性和内蒙古地区牧草遗传资源多样性［J］．内蒙古畜牧科学，1995（2）：16-18+21.

④ 王云霞．内蒙古草地资源退化及其影响因素的实证研究［D］．内蒙古农业大学博士学位论文，2010.

⑤ 王桂兰．草原五畜组合式游牧体系及其变迁［J］．内蒙古民族大学学报（社会科学版），2015，41（4）：50-55.

别能力最强的物种，这样也可以降低整个畜群摄入毒草的风险。骆驼天性耐旱，是受旱灾影响最小的畜种。牛具有耐粗饲、抗寒抗热、适应性强的特点。绵羊适合粗放饲养，山羊则有取食广泛、耐旱的特点。因此，当五畜结合时会对牧民形成一种对抗生计风险的天然屏障。但牛、马、驼这些大型牲畜饲草量大，且与羊相比生产周期更长。在逐渐干旱的天气、牧草短缺以及市场需求的影响下，“五畜一体”逐渐被打破，较之前相比，牧群中的马、驼数量明显减少。经由调查，G 嘎查牧民是以牧羊为主，只有少量家庭兼济饲养牛马，牧群中骆驼的数量几乎为零。伴随而生的是，当出现“白灾”时，牧群只能依靠牧草饲料喂养的方式度过，并且整个牧群对于毒草的鉴别能力下降；当出现旱灾时，牧民减产，没有骆驼作为收入补充。因而牧民只能通过增加牧业成本降低生计的脆弱性。

2. 社会成因

（1）政策导向。随着国家发展需要，内蒙古对牧区政策进行调整，在第一章中已经进行变迁梳理。其可以总结为，由注重多种方式家畜生产转向重视草业为基础的生产；由注重经济增长向保护生态目标转变。

自 20 世纪 80 年代开始，牧区经历从计划经济主导到市场经济主导的转变。在市场经济的背景下，牧民牧群数量明显增加，也引发了“公地悲剧”。“公地悲剧”的发生是由于在牧畜承包到家之后，收益归个人所有，对于草地使用限制并没有达到政策期望。起初牧民仍然是共有草场，牧畜不断增加超过了草地的承载能力，草地遭到过度啃食，引发草地荒漠化。之后，虽然规定了草场承包到户，但在政策实施时牧民配合度不高，实施效果也并非理想。虽然草场承包在一定程度上提高了草场承载能力，但牧民先前的行为已对草原生态造成了不可逆的影响。

在实行生态保护为导向的政策之后，开始实行禁牧、休牧政策、草畜平衡政策，帮助牧区恢复草场生态。禁牧休牧政策是指在所划定区域实行禁止放牧或阶段性放牧规定，草畜平衡是根据草场载畜情况限制牧畜数量。政府按照规定给予牧民相应补偿（禁牧草场 7.5 元/亩/年，草畜平衡草场 2.5 元/亩/年）。就禁牧、休牧而言，草原牧业的生产特征就转变成家庭圈养的方式，牧民只能通过购买牧草维持牧群。饲料价格也在连年上涨，截至 2019 年，饲料价格为 1200~2000 元，草料价格每吨为 1300~1800 元，若要完全通过圈养的方式每只羊一年大约需要 300~400 公斤饲料，每头牛每年大概消耗 1 吨的饲料。草畜平衡是按照载畜量、草原等级、草原退化规定进行计算，牧民的牧群数量受到严格控制。

政策的导向是影响牧民生计的重要因素，在政策在改变过程中，给牧民生计带来更为灵活的选择，牧民也可以面对市场自由扩大家庭收入。但在政策实施的过程中，“正当性”问题伴随发生，不论是草畜承包，还是生态保护。在政策的制定过程中政府考虑了“制度正当性”，而忽略了牧民自身“认知正当性”。[①] 牧民经过数年产生的经验总结以及多年游牧文化中产生的价值判断因为政策而逐步改变，虽然传统的环境保护意识和集体行动规范体系被打破，但牧民应对能力并没有提升。

（2）城镇化影响。在经济主导的转向以及户籍制度的改变下，牧区城镇化伴随发生。人口向城镇转移，从农业产业为主向非农业就业的转变，牧民可以进入城市从事商业，就业机会明显增加，有利于牧民生活改善。但在城镇化进程之中，牧区劳动力转移，资源整合也在加深。

在劳动力转移方面，牧区从事第一产业与城镇中从事第二、第三产业的收入存在明显差距，吸引牧区青壮年劳动力向城镇集中。以 G 嘎查为例，在牧民家庭中，部分青壮年选择到城市打工，牧民子女在毕业后很少选择回到牧区从事牧业生产。因此，家庭中多为中年、老年人及妇女留守养牧，受劳动力情况限制，雇佣产生，从而增加了生产成本。

在资源整合方面，牧民小到生活用品购买，大到医疗教育都要去往 50 千米以外的城镇，因此造成了上文提到消费收入时间空间错位现象。在日常生活用品方面，牧民需要走来回上百千米的路程进行购买。牧民在前往城镇消费的同时还增添了消费附加，其中，油费、交通费牧民需要自己承担。并且城市消费相对于牧民收入之间的差距明显，综上所述，城镇化下的牧民消费增加。就教育方面来说，经历了“撤乡并校”之后，嘎查内小学被取消。牧民子女只能到 50 千米以外的乌兰花镇或 60 千米以外的脑木更苏木小学就读。由于中学学校也被合并，因此牧民往往选择让子女去往 150 千米外的集宁市进行就读。虽然教育资源的整合提高了教育质量，但学校与家庭之间的距离拉大，使“跑校”难以实现。对此，牧民会选择让子女在校住宿或到镇里租房陪读，而租房费用、在城镇的生活费也是额外支出。目前医疗资源的整合体现在嘎查内只有一个医务所，由于医疗条件及设施有限，牧民为了更好地解决疾病通常是到往乌兰花镇，或者到往集宁市和呼和浩特市进行治疗。同时，产生额外的交通、住宿以及离家以后雇佣专人照看牛羊的费用。这样就导致牧民在疾病发生初期往往疏于治疗，在疾病加剧后才到医院就医，而疾病加剧后治疗频率增加、周期加长，因此牧民对于医疗产生的成本激增。

---

① 哈斯额尔敦，苏米雅．“正当性”理论视角下的草场管理政策认同研究——以内蒙古锡林郭勒盟 B 嘎查为例［J］．内蒙古社会科学（汉文版），2014，35（4）：177-180.

(3)社会原子化倾向。社会原子化(Social Automization),是指“个体”在缺乏有效联结或有效组织的情况下,越来越被边缘化、碎片化,直至社会整体呈现“碎片化”状态。① 随着经济发展以及市场的出现,牧区社会原子化进一步加剧。在市场化的影响下,牧民物权意识加强,对自家草场保护意识上升,牧民家际之间的关系变得紧张。市场化之前,牧民家际之间合作互助方式是当地生产特色的体现。亲密的邻里关系不仅可以弥补单个家庭劳动力不足的现象,也能在单个家庭受灾之后相互接济。但随着市场化的到来,牧民家庭之间逐渐变成竞争关系,家庭之间常因草场边界而产生矛盾。之前的“互助合作”生产体系打破,牧民将关注重点全部投入到自己家庭和自家草场上。之前的生产互助,被现在的雇佣形式取代。之前共同对抗风险,由单独承担取代。

随着牧区社会结构的改变,家庭逐渐被边缘化和被碎片化。在市场利益最大化原则下,牧民单个家庭很难与之对抗。因此,在市场和牧民之间的巨大鸿沟情况之下,牧区出现了掌握市场信息的“二道贩子”,他们在牧民端压榨牧民剩余价值,在市场端通过“供求”关系获利。部分属于牧民的生产利润又被这些中间商所占有,牧民也很难得到市场的红利。周而复始,单个家庭形成再边缘、再碎片的情形。

因为原子化到来,牧民的社会关系社会联结被打破,牧区社会处于结构松散的状态。在个体孤独的情况之下,牧民成为了强势抱团群体的外围成员。对于兼业型生计的牧民家庭来说,从牧业向旅游业的转变,是从第一产业到第三产业的跨越,其生计方式所带来的利润远高于传统牧业生产,但牧民所经营的个人旅游点并未达到预期效果。游客作为旅游业的关键,没有游客也就没有收入。外界游客资源不能接收到牧区旅游业信息,而牧区内部以家庭为单位旅游点没有能力将自家的旅游点介绍出去。因此,兼业型生计家庭只能把旅游业作为生计的补充,还是以牧业生产作为主要的生计选择。

然而,在市场化深入的过程之中,牧民对于“自身”过分关注以及出现心理压力,这也会加剧牧区社会原子化现象,在这样的情况下,雇佣劳动力成本和应对风险支出增加,进而影响到牧区生计可持续。

四、牧区生计可持续发展的社会工作介入路径探析

针对上述分析,牧区生计可持续主要影响因素可以归结为:草场退化、消费

① 田毅鹏,吕方.社会原子化:理论谱系及其问题表达[J].天津社会科学,2010(5):68-73.

支出上升、地方文化式微、社会联结下降、社会资源短缺等因素。这些因素相互联结，构成了牧区生计不可持续的现状，也改变着牧区社会的风貌。社会工作本质上是一种助人活动，希望通过自身力量而帮助对象更好地适应当前情况，从而达到社会公平、社会发展。因此，在社会工作介入牧区社会时，首要问题是要理清社会工作何以可为、何以能为。

（一）社会工作介入牧区生计的对象认定

可持续生计可以分为环境可持续及社会可持续两个方面，环境可持续主要是指为了维护可支撑后代生活环境资源，社会可持续是指能够应对压力和冲击，并为后代提供支持。按照前文提到的对于生计的界定，生计是建立在能力、资产和活动基础之上的谋生方式（见图 7）。生计所需的资本有有形资本和无形资本。有形资本包含存储和资源，存储包含水资源、食物、货币等有价值之物。无形资本包含要求权和可及性，要求权其包括对物质、精神和实际支持及可得性的需求和诉求等，可及性包括使用资源、储存、服务、获取信息、物品、科技、就业、食物或收入等实际机会。

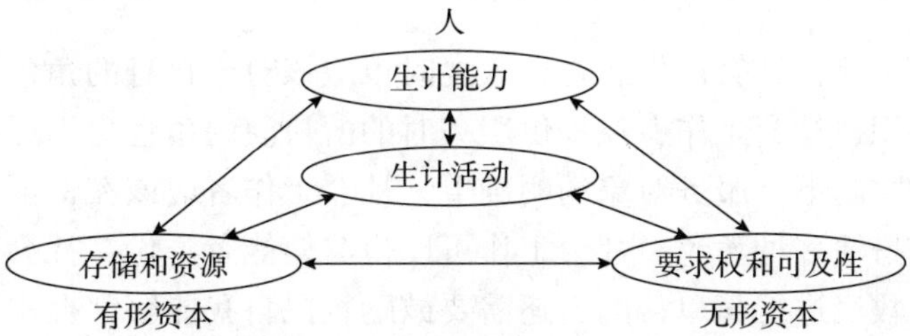

图 7　生计组成要素和转换[①]

首先，结合实际情况，社会工作的介入也要考虑到人力成本、时间成本、产生效果等方面因素。社会工作是一种非营利性质的活动，现今社会工作提供的社会服务多由政府部门的专项购买以及少量的慈善团体、基金会进行支持。在有限的资源下如何能卓有成效且名实相符，就需要社会工作进行“精准介入”。

因此，在介入之时应该明确的事情就是“精准靶向”，即服务对象认定。如上文分析，在造成牧区可持续成因分析中，草场退化是导致牧区生产成本上升以及制约牧民收入的主要因素之一。生态环境的恢复需要大量的时间，不是短时效的投入就能有明显改变的。从禁牧休牧开始到至今延用的草畜平衡政策，在国家

① 梁义成，李树茁．中国农村可持续生计和发展研究［M］．北京：社会科学文献出版社，2014（9）：26.

强力治理的情况下牧区生态环境虽有转变，但效果并非显著。因为社会工作相较于国家来讲，自身力量微不足道，因此，在介入时就要找好落脚点。诚然，绿色社会工作、环境社会工作也在逐渐兴起，部分学者对社会工作介入环境治理与改善的研究已经开始探讨，但环境改变并非一朝一夕的事情。目前，在社会工作介入牧民达到可持续的探讨上，笔者认为，还应该将重点放在“无形资本”上。

其次，社会工作的本质是利他的助人活动。① 因此在介入过程中应该保证牧民的主体性也就是将目标放在“生计能力”，而非“生计活动”上。以牧民从事旅游业为例，在外人看来旅游收入定会高于牧业收入，但结果并非如此，社会工作也并不能为牧民做出选择。只有当牧民“生计能力”提高后，对于当前生计活动中存有的问题有了认识，结合自身所处环境、拥有资源等综合做出的理性选择，才能改变现有牧民的生计而达到可持续效果。

正如图 7 所示，家庭生计的组成部分是人、活动、资本，但是生计是个相互影响、联结的系统。通过对人的正向支持，通过对无形资本的正向介入来影响生计活动、有形资本的转变，从而对生计的整个系统做出改善。

（二）社会工作者自身角色认定

对象认定之后，社会工作者在介入之时也应该对于自身的角色定位有明确的认定，按照共识，社会工作者在提供服务时的所扮演的角色也不尽相同。在面对生计可持续的主题下，服务对象的明确下，社会工作者应该在保证服务提供者的同时，还应该扮演多种角色。社会工作可以扮演使能者身份，社会工作的介入不仅仅局限于对牧民进行简单帮助，还需要鼓励牧民自我能够掌握实际机会和生计能力。在扮演使能者角色时我们应当尊重牧民的选择与判断，不越俎代庖，激发牧民自身潜力。社会工作者还可以扮演资源获取者，通过发现牧民生计中短缺资源，进行多方面的整合和获取。社会工作者还可以扮演政府和牧民之间的中介者角色，当政府制定政策后社会工作者可以帮助牧民更好地理解、适应政策，同时当牧民存在普遍的问题时，社会工作者可以在符合政府规定的情况下，通过合理渠道向上反映牧民想法，帮助政府更好理解牧民需求。综上所述，社会工作者在介入过程之中应该考虑到“牧民主体性”的问题，不越俎代庖，所述达到牧民“自助”的最终目的。

① 王思斌．社会工作概论（第三版）［M］．北京：高等教育出版社，2014.

（三）社会工作介入牧区生计的具体策略

1. 社会工作介入视角选择

（1）发展的视角。由于整体牧民收入水平不高，社会工作在介入牧民生计问题时，首要考虑如何帮助牧民实现“开源节流”。因此，社会工作在介入时主要是基于发展的视角进行服务。在这个过程中需要说明，发展视角其中“发展”的含义不仅包括经济的发展，还应注重发展牧民自身能力、生计能力以及对抗风险的能力。在此过程中，需要社会工作者对牧区、牧民自身优势资源进行探索，保证牧民生活的全面发展。

（2）文化的视角。牧区的主体民族是少数民族，其有着独特的生活方式、风俗习惯，也有着民族禁忌。同时，还应该注重民族的宗教信仰，而宗教信仰深刻影响着人的价值判断、价值选择。因此，这就要求社会工作者提供服务时保持文化敏感性，具有一定的文化胜任力。只有在尊重民族文化的前提下，才能够走进牧民生活，牧民才能将生计当中所存在的困难进行倾诉，社会工作者方能了解其真正需求。只有尊重牧民所做出的价值判断与选择，才能够有针对性地提出符合牧民要求的服务方案，以此保证服务过程顺利，确保服务效果具有成效。

2. 社会工作介入路径

在确定服务对象为牧民，同时选择针对牧民生计能力以及无形资源为介入对象后，下文尝试通过五种途径进行回应。其中，资源链接和恢复互助主要针对提升牧民生计能力，民族文化重构、普及金融知识和政策倡导则是回应无形资源的获得。

（1）增强社区互助。社区互助是牧民经过生活总结出满足牧业生产劳动力需求和降低生产风险的文化结晶。随着市场化的推进，牧民“自身”意识加重，相互交流减少，社区互助逐渐消失。构建社区互助的意义在于降低雇佣成本，在自然灾害发生时牧民可以通过相互移动牧群躲避风险。社会工作构建牧区社区互助的方式可以分为两种：一种是帮助牧民构建正式互助系统，通过社会工作方法构建包含苏木、嘎查政府利用其正式身份，吸引资源集聚为牧民生计提供支持。例如，为牧民提供现代化养殖技术支持、为牧民拓宽贷款渠道、修建公共机井等。成为牧民生计宏观层面的保障者。另一种是以构建互助的方式来构建居民非正式互助网，即牧民家庭之间互惠网络。以笔者参加的“牧区地方性疾病预防及家庭互助构建”项目的具体实践，社会工作在介入牧区时，对牧民现存问题做出整合，对相同问题进行归类。利用小组工作方法，针对有相同问题的牧民进行集中服务。在服务的过程之中小组成员相互交流，并分享经验。随着互动与交流的加深，牧民在日常生活中的联系逐渐变得紧密，并且当小组内有成员遇到困难时，其他成员也能进行帮助。

（2）链接资源。牧民生计能力不足的现象，可以通过链接资源的方式进行提升。不论是传统型牧业还是兼业型生计，在面对市场时所展现出的是信息资源的缺乏，社会工作可以充当资源的中介者。在弥补信息缺乏方面，首先，社会工作者可以通过建立“牧区信息部”的方式对于市场牧业产品价格进行收集整理，帮助牧民接收信息。“信息部”可以直接与市场链接，形成订单式交易，避免中间商的交易垄断。其次，还应该考虑到如何能让牧民继而提高生产收入。已有社会工作探索出的“城乡公平贸易”表明，随着城市发展，城市空气质量下降，以及人们对于健康意识的提升，绿色食品深受城市居民喜爱。[①] 以 G 嘎查为例，牧民的草场面积广、牧畜活动量大，牛羊喂养也并非市场上常见的“育肥”方式。正是如此牧区牛羊肉口感好、味道佳。在奶制品制作方面，嘎查内居民多选用黄牛牛奶，相比于奶牛牛奶奶制品，其口感更加细腻，奶香十足。以相距 130 千米的呼和浩特市为例，牧区牛羊肉价格达到 40～45 元/斤，奶制品售价也明显高于乌兰花镇。因此，社会工作可以向市民宣传牧区绿色食品，将城市中的资源引入到牧区，拓宽牧民销路，提升牧业产品的剩余价值。

“牧区信息部”还可以通过互联网拓宽牧民的社会资源。在脱贫攻坚期间，国家开通了多种脱贫渠道，提倡购买农牧产品扶贫。同时，各类购物软件都开通了助农频道，各类电商平台都很愿意为牧民产品做出推广和宣传。在旅游业方面也可以利用互联网这一工具，为牧民争得游客资源。旅游网站现在已成为人们旅游消费的重要参考工具，也是游客资源的集聚地。拥有特色旅游资源的内蒙古牧区就可以借助互联网，牧民可以在旅游网站上增加自家旅游点的曝光率，也可以在网站上借鉴其他旅游点的优点进行融合，进一步吸引游客前往。互联网还具备口碑效应、网红效应，在牧民获得更多游客资源时，还要注意认真服务游客，提升服务质量，确保旅游点的客源。社会工作者可以首先帮助牧民在互联网上发布信息，进行宣传。随后逐渐帮助牧民自行在互联网上发布信息，对自己的产品进行宣传和销售。

（3）民族文化重构。民族文化是民族智慧结晶，民族文化也是民族身份的象征。文化由牧民个体所构成，同时反作用于牧民，为活动行为提供指引。随着城镇化、市场化、原子化等对牧区文化造成了冲击。牧区传统社会结构被打破，

① 张和清，杨锡聪，古学斌．优势视角下的农村社会工作——以能力建设和资产建立为核心的农村社会工作实践模式［J］．社会学研究，2008（6）：174-193+246.

生活方式发生改变，民族文化式微。民族文化构建对于满足牧民精神世界的丰富、弥补无形资本的短缺有着极为重要的意义。

在社会工作恢复民族文化的服务方面，主要是以载体的形式进行恢复，例如，利用歌舞、文字、手工艺品等文化载体。通过歌曲内容，歌曲旋律、特色舞蹈展现民族文化。通过历史整理，让更多的人了解该民族的“前世今生”，传播民族文化，保留民族文化。通过手工艺品的制作，以恢复美学的方式达到民族文化重构的目的。以G嘎查为例，留在嘎查内的牧民年龄偏大，针对于此，社会工作可以选择以组织大家通过歌唱的方式进行文化恢复。首先，草原素有“歌的故乡”之称，大家将想要表达的情感、想要分享的内容，通过歌唱的重塑形式相互表达；其次，因为老年人数量多，可以利用口述史的方式对地方文化进行呈现，在这一过程之中，社会工作者最好能够招募牧民完成，对于口述史的收集与整理都可再增强牧民对自身文化认同；最后，还可以构建妇女手工小组，通过手工艺品、奶食品的制作，提升文化认同。这不仅可以帮助地区重构民族文化，还会促进牧民之间的交流，也为构建社区互助提供正向支持。

发展民族文化的另一目的在于帮助旅游业发展，作为少数民族地区，旅游资源不仅仅在于草原景色的特殊性上，也应该在于文化的特殊性以吸引来游客。上述的民族历史整理、手工艺品的制作以及民族歌舞恢复，都可以成为旅游特色，比如帮助牧民成立文化展演队，在旅游旺季进行民族文化展演。在展演过程中，队员之间，队员与牧户旅游点之间相互形成联系，不仅可以让游客体验民族文化魅力，还能帮助牧民之间相互了解，增加沟通交流。既保留传承地方文化，又能促进社区凝聚力，达到一举多得的效果。

（4）普及金融知识。金融在经济中的作用毋庸置疑，同时金融也在影响改变着社会。经由调查，牧民对于基础的收入、支出、债务、利息等基本信息有所了解，但牧民并没有形成完备的理财知识。对于资金的处理、资金的流转及资金的价值没有概念。社会工作者在帮助牧民普及金融知识时可以分为三大步骤：第一步，除了帮助牧民对上述金融知识了解之外，社会工作者还可以帮助牧民正确认识预算、资产积累、信贷、金融政策、利率、税率等知识；第二步，让牧民知道自身的理财状况以及目前的理财状况会带来的影响，帮助牧民分析造成现在状况的原因；第三步，针对牧民家庭有了一定了解后，社会工作者对牧民信用管理、制定储蓄策略、消费计划上给予建议。

完成上述工作需要社会工作者具备一定的金融知识，并且需要扮演好教育者和支持者角色。首先，知识的普及需要社会工作者在面对文化水平普遍不高的牧民时要让牧民听得懂、接地气、循序渐进。其次，明确牧民主体性，社会工作者所提供的服务只是作为一种建议与支持，具体决策、计划、方案选择等都需要牧民自决。

（5）政策倡导。针对牧民生计中所显现的可持续问题，社会工作者还可以通过政策倡导的方式进行具体介入。通过以往牧区政策来看，政策的实施往往是站在国家角度没有注意到牧民的地方知识以及牧民的“认知正当性”。在这一过程中不但影响到牧民参与性及自主性，还影响了政策的实施成效。社会工作者就可以作为政府和牧民之间的沟通纽带，将牧民关于政策的看法向政府说明，将政府的相关政策对牧民进行解答。

政府也对牧民生计问题做出积极尝试，具体推行了一些政策。2005 年政府在针对牧民自身对抗市场能力不足的问题时，结合牧区现实情况，推行过新型合作组织，其可以解决劳动力不足、放牧空间缩小等问题。此政策对牧民生活是利好的，但未考虑牧民意愿。嘎查内牧民都认为，“合作社又像之前生产队，不如分开挣钱，没有意义”。而现在合作社的唯一好处就是牧民可以利用合作社成员获得利息更低的贷款。在 2015 年，为了拓宽牧民生计选择，增加牧民收入。政府推动牧区旅游业发展，当时规定只要“嘎查内牧民家庭中盖起 7 个蒙古包，并且获得营业执照，就可以获得 5 万元的补贴”。因此，牧民开始大范围修建蒙古包以获得补贴，但当牧民把蒙古包建好后，由于游客资源短缺，有很多牧户蒙古包就一直处于闲置状态，也没有达到政策实际希望。

在社会工作的介入下，可以利用社会工作的需求评估，去发现牧区生计当中牧民所需资源并作以需求评估，把评估报告共享给政府，为政府制定与需求相适应的政策提出建议。同时在政府颁布政策后，社会工作也应该向牧民进行政策的深入解读，帮助牧民更好地理解政策，了解其目的。通过这样的方式从而达到“政策贴民意”及“政策能落地”的效果。

五、结论与展望

脱贫攻坚战略的实施，为牧民贫困问题提供了基本保障，但为了实现牧区社会的稳定发展，牧民生活进一步改善，还需要对牧民生计的可持续性问题做出回应。由于牧区地域与经济特殊性，牧民具体生计出现了生产、生态成本不断上升，社会资源短缺及收入消费错位等可持续发展问题。因此，本文选取内蒙古牧业旗县及国家级贫困县四子王旗作为研究地点，综合分析造成牧民生计不可持续原因，结合社会工作理念及方法，探析社会工作具体实践路径，旨在为巩固脱贫攻坚成果和牧区社会发展贡献社会工作专业力量。

生计即谋生方式，主要包含生计能力和资本储存两大因素。生计可持续发展是指，所具备生计能力并且资本储存能够满足当代人的需求，又能足以应对风险，并不影响后代的发展。以调查地为例，在气温逐渐升高、降水量逐渐减少的情况下，使得牧民的草场载畜能力下降，自然资本减少。牧民为了提高牧群产量，使得生产性油料、燃料、维护草场及购买兽药等生产保护消费上升。之前的生产互助被现在的雇佣关系所取代，进一步增加生产投入。地广人稀的生存环境相对闭塞，牧民很难直接获得市场交流的机会，并且在获取医疗、教育等资源时，也需要支付更多额外成本。这些因素都限制了牧民生计可持续发展。

基于牧民生计存在的问题，本文对 G 嘎查的牧民基本生活情况、政策实施等方面进行了调查，尝试从自然成因和社会成因两方面分析了对牧民生计造成影响的因素。在自然方面，牧区生态环境的改变以及生物多样性的下降，要求牧民对抗自然风险的生计能力加强，以及对于自然资本的生态补偿费用加深，对牧民资本储存减少。在社会方面，各项政策的实施对于牧民生计方式应一定拓宽，但牧民对于政策理解力不足，造成“认知正当性”问题显现。城镇化的加速带来的是资源整合，牧区在资源获取时距离被拉大，就造成收入与消费的时空错位。社会原子化导致了牧民在单一个体下很难与市场对抗，而进一步地“过分关注自我”也导致了地方互助断裂以及地方文化式微。这些因素相互关联、交织、作用，造成了牧民生计可持续问题的显现。

通过分析，笔者将牧区生计可持续作为落脚点，以社会工作理念与视角提出具体实践路径。首先，由于生计可持续性发展既包括生态方面改善，又包含个体生计能力提升。既包含资本扩充，又包含资本储存。因此，在地域广阔的特性上，为保证服务成效，社会工作者应该首先对服务对象进行认定。其次，当社会工作介入时应对自身角色明确，不能“越俎代庖”，也要符合国家宏观要求、地方牧民要求。最后，“提出通过资源链接、恢复互助提升牧民生计能力。通过民族文化重构、普及金融知识、政策倡导帮助牧民获得无形资源”。具体五种方式的实践路径探索，为牧区社会工作具体实践提供思路。

但是，牧民生计可持续发展问题原因构成复杂，笔者调查能力有限，知识储备和理论水平还有待提高，对于其分析只是停留在表面。同时，社会工作介入牧区社会发展的实践还处于尝试阶段也未形成固定模式，因此本文希望通过对选取嘎查牧民生计存在的问题进行探究，对社会工作介入模式进行探索，以丰富社会工作本土化内容，希望牧区早日实现“强、美、富”的最终目标。

参考文献

一、书籍

[1] Josephine C. Brown. The Rural Community and Social Case Work [M]. New York: Family Welfare Association of America, 1933: 43-47.

[2] Jacobsen G. M. Social Work in Rural Areas: The Resurgence of Interest within Social Work Education, 1969 to 1984 [D]. the University of Lowa, 1984.

[3] Galbraith J. K. The Affluent Society [M]. Bostion: Houghton Mifflin Company, 1958.

[4] Trattner W I. From Poor Law to Welfare State [M]. New York: The Free Press, 1979.

[5] 古学斌. 幸福像花儿一样 [M]. 北京：北京大学出版社，2014.

[6] 李安宅. 边疆社会工作 [M]. 北京：中华书局，1944.

[7] 达以太，郑易生. 牧区与市场：牧民与经济学 [M]. 北京：社会科学文献出版社，2010.

[8] 关信平. 社会政策概论（第三版）[M]. 北京：高等教育出版社，2015.

[9] 梁义成，李树茁. 中国农村可持续生计和发展研究 [M]. 北京：社会科学文献出版社，2014.

[10] 王思斌. 社会工作概论（第三版）[M]. 北京：高等教育出版社，2014.

二、期刊

[1] Swanson . Professional Rural Social Work in America [J]. Agricultural History, 1972: 515-516.

[2] Martinez-Brawley. Seven Decades of Rural Social Work [M]. New York: Praeger, 1981.

[3] J Moore-Kirkl, K V Irey. A Reappraisal of Confidentiality [J]. Social Work, 1981: 319-322.

[4] Kathleen A. Rounds. AIDS in Rural Areas: Challenges to Providing Care [J]. Social Work, 1988: 257-261.

[5] Jennifer Lehmann. Human Services Management in Rural Contexts [J]. The British Journal of Social Work, 2005: 355-371.

[6] 林毅夫．“三农”问题与我国农村的未来发展 [J]．农业经济问题，2003（1）：19-24+79.

[7] 张和清，杨锡聪，古学斌．优势视角下的农村社会工作——以能力建设和资产建立为核心的农村社会工作实践模式 [J]．社会学研究，2008（6）：174-193+246.

[8] 古学斌，张和清，杨锡聪．地方国家、经济干预和农村贫困：一个中国西南村落的个案分析 [J]．社会学研究，2004（2）：79-88.

[9] 古学斌．性别性受苦——中国贵州苗族中年妇女关于家庭暴力的口述见证 [J]．浙江工商大学学报，2014（4）：3-21.

[10] 张和清．全球化背景下中国农村问题与农村社会工作 [J]．社会科学战线，2012（8）：175-185.

[11] 卫小将．中国社会工作发展模式与检视——基于上海、深圳和万载的探索分析 [J]．开发研究，2014（5）：77-80.

[12] 向羽．从“服务”到“发展”：农村社会工作发展路径探析——对珠海农村社会工作发展的反思 [J]．社会工作与管理，2016，16（3）：31-38.

[13] 李夏子，王宇宸，朝鲁，苏立娟．大气降水对内蒙古草原天然牧草产量影响的研究 [J]．北方农业学报，2018，46（5）：130-134.

[14] 杨方勋．关于加快发展牧区经济的几点意见 [J]．计划经济研究，1984：7-8.

[15] 滕有正，李伟兵．草原生态经济发展战略探讨 [J]．内蒙古大学学报（哲学社会科学版），1987（4）：8-17.

[16] 于中流．草原资源经济研究与牧区区域经济发展 [J]．农业技术经济，1994（1）：30-32.

[17] 赤旦多杰．青海牧区经济与市场接轨刍议 [J]．青海民族学院学报，1997（3）：78-81.

[18] 邓艾．可持续发展的草原生态经济模式——甘肃牧区生态经济问题研究 [J]．西北民族学院学报（哲学社会科学版），2002（6）：7-16.

[19] 贾艳红，赵军，南忠仁，赵传燕，王胜利．基于熵权法的草原生态安全评价——以甘肃牧区为例 [J]．生态学杂志，2006（8）：1003-1008.

[20] 李媛媛，盖志毅，马军．内蒙古牧区政策的变迁与农牧业发展研究 [J]．农业现代化研究，2010，31（1）：15-18.

[21] 王晓毅．制度变迁背景下的草原干旱——牧民定居、草原碎片与牧区市场化的影响 [J]．中国农业大学学报（社会科学版），2013，30（1）：18-30.

［22］邹纯丽．四子王旗近 30 年气候特征分析［J］．时代农机，2018，45（1）：192.

［23］李金莲．1961–2018 年四子工旗旱涝特征及其变化规律分析［J］．水资源开发与管理，2019（12）：17–21.

［24］刘智明．1980–2016 年四子王旗降雪变化特征及其对农牧业的影响［J］．现代农业科技，2018（11）：203+205.

［25］敖仁其，达林太．草原牧区可持续发展问题研究［J］．内蒙古财经学院学报，2005（2）：26–29.

［26］额尔敦乌日图．新时期牧区剩余劳动力转移特征及对策——以锡林郭勒盟为例［J］．北方经济，2008（11）：27–29.

［27］张银花．中国本土化社会工作：牧区社会工作探析［J］．社会工作（学术版），2011（3）：34–36.

［28］乔益洁，扎登太，才周加，赵文财．青海牧区民族社会工作实践研究——以青海湖南岸 ZQH 村为例［J］．青海民族研究，2016，27（3）：75–79.

［29］蔡莉，单标安，朱秀梅，王倩．创业研究回顾与资源视角下的研究框架构建——基于扎根思想的编码与提炼［J］．管理世界，2011（12）：160–169.

［30］林典．金融社会工作：缘起、内涵与实务［J］．社会工作与管理，2019，19（2）：42–48.

［31］巫正洪，吴世友，Gina A. Chowa. 社会工作实践的新方向：金融社会工作［J］．中国劳动关系学院学报，2013，27（6）：98–100.

［32］王桂兰．草原五畜组合式游牧体系及其变迁［J］．内蒙古民族大学学报（社会科学版），2015，41（4）：50–55.

［33］哈斯额尔敦，苏米雅．“正当性”理论视角下的草场管理政策认同研究——以内蒙古锡林郭勒盟 B 嘎查为例［J］．内蒙古社会科学（汉文版），2014，35（4）：177–180.

［34］田毅鹏，吕方．社会原子化：理论谱系及其问题表达［J］．天津社会科学，2010（5）：68–73.

三、学术位文

［1］盖志毅．草原生态经济系统可持续发展研究［D］．北京林业大学博士学位论文，2005.

［2］刘伟．内蒙古农村金融发展与经济增长关系研究［D］．中央民族大学硕士学位论文，2010.

［3］王云霞．内蒙古草地资源退化及其影响因素的实证研究［D］．内蒙古

农业大学博士学位论文，2010.

［4］刘鑫渝．土地制度变迁视野下的哈萨克牧区社会［D］．吉林大学硕士学位论文，2011.

［5］高翠玲．内蒙古草原畜牧业生产组织制度创新研究［D］．内蒙古农业大学博士学位论文，2014.

［6］乌兰．牧区制度变迁影响下的牧民关系研究［D］．内蒙古师范大学硕士学位论文，2015.

［7］陈鹏．基于 SPOT-VEG 的内蒙古草原植被覆盖时空动态变化监测研究［D］．河北工程大学硕士学位论文，2015.

［8］张丽璇．牧区社区脆弱性和社会工作介入探析［D］．内蒙古大学硕士学位论文，2017.

［9］傅剑超．社会工作介入牧区扶贫开发模式探究［D］．内蒙古大学硕士学位论文，2017.

［10］萨其仍贵．牧区因病致贫问题及社会工作介入探索［D］．内蒙古大学硕士学位论文，2018.

四、官方资料

［1］内蒙古自治区“十三五”脱贫攻坚规划［EB/OL］．内蒙古人民自治区政府官网，http：//www. nmg. gov. cn/art/2017/4/10/art_1686_137723. html.

［2］内蒙古自治区扎实推进脱贫攻坚新闻发布会［EB/OL］．内蒙古人民自治区政府官网，http：//www. nmg. gov. cn/art/2019/4/19/art_5985_6395. html.

［3］内蒙古自治区就业人员和工资［EB/OL］．国家统计局官网，http：//www. stats. gov. cn.

［4］国务院：《国务院关于促进畜牧业持续健康发展的意见》（国发〔2007〕4 号）.

［5］国务院：《国务院关于促进牧区又好又快发展的若干意见》（国发〔2011〕17 号）.

［6］内蒙古自治区政府：《内蒙古自治区完善牧区草原确权承包试点工作实施方案》（2014）．

［7］内蒙古自治区农林牧渔产值及指数（2007-2017）［EB/OL］．国家统计局官网，http：//www. stats. gov. cn.

［8］内蒙古自治区每百只羊（本地、改良）牛产值、成本与利润（2007-2017）［EB/OL］．国家统计局官网，http：//www. stats. gov. cn.

［9］内蒙古自治区牧民人均可支配收入与牧民人均消费性支出（2013-2017）

[EB/OL]. 国家统计局官网，http：//data. stats. gov. cn/easyquery. htm/cn=E0103.

[10] 内蒙古提高新农合21种重大疾病医疗保障水平 [EB/OL]. 中华人民共和国中央人民政府官网，http：//www. gov. cn/gzdt/2013-01/06/content_2305616. htm.

[11] 内蒙古自治区中小学数量（2001-2018）[EB/OL]. 国家统计局官网，http：//data. stats. gov. cn/easyquery. htm/cn=E0103.

附录　访谈提纲

一、受访者基本信息

1. 年龄
2. 民族
3. 家庭成员
4. 家中草场面积
5. 牧群数量

二、牧民基本生活情况

1. 生产收入来自哪些方面？
2. 年生产收入情况？
3. 年支出情况？
4. 主要支出在哪些方面？
5. 当前气候对于生产的影响？
6. 当前消费对于生活的影响？（有无贷款）
7. 地区互助是否存在？
8. 现有地区互助是否可以为生产生活提供帮助？
9. 重要节日、文化传统是否保留？
10. 当前生产中您认为最大的问题是什么？

重构与整合：
牧区脆弱性问题与社会工作介入探析

张丽璇

【内容摘要】牧区不仅在自然环境、经济发展、生活方式、民族文化等方面有其特殊性，同时牧区社区在生态环境、生计民生方面也存在脆弱性特征。如何克服牧区的脆弱性问题，促进牧区社区的和谐发展，是党和国家，尤其是地方政府面临的重要课题。本文基于内蒙古牧区发展现状，以四子王旗G嘎查为例，通过实地调查研究，运用脆弱性理论视角考察牧区社区在生态、经济、社会关系及传统文化各方面所呈现的脆弱性问题，并从民族社会工作视角对牧区社区的社会工作介入途径进行了探析。通过调查研究发现，牧区社区出现生态环境趋于恶化、牧区经济发展较为缓慢、牧民社会关系从合作走向竞争以及牧区传统文化消失等问题，本文对牧区社区脆弱性原因进行了分析，并探析社会工作对牧区脆弱性问题进行介入的可能性，旨在通过研究促进牧区发展，推动民族地区社会工作的发展，为社会工作本土化添砖加瓦。

【关键词】牧区社区；脆弱性；社会工作

一、绪论

（一）研究背景

改革开放以来，内蒙古草原牧区的生态、经济及社会生活各个方面发生了深刻的变化，取得了巨大的成就。但与发达地区相比，仍存在差距。就在经济方面，尽管内蒙古牧区经济整体呈增长趋势，但牧民收入与城镇居民收入仍有差距。据2016年的统计，33个纯牧业旗县的生产总值达到了3953.26亿元，与2015年相比增长了10.3%，其中，国内生产总值（GDP）增长率比全区平均水平高1.3%。但是财政自给率仅为47.1%，低于全区平均水平3.1个百分点；农牧民人均可支配收入也低于城镇居民。① 在政策制度领域，苏木乡镇的行政机构出现合并和减少的趋势，而多样化的社会组织逐渐发展起来，最典型的为牧业经济合作社不断增多，参与的牧民人数也不断增长。在生态方面，从 20 世纪后期，我国草原生态环境的恶化具有全局性。② 在社会生活方面，牧民的生活和消费方式有所改变，恩格尔系数下降，牧民收入和生活质量有一定程度上的提升。此外，牧区教育和牧区医疗卫生事业等虽然有所发展但仍低于城镇发展水平，属于薄弱环节。

随着内蒙古牧区的发展，牧区经济、社会及生态各方面的脆弱性逐步呈现出来，并且所带来的影响具有不可逆性。本文通过调查内蒙古四子王旗 G 嘎查的生态、经济、社会及文化等方面存在的脆弱性现象，进而了解内蒙古牧区的现实状况及脆弱性问题。在此基础上，通过实践和参与式观察，了解并分析牧区社区脆弱性给牧区及其居民带来的贫困、灾害频发等方面的影响，结合专业理论知识，深入分析造成牧区脆弱性的制度、市场化、生产生活方式转变等方面的原因，最后以牧区和牧区居民为服务对象，以牧区脆弱性所带来的影响为出发点，探索牧区社会工作的介入路径和可行性。通过研究，旨在为牧区居民增能，提升牧民的抗逆力，为其链接资源、争取权益。

（二）文献综述

由中国农业科学院规划所研究发现，北方草原在 20 世纪 90 年代初的退化面积达到约 51%。根据内蒙古环保局统计的数据显示，2006 年内蒙古草原退化面积为 50%（内蒙古环境保护局，2007）。③ 随着沙尘暴给环境所带来的影响日益严重，公众关注的焦点开始转移到草原退化等环境问题，也引起政府的高度重视，并推行了环境保护等系列政策。有些政策制定实施的效果对草原牧区社区的生态、经济、政治、文化造成了一定程度的不利影响。因此，牧区社区脆弱性成为很多学者的研究对象，但针对牧区社区脆弱性所带来的影响及社会工作介入方面的研究相对较少。笔者在阅读文献的过程中发现，大部分关于牧区脆弱性问题的文献都是在研究生态、牧区经济的脆弱性，对于民族文化和社会关系等方面关注较少，并且大部分都是对甘肃、西藏、新疆的牧区的研究，对内蒙古牧区的研

---

① 王关区，吴晶英，刘小燕．内蒙古经济发展的成效、问题及对策［J］．北方经济，2016（11）：7-10.

② 达林太，郑易生．牧区与市场：牧民经济学［M］．北京：社会科学文献出版社，2010.

③ 王晓毅．从承包到“再集中”——北方草原环境保护政策的分析［J］．中国农村观察，2009（3）：36-46+95.

究不是很全面。笔者对上述先行研究进行了以下四点梳理。

1. 关于牧区社区的相关研究

牧区社区这一概念是较为新的，与农村社区和城市社区有很多不相同的地方，根据目前研究结果来看，关于牧区社区的概念界定主要有以下三种：一是对早期牧区社区的特点进行描述的符拉基米尔佐夫（1980）的研究，他在《蒙古社会制度史》一书中说道："集体游牧者，移动时为一个野营群，停留时为一个屯营。在多数情况下，数百个天幕构成屯营，在蒙古语中屯营被称为古烈延或却烈延。游牧集团由天幕和幌车构成，库伦是在山野里将较多的幌车集成一个轮形"。[①] 二是王俊敏（1993）从牧区社区的结构角度将牧区社区看作一种与农村、城市社区相并列的一种较为新型的社区，这种社区的层级结构为：小区为各个牧民家庭，卫星区是整个嘎查，中心区为苏木。在多种因素共同作用下形成了牧区社区，定居为形成牧区社区提供了一条捷径，草原畜牧经济以及家庭承包责任制对牧区社区的形成有着至关重要的作用。[②] 三是滕驰（2015）从牧区社区的特有属性出发提出牧区社区的主体是少数民族社会成员，少数民族居民以共同地缘以及密切的日常交流为基础而形成的民族区域社会，牧区社区是一个具有社会、民族属性的社会共同体。他认为，牧区社区在具有社区的共性特征之外，还具有民族性和民族文化的特殊属性。[③] 额尔敦（2011）综合前人研究总结得出，牧区社区是在一定的地域范围之内，经济基础为畜牧经济，这类社区由一定数量的牧民构成，并且存在互动关系和文化维系力，可以进行各类社会生活活动的共同体。[④]

综上所述，牧区社区的特点可以概括为以下四点：一是层级结构为家庭—嘎查—苏木；二是牧区社区的建立是受国家政策影响，在国家政策的影响下，牧区居民的生产生活方式发生变化，进而由游牧走向定居，形成散居式的牧区社区；三是牧区社区经济基础较为单一，主要以畜牧业经济为支柱经济，因此居民的生计方式较为单一；四是牧区社区的特有属性为民族性和民族文化属性。因此，牧区社区是一种有别于农村社区和城市社区的特殊社区，牧区社区的经济基础单一、生态环境脆弱、民族文化性以及生活方式独特性为其生态、经济、社会及文化脆弱性的不断深化提供了土壤，也为开展牧区社会工作增加了难度。

---

① 额尔敦．内蒙古牧区社区及社区旅游发展研究［D］．内蒙古师范大学硕士学位论文，2011.

② 王俊敏．一种新型社区——牧区社区［J］．内蒙古大学学报（哲学社会科学版），1993（2）：11-19.

③ 滕驰．城镇化进程中的民族社区文化涵化分析——以内蒙古牧区社区为例［J］．晋阳学刊，2015（4）：101-105.

④ 额尔敦．内蒙古牧区社区及社区旅游发展研究［D］．内蒙古师范大学硕士学位论文，2011.

2. 关于牧区社区建设的相关研究

为构建和谐牧区社区，促进牧区更好的发展，在牧区社区建设方面，单平(2008)、徐立强（2011）等学者们通过实地调查总结了建设经验，提出如下观点：单平通过考察巴彦托海嘎查认为建设牧区社区要从发展经济入手，推行以嘎查党支部或协会管理的合作经济的发展模式。① 徐立强（2011）以青海省天峻县织合玛乡扎查村为例，探讨了从散居到定居的转变下牧区社区建设的经验，他认为对牧区社区进行建设要在结合实际情况的基础上将保护生态环境和招商引资结合起来。此外，要加强牧区社区基础建设，重视牧区居民的教育问题以及扩展牧区牧民增收渠道。② 李国平（2012）认为，农村或牧区社区建设要从农牧民的真实需求出发，加快推进农牧业产业化的步伐，提高农牧民的生活质量和公共服务水平。要根据其地理位置、人口结构和数量以及文化选择为农牧民提供新的服务模式，并且综合发挥行政、市场、志愿互助的作用，进一步完善覆盖农村及牧区的服务体系。③

根据以上学者研究得出，建设牧区社区要吸取地方成功经验。首先，要解决牧区社区的经济问题，在保护生态环境的基础上进行建设，因地制宜地充分发挥行政、市场、志愿互助的作用；其次在牧区社区建设方面，社区居民的参与度和社区凝聚力建设也极其重要。

3. 关于牧区社区脆弱性的相关研究

牧区社区脆弱性体现在诸多方面，例如，生态环境的脆弱性、畜牧业的脆弱性、牧民生计的脆弱性及社区互助削弱等新的脆弱性。学者们对牧区社区脆弱性进行了大量分析和阐述，现将其归纳以下：一是关于牧区社区脆弱性类别的研究中，王晓毅（2009）认为，牧区脆弱性体现在生态环境上，由于内蒙古牧区气温和降水变化幅度较大，自然灾害频繁发生；二是草原畜牧业的发展对生态环境有依赖性，生态环境恶化导致牲畜死亡和减产，再加上抵御灾害的能力弱，使畜牧业也呈现一定的脆弱性。此外，由于草原资源有限，高投入高产出的抗灾和生产模式尽管可能降低灾害对畜牧业的影响，但又会通过增加资源消耗，提高生产成本，造成牧民生计脆弱。王晓毅（2009）还提出了新的牧区社区脆弱性，即自然

① 单平．加快牧区社区发展建设和谐新牧区——巴彦托海嘎查合作组织考察启示［J］．北方经济，2008(9)：14-15.

② 徐立强．从散居到定居：牧区社区建设尝试——以青海省天峻县织合玛乡扎查村为例［J］．柴达木开发研究，2011（1）：27-29.

③ 李国平．加快推进农村牧区社区建设的思考［J］．中国民政，2012（7）：44-45.

资源不断退化、畜牧业生产成本继续提升以及社区互助削弱。①

在关于加剧牧区社区脆弱性影响因素的研究中，张倩（2011）认为，牧区社区社会脆弱性的过程是风险暴露以及应对能力。她站在应灾策略被限制的角度，主要探讨了在气候变化的情况下，牧区自然灾害增多。由于国家政策及市场化增加了牧民的风险暴露程度，也使牧民低成本的应对灾害的方法不再适用，必须依赖高投入的贮藏和移动策略，这便加剧了牧民的生计脆弱。② 荀丽丽（2012）将国家权力和牧区社区脆弱性结合起来，她强调国家视角和对地方社区自主性、能动性的削弱关系到牧区社区脆弱性加剧、生态危机及社会冲突的深化。③ 韩念勇（2011）在《草原的逻辑》一书中提到为了解决草原退化问题所实施的草场承包政策加剧了牧民社会关系的脆弱性。将草场产权明晰到户，建立围栏，不仅增加了牧民支出，也加剧了牧民生计的脆弱性，而且还造成了各种纠纷和矛盾，牧民间的关系从合作转变为竞争，关系进一步恶化。④ 敖仁其、文明（2013）认为，改变资源利用方式会引发社会经济趋于脆弱。资源利用方式的改变是外部因素和内部因素共同作用的结果。外部因素为移民数量增多、市场化导致的利益团体的介入、制度变革及气候变化等。内部因素为个体强化私有权、盲目引进外来事物、漠视传统文化以及传统合作机制的改变等。外部因素引发的资源利用方式的改变，使社会经济脆弱性更为突出。⑤

在关于分析草原畜牧业发展与其脆弱性特点关系的研究中，海山、乌云达赖和孟克巴特尔（2009）通过实地调查和文献研究得出，草原畜牧业的“脆弱性”及其经济损失的原因主要不在于天灾，而在于人祸。他们认为天灾引发的草原畜牧业损失的主要原因是放牧空间的缩小和“大锅饭”的分配制度，而不是所谓的草原畜牧业固有的“脆弱性”特点。⑥

在关于牧区社区脆弱性评估方法的研究中，丁文强（2011）以内蒙古荒漠化

---

① 王晓毅．环境压力下的草原社区：内蒙古六个嘎查村的调查［M］．北京：社会科学文献出版社，2009.

② 张倩．牧民应对气候变化的社会脆弱性——以内蒙古荒漠草原的一个嘎查为例［J］．社会学研究，2011（6）：171-195.

③ 荀丽丽．“失序”的自然：一个社区的生态、权力与道德［M］．北京：社会科学文献出版社，2012.

④ 韩念勇．草原的逻辑——警惕新名义下的农耕扩张［M］．北京：科学技术出版社，2011.

⑤ 敖仁其，文明．资源利用方式改变与社会经济脆弱性关联探讨——以内蒙古牧业区Y嘎查为例［J］．广西民族大学学报（哲学社会科学版），2013（4）：46-51.

⑥ 海山，乌云达赖，孟克巴特尔．内蒙古草原畜牧业在自然灾害中的“脆弱性”问题研究——以内蒙古锡林郭勒盟牧区为例［J］．灾害学，2009（2）：105-109.

草原区为例，对我国北方草原区牧户脆弱性进行评估，评估指标为人力资本、自然资本、物质资本、金融资本及社会资本。① 通过对牧区社区中牧户的脆弱性评估在一定程度上可以说明牧区社区的脆弱性程度及特点。

综上所述，学者们对牧区生态、经济方面的脆弱性研究较多，对牧区社区的社会关系、文化方面的脆弱性研究较少。在牧区脆弱性原因分析方面，学者们仅从政府政策和市场化等外部影响进行归因，忽视了牧区或牧民的内部因素需要进一步进行研究。

4. 关于社会工作介入牧区的相关研究

社会工作介入牧区，以预防和解决牧区及牧民的问题为服务内容，最终达到增进牧区社会福利、提高牧民生活水平、维护牧区社会稳定及推动牧区发展的目的。学者们在社会工作介入牧区领域研究较少，现将当前研究结果评述如下。

第一，关于牧区社会工作发展路径的研究。张银花（2011）认为，要以我国的基本国情和实际情况为出发点，加强政府主导、加快培养专业人才、不断开拓介入空间和服务领域是发展我国本土化牧区社会工作模式的必要选择和必经之路。②

第二，关于社会工作介入牧区贫困问题的研究。张萌（2016）首先将社会工作介入和精准扶贫结合起来，认为要评估致贫因素和受助者的基本情况，在此基础上进行差别化的扶贫。其次，服务对象要参与社会工作目标的制定，采取社区层面的集体行动解决现实问题。③ 李俊杰、其乐木格（2015）对精准扶贫应用于牧区进行研究，认为建立牧区精准扶贫体系的基础是制度精准，使扶贫范围清晰化以及扶贫政策的统一化和激励性。此外，扶贫对象要精准，要以牧区贫困者的实际情况为出发点，而不是民族属性。最后，扶贫措施同样要精准。要使未达到基本生活水平的牧民真正享受扶贫的成果。④

第三，关于社会工作介入牧区灾害的研究。严樨（2013）分析了我国民族地区灾害社会工作介入路径，认为应运用社会生态系统理论，在民族灾害地区进行非正式社会支持系统的重建以及基于民族文化要素的生计重建。这两种方式都基于民族地区在经济、社会及文化各方面的特殊性，探索具有文化敏感性的本土化

① 丁文强．我国北方草原区牧户脆弱性评价——以内蒙古荒漠草原区为例［D］．兰州大学硕士学位论文，2011.

② 张银花．中国本土化社会工作：牧区社会工作探析［J］．社会工作，2011（3）：34-36.

③ 张萌．社会工作介入精准扶贫的可行性及路径选择［J］．山西青年，2016（9）：174.

④ 李俊杰，其乐木格．干旱牧区特殊类型贫困治理研究——以锡林郭勒牧区为例［J］．内蒙古民族大学学报，2015（4）：60-66.

社会工作模式。[①] 何乃柱（2014）基于文化敏感性对民族地区灾害社会工作实务中的文化问题开展了研究，分析社会工作介入民族灾害地区时出现的“文化震撼”“文化识盲”“文化纠结”“文化偏见”及“文化负载”等文化问题，认为要解决这些文化问题就要提高社会工作者自身的文化能力和文化敏感性，以提供更为专业的服务。[②]

第四，关于民族社区社会工作的研究。荣增举（2012）将民族社区社会工作实务分为两大模式，即经济发展和心理慰藉。制订民族社区发展计划，为少数民族群体提供均等化社会服务和发展机会，为民族社区提供经济投资。此外，要注重少数民族群体的文化满足和文化适切性。[③] 刘江涛（2014）认为，开展民族社区社会工作要协调好不同民族群体的利益关系，尊重各自风俗习惯。基于少数民族群体间的情感，通过解决社区问题来培养社区居民的参与意识和自决互助精神，进而推动社区发展。[④]

综上所述，社会工作介入牧区的相关研究较少。目前学者的研究内容在一定程度上涉及了精准扶贫的措施，牧区灾害社会工作侧重于民族文化敏感性角度，民族社区社会工作的具体实施也比较宏观。因此，牧区社会工作作为社会工作本土化的一个重要领域，目前处于起步阶段，理论上需要不断地探索，实务上需要不断地克服困难向前推进。

（三）研究意义

社会工作专业源自西方，其文化传统、社会制度及价值观与中国有所差异。因此，社会工作专业的本土化成为中国社会工作界的一项重要任务。牧区社区占我国领土面积的1/3，多民族聚集，生态环境脆弱，生计方式独特，大多分布在我国边疆地区，战略地位重要。牧区社会工作知识体系建设具有重要意义。牧区社会工作不同于农村社会工作和城市社会工作，牧区社会工作的开展难度较大，有其特殊性。一方面，所针对的牧区社区的居民是分散居住的，无论运用哪一种社会工作方法开展服务都有一定的困难；另一方面，社会工作者须具备高度的文

① 严樨．民族地区灾害社会工作介入路径分析［J］．社会工作，2013（1）：65-70.

② 何乃柱．文化识盲、与文化能力——民族地区灾害社会工作实务中的文化问题［J］．开发研究，2014（3）：82-86.

③ 荣增举．民族社区社会工作实务模式的探索——以尖扎县吉利藏族移民社区项目为例［J］．青海民族研究，2012（2）：188-191.

④ 刘江涛．社会工作视角下的西安少数民族社区工作经验分析——以西安X回族社区为例［D］．西北大学硕士学位论文，2014.

化能力，没有文化敏感性很难在牧区开展社会工作。鉴于开展牧区社会工作的独特性和必要性，牧区社会工作的发展，为社会工作本土化向前迈进可做出贡献。本文所探析的社会工作介入途径的可行性，不仅能够在一定程度上丰富牧区社会工作的理论与实务，而且也是推进社会工作本土化的一次尝试。

(四) 理论框架

本文以脆弱性理论为视角，深入研究内蒙古牧区的脆弱性及脆弱性的表现及影响。以民族社会工作的三阶段理论为基础，探析社会工作介入牧区的可行性，为解决牧区脆弱性所带来的问题提供一个新的视角和解决思路。

(五) 脆弱性理论

1. 脆弱性概念的界定

脆弱性最早在地理学和灾害学中使用，并将其定义为：在危害来临或干扰的情况下，系统自身受到其影响的可能性。[①] 社会学家进一步深化了脆弱性定义，从描述个体或社会应对压力和环境变化的能力逐渐发展全面。为了进一步了解个体的适应性及其与环境的互动关系，社会脆弱性的概念被提出，社会脆弱性这一概念注重社区在气候及非气候条件变化下的适应性。[②]

2. 脆弱性分析的评估方法

脆弱性分析的评估方法包括定量评估和定性评估。定量评估包括综合指数法、图层叠置法、函数模型评价法、模糊物元评价法及危险度分析，主要应用于生态脆弱性的评估。而定性评估适用于对社会脆弱性的评估。定性评估可以了解不同的人类特质应对环境变化的方式，并调整个人或社会制度等方面以适应不断变化的环境。[③]

本文主要借鉴了脆弱性分析的定性评估方法。Kelly、Adger（2000）研究一套指标以衡量社会脆弱性，衡量指标包括物质、权利及制度等方面。但这一指标显示出不适性，没有考虑当地的气候及非气候因素。[④] Turner Ⅱ等（2003）学者

① 王晓毅，张倩，荀丽丽．气候变化与社会适应：基于内蒙古草原牧区的研究［M］．北京：社会科学文献出版社，2014.

② Adger W. N. Social and Ecological Resilience：Are They Related？［J］．Progress in Human Geography，2000，24（3）：347-364.

③ 黄匡时．脆弱性分析与脆弱人口的社会保护［J］．中国人口·资源与环境，2009（12）：227-236.

④ Adger W. N，P. M. Kelly. Social Vulnerability to Climate Change and the Architecture of Entitlements［J］．Mitigation and Adaptation Strategies for Global Change，1999，4（3）：253-266.

提出，基于地区的研究，认为将对发达国家在灾害领域的研究和实践运用到欠发达地区时，则缺乏有效性。[①] 王晓毅、张倩和荀丽丽（2014）结合牧区实际，综合气候变化和制度影响提出了牧民应对自然灾害的社会脆弱性分析框架[②]，如图1所示。

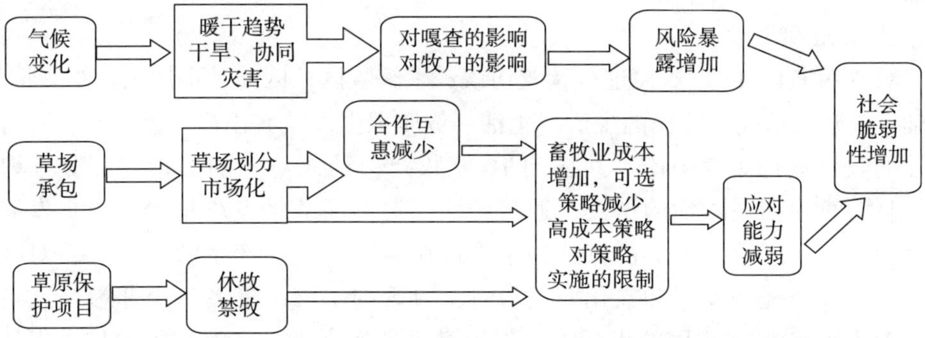

图1　牧民应对自然灾害的社会脆弱性分析框架

(六) 三阶段理论

三阶段理论由德·霍约斯等（1986）提出，强调在为少数民族案主提供服务时要对其进行社会文化干预。该理论将社会工作的介入过程分为三个阶段：个人干预、互动干预和社会文化干预。[③] 个人干预阶段注重为少数民族案主提供心理分析；在互动干预阶段，社会工作者关注的是少数民族案主的生态系统或一般系统；社会文化干预阶段要求社会工作者在理解案主文化背景的基础上选择适当的方式让更多的少数民族群众和非少数民族群众相互理解对方的价值观和行为准则。通过从微观到宏观的干预过程为案主提供更有效、更全面的服务。

(七) 研究方法

1. 文献研究法

用文献研究法，主要从内蒙古自治区统计局的历年统计年鉴中了解内蒙古

---

① Turner Ⅱ B. L. T, R. E. Kasperson, et al. A Framework for Vulnerability Analysis in Sustainability Science [J]. Proceedings of the National Academy of Sciences of the United States of America, 2003, 100 (14): 8074-8079.

② 王晓毅，张倩，荀丽丽．气候变化与社会适应：基于内蒙古草原牧区的研究［M］．北京：社会科学文献出版社，2014.

③ 常宝，齐·巴特尔．民族社会工作［M］．上海：华东理工大学出版社，2013.

牧区的总体情况以及四子王旗概况，包括内蒙古牧区的数量及位置分布、草原类型及其特点、干旱及降水情况、牧区政策的发展与演变、牧民生产生活方式转变历程等。此外，还要对牧区社区脆弱性和牧区发展等文献进行内容分析，并结合四子王旗G嘎查的基本情况，为分析其牧区社区脆弱性和社会工作介入做准备。

2. 实地研究法

对G嘎查的46户居民进行调查访谈，了解牧区社区的基本情况、组织情况、基础设施建设情况，牧民的生产、生活、健康卫生以及文化持守等情况。对有代表性的牧户进行深度访谈，共访问10家牧户，访谈对象的选择一部分选取了年长且一直生活在本地的居民，通过访谈，对G嘎查的基本情况、历史发展和制度变迁有所了解。另一部分选择了直接接触牧区的生产生活的居民，对牧区的生态环境、经济发展和文化变迁等有了直观的了解。笔者运用非参与式观察法，深入到G嘎查牧民的生活中，但置身于环境之外，观察牧民的日常生活方式、人际互动、社区参与情况等。为社会工作介入牧区社区的可行性探究进行观察分析。

二、内蒙古牧区及G嘎查概况

（一）内蒙古牧区概况

内蒙古牧区的典型自然景观为草原，内蒙古草原是中国北方温带草原区的主体，横跨我国的“三北地区”。内蒙古草原面积为8800万公顷，可利用面积为6800万公顷。[①] 内蒙古草原类型可分为沙地草原、森林草原、荒漠草原、典型草原等，其中，典型草原所占比例最多，为43%。内蒙古大部分地区的海拔高度均在1000米之上且气候特征为干旱或半干旱，降水量少。因此，畜牧业成为内蒙古自治区牧区的主要经济发展方式。[②]

据2014年统计，全区共有苏木（乡镇）771个，其中，镇496个，有嘎查（村）11214个；牧区户数有58.28万户，牧区人口186.17万人，牧区劳动力资源110.46万人，其中，牧业从业人员45.68万人，农业从业人员33.93万人。

① 胡敏谦．内蒙古自治区统计年鉴（2015）［M］．北京：中国统计出版社，2016。

② 陈素华，宫春宁．内蒙古草原气候特点与草原生态类型区域划分［J］．气象科技，2005（4）：340-344.

截至2016年9月底，内蒙古自治区肉牛存栏866.6万头，同比增长6.6%，奶牛存栏206.4万头，同比下降15.4%；羊存栏9385.9万只，同比增长1.8%；家禽存栏12856.4万只，同比下降0.7%。[①] 据数据显示，牧业从业人员仅占牧区人口的25%，牲畜结构以羊和大牲畜为主，五畜共生格局仍然继续被打破。

自改革开放以来，我国工业化、城市化进程逐步加快，内蒙古自治区获得了空前的发展，为内蒙古牧区的发展开辟了空间，创造了条件，使其能够在更大程度上分享现代化和改革开放的成果。内蒙古牧区在不断进步的同时，牧区的发展仍有不尽如人意的地方，这需要我们在了解牧区经济、教育、卫生以及牧民日常生活消费的基础上，认真回顾经验，调整内蒙古牧区发展模式的思路和理念。

1. *内蒙古牧区经济发展现状*

首先，通过图2将畜牧业总产值与农林牧渔业总产值相对比，就能够看出，农林渔牧业总产值是呈上升趋势的，从2006年开始，增长加快，2014年达27798064元。与之相比，畜牧业生产总值虽呈上升趋势，但增长较为缓慢。1999~2003年，内蒙古牧区出现了自中华人民共和国成立以来罕见的几年持续干旱、各类自然灾害和生物灾害叠加发生，牲畜损失惨重，畜产品质量低下，再直到2003年以后，政府政策的转变，总产值才有所增长。

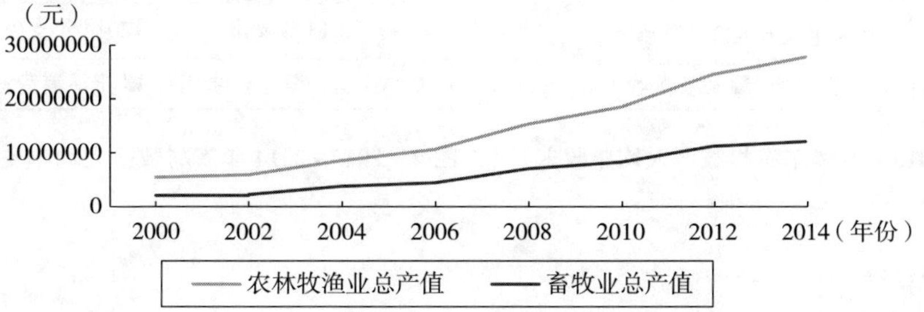

图2　农林牧渔业总产值与畜牧业总产值

其次，从牧民人均年收入和支出的差值来看（见图3、图4），2013~2014年农村牧区人均年收入和支出都呈增长的趋势，分别增长了11%和14%，人均年支出增长量要大于人均年收入。通过统计数据可以看出，人均支出大于人均收入，生产费用逐年上涨，并且超过了牧民的经营收入总额。入不敷出的局面在2014年仍然没有得到扭转，牧区居民的生产成本在不断上升，经济状况每况愈下。

① 农村牧区基层组织和农牧业基本情况（2014）[EB/OL]. http://www.nmagri.gov.cn/zwq/tjsj/533171.shtml.

最后，通过将牧民人均纯收入和城镇居民人均可支配收入相比较来看（见图5），虽然都呈上升趋势，但牧民人均纯收入均低于城镇居民人均可支配收入，1998~2000年收入差距较小，从2000年开始，收入差距不断扩大。究其主要原因主要有以下三点：一是城镇居民所从事的工作大多不受自然条件的影响，而牧民主要从事畜牧业，畜牧业受自然条件限制较大，因而牧民收入不稳定。二是城镇居民的收入来源较为多元化，以第二和第三产业为主。而牧民仅以牧业为主，夏天可以开展特色旅游业，但收入来源仍为单一。三是有些牧区政策导致牧民收入的生产成本上升，牧民入不敷出。例如，草畜承包政策，使牧民放牧半径缩小，五畜格局被打破，这些导致增加了牧民的生产成本。

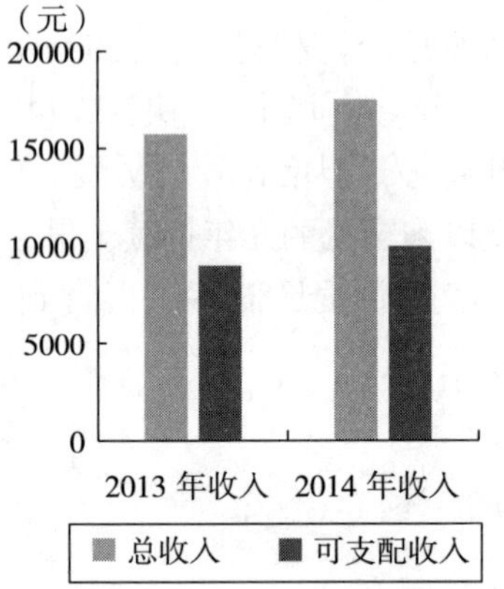

图3　2013~2014年农村牧区人均年收入

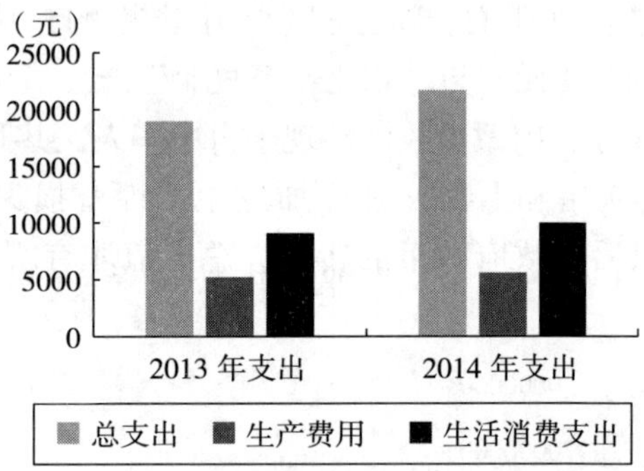

图4　2013~2014年农村牧区人均年支出

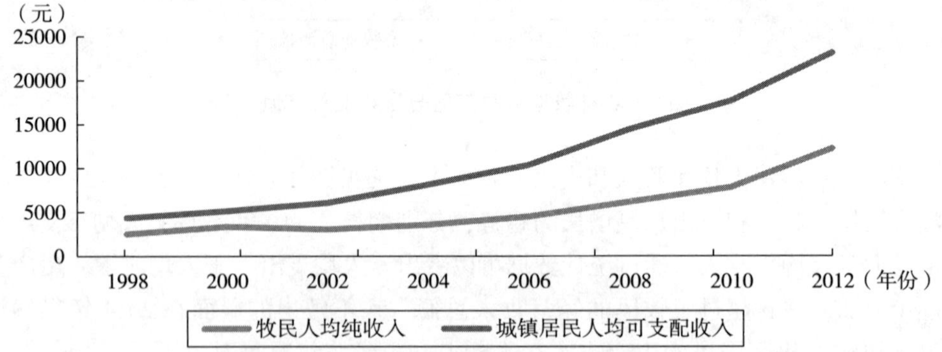

图5　牧民人均纯收入和城镇居民人均可支配收入

综上所述，虽然内蒙古自治区经济取得了较快发展，但牧区经济增长仍然缓慢。通过对畜牧业总产值、牧民人均年收入支出差以及城镇居民人均可支配收入和牧民人均纯收入相比的数据分析，可以发现牧区经济现状不容乐观。

2. 内蒙古牧区教育发展现状

1985年中央颁布了《中共中央教育体制改革的决定》，从此，教育改革在全国范围内广泛开展。内蒙古少数民族包括蒙古族的教育有了又好又快的发展，2000-2014年内蒙古牧区基本普及九年义务教育，牧区教育取得了长足的进步。2014年，全区普通高等学校中蒙古族在校生达9.36万人，其中，蒙古族研究生4602人。① 牧区受教育人数不仅在上升，而且民族教育质量也在不断提高。

3. 内蒙古牧区医疗卫生发展现状

改革开放以后，牧民的生活水准有了一定程度的提升，健康状况也得以改善，由于牧区市场化的深入，嘎查卫生机构和赤脚医生都趋于减少，牧民到旗县医院看病，使牧民就医成本高昂，牧民就医更加困难。随着牧区合作医疗制度的逐步健全和国家政策的倾斜，牧民看病贵、看病难的问题有所缓解，但仍有很多问题突显。

到2013年底，全区卫生机构共23264个，其中，医院566个，基层医疗卫生机构21984个，专业公共卫生机构636个。与2012年相比，医院增加47个，基层医疗卫生机构减少25个，专业公共卫生机构增加189个。基层医疗卫生机构中的村卫生室仅为14028个，占全区卫生机构的60%。基层医疗卫生机构大部分在旗县和城市，牧区嘎查中多为诊所和卫生室，不设置床位，牧区医疗机构严重缺乏，牧区医疗资源不充足（见表1）。

表1　全区医疗卫生机构数及床位数②

数量 各种医疗机构	机构数（个）		床位数（张）	
	2013年	2012年	2013年	2012年
总计	23264	23046	120065	110788
医院	566	519	91604	82244
公立医院	370	373	81692	74732
基层医疗卫生机构	21984	22009	24245	24543

① 内蒙古自治区教育厅．各年内蒙古自治区教育事业统计简报（2010-2015）［EB/OL］. http://www.nmgov.edu.cn/zfxxgk/zdgk/jytj/.

② 内蒙古自治区卫生厅．各年内蒙古自治区卫生事业统计简报［EB/OL］. http://www.nmgwjw.gov.cn/doc/2014/06/25/56636.shtml.

续表

各种医疗机构＼数量	机构数（个）		床位数（张）	
	2013 年	2012 年	2013 年	2012 年
社区卫生服务中心（站）	1148	1162	6094	6680
乡镇卫生院	1332	1329	17870	17517
村卫生室	14028	14022	—	—
诊所、卫生所、医务室	5345	5379	—	—
专业公共卫生机构	636	447	3576	3361
疾病预防控制机构	119	119	0	0
专科病防治机构	53	52	304	286
妇幼保健机构	116	117	3272	3075
卫生监督机构	117	111	—	—
计划生育服务机构	184	—	—	—
其他机构	78	71	640	—

2014 年全区共有 23426 个卫生机构，而 33 个牧业旗县仅有 6020 个机构；全区每万人卫生技术人员数为 66.67 人，而 33 个牧业旗县每万人医疗技术人员为 51.41 人；全区每万人口卫生机构床位数为 51.51 张，33 个牧业旗县每万人口卫生机构床位仅有 39.45 张。因此，33 个牧业旗县均低于全区水平，可见内蒙古牧区的医疗资源是比较匮乏的。2016 年，内蒙古自治区整合城乡居民基本医疗保险制度工作方案出台，按照“编随事走、人随编走”的原则，打破了城乡二元结构。例如，新农合药品目录由原来的 1988 种增加到 2600 多种，民族药品（蒙药）可在原报销比例基础上提高 15%，新农合实际报销比例逐步向城镇靠拢。政府政策的不断调整，使得牧民看病难、看病贵的问题将得到一定程度上的解决。

4. 内蒙古牧区牧民日常生活消费现状

牧民消费能力是牧民生活水平是否改善的重要标志之一。从牧区来看，收入是消费水平的决定因素，只有收入增加了，才能谈得上消费水平的提高和生活质量的改善。因而，牧区经济的快速发展是牧民生活消费水平提高的有效保证，合理公平的分配又将刺激牧民的消费增长。

从图 6 的自治区牧区牧民总消费水平的变化来看，牧民的总体消费水平有了一定程度的提升。2005 年，牧区居民全年平均每人消费支出为 4000 元，2007 年增加到 5487 元。牧区经过七年的发展，到 2014 年牧区居民全年平均每人消费支出达到13593元，比2005年牧民年均消费支出增加了约2.4倍。[①] 虽然与城镇居民的年人均消费支出有一定差距，但牧区居民的消费总水平有了一定程度上的提高。

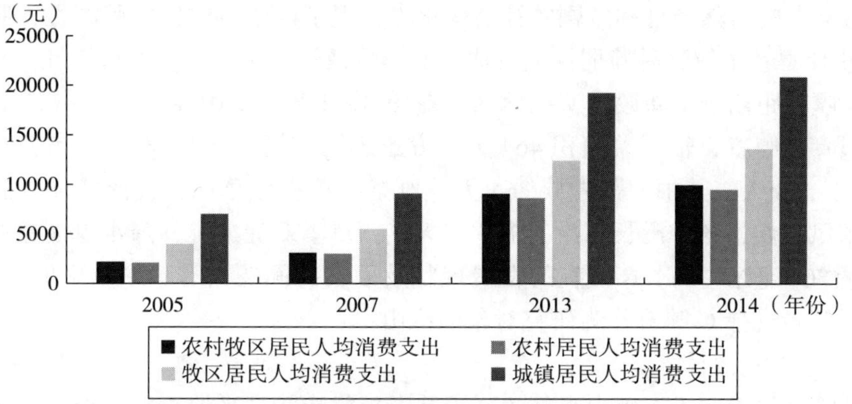

图6　内蒙古自治区居民人均每年消费支出

从内蒙古牧区牧民消费结构的变化来看（见表2），个人的生活必需品消耗数量在一段时间内不会有太大的变化。2007年在牧民消费结构中位列前四项的是吃、交通、教育、住。经过几年的发展，牧民消费结构仍然没有变化，吃、交通、教育、住位居前四项。但可以清楚地看到，解决温饱仍然是牧民首要解决的问题。此外，2013~2014年交通通信、医疗保健、教育文化娱乐及其他商品和服务涨幅较大，分别为13.9%、13.1%、12.1%和11.6%。这表明反映现代生活消费的交通通信、文化娱乐及服务性支出在上升。

表2　内蒙古自治区牧民年人均支出情况表[②]　　单位：元

类别 年份	消费总支出	食品	衣着	居住	生活用品及服务	交通和通信	教育文化娱乐	医疗保健	其他商品和服务
2007	5485	1782	482	547	240	1066	643	516	209
2013	12402	3695	1041	1809	658	2380	1356	1257	207
2014	13593	4049	1108	1862	688	2711	1521	1422	231

① 胡敏谦．内蒙古自治区统计年鉴（2015）［M］．北京：中国统计出版社，2016.

② 胡敏谦．内蒙古自治区统计年鉴（2015）［M］．北京：中国统计出版社，2016.

（二）关于四子王旗G嘎查概述

四子王旗G嘎查是典型的牧区社区，牧户居住较分散，蒙古族居民占多数。G嘎查复杂的自然条件和急剧的社会变化也呈现了内蒙古牧区的脆弱性，我们可以通过G嘎查了解这种脆弱性的形成、其影响及社会工作介入的可能性。

G嘎查距四子王旗政府所在地乌兰花镇35千米，S101省道和四子王旗旅游专线贯穿全嘎查，辖区总面积464.1平方千米，草场总面积69.6万亩，总户数226户，518人，其中，蒙古族364人。典型的荒漠化草原，气候特征为温带大陆性季风气候，冬季漫长寒冷，多寒潮天气；夏季短促凉爽，降水少而集中，年降水量300毫米左右。G嘎查的发展现状及面临的问题具有草原牧区的普适性，这也是笔者选择G嘎查作为研究对象的缘由。

1. 关于气候情况

G嘎查位于四子王旗中南部，属于低山丘陵波状高平原荒漠草原，春秋两季气温变化剧烈，大风日数多，无霜期短。根据图7~图9可知，进入21世纪以来，四子王旗气温整体呈上升的趋势，冬季气温波动的幅度较大。降水量呈微弱增加，但在牧草生长季时降水减少。虽然大风和沙尘暴有下降趋势，但波动大，较为不稳定①。从2005年开始，G嘎查的生态环境恶化严重，主要灾害为雪灾和旱灾。

2. 牧区政策演进

（1）环境保护政策的实施情况。在20世纪90年代初，G嘎查实行了草场承包政策，划分规则为按人头数将草场进行划分，旧户分得的草场面积要多于新搬迁来的新户，旧户平均每人分得面积为1300多亩，而新户平均分得面积平均为900多亩。草场划分之后留有公共草场，但现在已经被临近公共草场的牧户占用。在草场划分完之后的第二年实施了牲畜承包政策，划分规则同样为按人头数划分，羊每人分20只左右，牛和马每人一头（匹）半。该嘎查的休牧政策没有明确的规定，但是设有禁牧区，政府给予牧民的禁牧补贴为每亩4.5元。

（2）教育、医疗等其他政策的实施情况。政府在牧区实施的教育政策为在减免学杂费的基础上给牧民的学龄孩子一个学期补贴1000多元，已经实施多年并且在一定程度上减轻牧民的经济压力。医疗卫生方面的政策为合作医疗，目前牧民每人每年交170元，大病住院可以报销，门诊不能报销，医疗政策也缓解牧

① 靳乐山，魏同洋，胡振通．牧户对气候变化的感知与适应——以内蒙古四子王旗查干补力格苏木为例［J］. 自然资源学报，2014，29（2）：211-222.

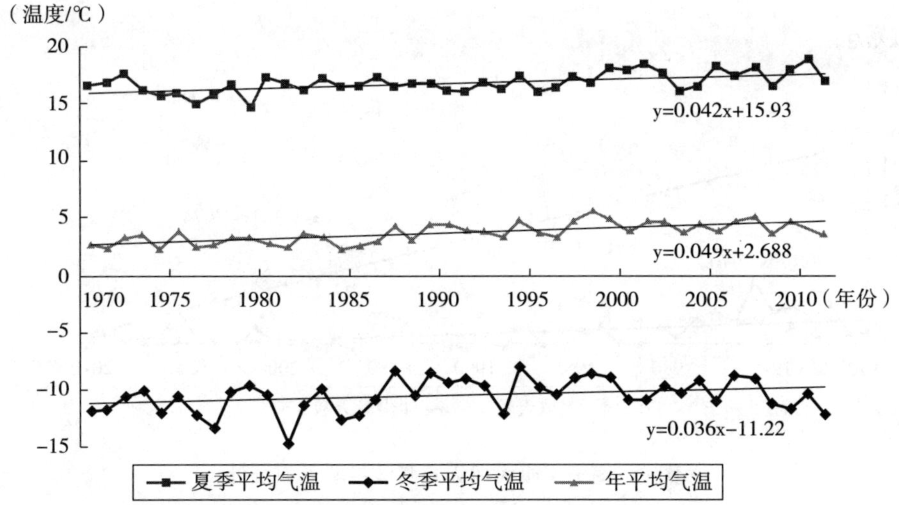

图 7　四子王旗冬季、夏季平均气温

注：图中横线为趋势线。

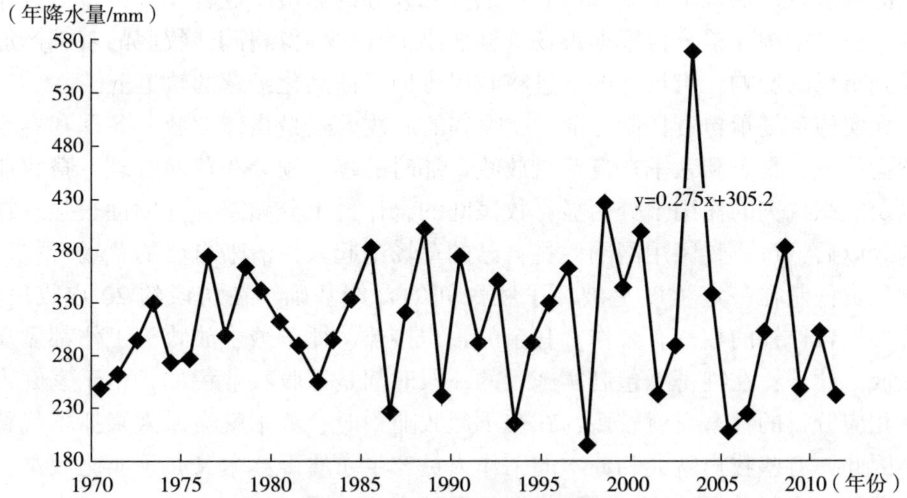

图 8　四子王旗年均降水量

区居民看病难、看病贵的问题。此外，政府在牧区基础设施建设方面也实施了一些优惠政策，针对牧区的项目房，政府给补贴 20%左右。为了解决牧区居民的用水问题，政府将在 G 嘎查通自来水。

3. 关于牧区市场化和牧区自主性、互助性

在生态环境还没有恶化之前，牧民秋季打草就能够满足牲畜的喂养需求。随着生态环境的日益恶化，牧民们需要购买草料和饲料或者在自留地可以种植一些

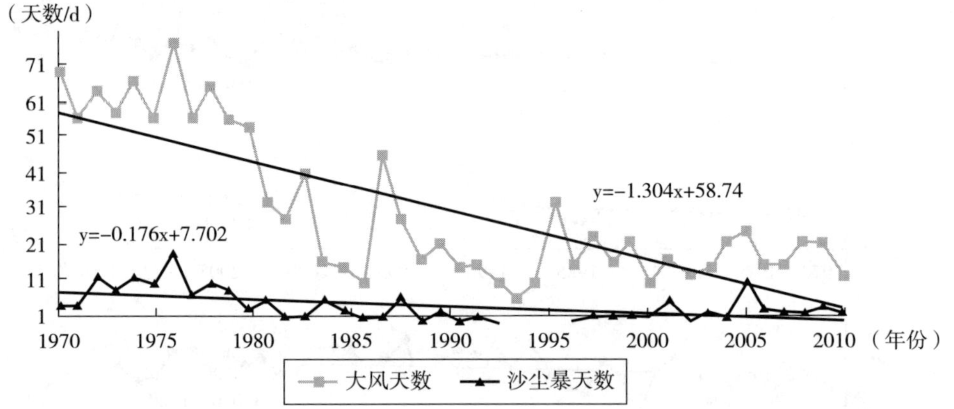

图 9　四子王旗大风天数和沙尘暴天数统计

葵花、玉米等饲料作补充，嘎查每户居民在自然灾害发生的时候每年都需要花费十几万购买饲草。牧区生态环境的脆弱性使得牧民生活成本加倍增加。此外，G 嘎查的有些牧户加入了由党员中心户创办和领办的养殖专业合作社，每个合作社雇用羊倌集中饲养羊，再根据市场价格卖出，牧户分得利润。牧区的基础产业同样受到市场的影响，市场化的推进将牧民推向了商品化经营的轨道上。

在实施草场承包责任制之前，G 嘎查的放牧方式是集体放牧，冬季和春季在冬营盘放牧，夏季和秋季在夏营盘放牧。那时的嘎查领导在草原管理、畜牧业管理以及组织抗灾的作用十分明显，牧民间的合作也十分频繁，互助性很强。在草场划分以后，每户牧民用网围栏将自己的草场围起来，清晰自己的草场产权。草场承包责任制在一定程度上破坏了牧民间的合作基础，在访谈的 20 户牧民里，只有参加合作社的牧户有合作，其余的牧户接羔、抓羊绒、放牧等工作都靠自己来完成。此外，在牲畜承包制实施后的一段时间是征收牧业税的，由于家庭人数较多相应分得的牲畜数就较多，在交不起牧业税时，苏木就会派人来抓羊代替税收，因此，有些牧户就会和苏木的工作人员产生矛盾。苏木又必须实施政策，因此牧区社区人际关系恶化，社区的自主性就有所减弱。

4. 持守传统文化的 G 嘎查牧民

G 嘎查有很多牧户有蒙汉通婚现象，民族和谐团结。在文化传承方面，据一位牧民回忆，她的上一代人蒙古族文化传承得很好，到了她这一代，就受现代化和城市化的影响，传统文化不再像以前保留得完好。但在衣食住行方面，还是保留得较好，传统节假日爱穿蒙古族服饰。节假日有腊月二十三要祭灶，每年的阴历五月十三要祭敖包，这些传统文化被很好地保留和继承下来。

(三) G嘎查牧户的基本情况

1. 牧户家庭情况

在被调查牧户中，大部分为蒙古族，仅有8家为汉族。家庭结构多为核心家庭和主干家庭，联合家庭较少。多为常住居民，仅有6户是后迁入到G嘎查的。流动人口相对较少，多数居民都从事畜牧业，流动者可分为四类：在外有正式工作的人、在外打工群体、在外求学者、在外陪读者。在外有正式工作的群体生活条件较好，但外出打工的群体生活一般，勉强能维持基本生活。

2. 居住情况

近年来，“十个全覆盖”工程正在该嘎查进行，因此，住户的房屋材质多数为砖瓦房，有少量的土坯房。每户平均有三间住房，2000年以后盖的房居多，老房子也进行了改造。为了减轻牧民的生活压力，政府给符合条件的牧民发放了一定金额的房屋补贴，这就使大部分住户都有自己的家畜棚圈和庭院，经营旅游业的住户有蒙古包。

3. 生产收入情况

所调查的住户都有草场，少则1000多亩，多则上万亩，草场有围栏的占多数。由于天气干旱，基本没有秋割，需购买草料、饲料。首先是家畜的养殖以绵羊最多，其次是山羊、牛、马。住户的收入来源为草场补贴（每亩1.5元）、畜产品与农产品的出售以及其他收入。其他收入包括工资、旅游收入、卡车等财产性收入。

4. 家庭支出情况

居民的家庭支出项目包括购买干草和饲料、吃穿、房屋修理、医药费、供应学生等，每家住户都需要购买干草和饲料，需求量大的住户一年需购买上百吨，需求量小的要购买十几吨。居民的支出数额较大，出现了入不敷出的现象。

三、牧区社区脆弱性问题

改革开放以来，内蒙古牧区在经济、社会、文化、环境等方面发生了巨大的变化，同时牧区社区的脆弱性问题也日益突显，由于牧区社区的特殊性，脆弱性问题一旦形成就很难恢复。牧区社区的脆弱性问题已成为严重影响牧区社会、经济、文化生活发展的主要因素，引起政府部门和学界的关注。

（一）牧区社区脆弱性表现

牧区社区脆弱性是指当牧区社区面对潜在灾害危险时，牧区社区在面对各种外来干扰时所呈现的敏感性和适应性，并且也包括牧民应对灾害的能力。牧区社区的脆弱性在生态环境、牧区经济、社会关系、民族文化等方面表现出来。

在生态环境方面，由于牧区自然灾害频发，草原生态系统极为脆弱，一旦遭到破坏很难恢复。由于气温和降水变化幅度很大，牧区社区的自然灾害发生频率较高。牧民将草原牧区的自然灾害比喻为“白灾”和“黑灾”，“白灾”是指冬季降雪过多，积雪过深并伴随着强风和积雪固化，造成不能为家畜采集牧草，导致大量家畜瘦削、死亡的自然灾害。“黑灾”是指畜牧业特有的自然灾害，蒙古高原干旱、少雨，浅层地下水极为贫乏，因而无水草场占相当大的面积。冬季积雪，放牧家畜以雪代水，为有效利用夏季无水草场提供了良机。但有些牧区冬季积雪较少，牲畜吃不上雪水，就会形成所谓的“黑灾”。在草原牧区自然灾害一旦爆发，牧民应对能力不足，进而对牧区发展和牧民生产生活产生影响。

通过访问G嘎查牧民，据牧民回忆，他们所生活的嘎查最常发生的自然灾害是旱灾、雪灾、风沙和高温。这些自然灾害使得牲畜疾病增多，牲畜伤亡严重，同时不利于牧草的生长、牧民的生产生活。面对自然灾害，牧民不得不自主选择适应性行为如买草料、建暖棚、减少牲畜、外出打工、贷款等。因此，牧区社区的生态脆弱性将会引发牧区的其他脆弱性。

案例1：笔者在S女士家中进行了访谈，S女士针对牧区生态环境日益恶化这一问题说道：“我今年40多岁了，在我小的时候，牧区草长得比较好，秋天在草场打的草就可以喂养牲畜了，那时的自然灾害也不经常发生，即使发生了，也是集体抗灾。特别是在2005年以后，冬天经常发生雪灾，下的雪很厚，把草都盖住了，牲畜吃不到雪下面的草就会掉膘。夏天经常发生旱灾，草场不能打足够多的草喂养牲畜，我们个人就得贷款购买草料，我们家一年的草料钱就得十几万元。春秋季节有时还伴有风沙，恶劣的自然环境对我们发展牧业很不利，但是我们又做不了别的事情。经营旅游业同样也会受到自然环境的影响，如果今年不发生旱灾，草就长得好，外地来旅游的人就多一些，我们也能增加一些经济收入。”

在牧区经济发展方面，牧区社区的脆弱性导致了经济增长缓慢。乌兰察布市四子王旗辖5个镇、3个乡、5个苏木、1个牧场。2006~2010年的年生产总值及在全区101个旗县的排名来看，2006年为188167元，位居第76；2008

年为265002元，位居第84；2010年为330120元，位居第87。[①] 虽然整体呈上升趋势，但增长较为缓慢，排名越来越靠后，发展速度下降。此外，从四子王旗的农牧民人均纯收入来看，2000~2004年，人均纯收入保持不变，为3680元，位居第88。2006年为3189元，位居第64。2008年为3592元，位居第89。2010年为3680元，位居第88。[②] 该旗县的牧民人均收入较低，位于101个旗县的后20%，并且收入增长极为缓慢，导致四子王旗的牧区经济处于发展极为缓慢的境地。

在调查的过程中，G嘎查的多数牧户的经济情况都不佳，家庭成员在其他地方有正式工作的或规模经营旅游业经济条件较好一点，单靠经营牧业则收入较低。据G嘎查牧民H讲述，“我家共有四口人，孩子她妈和母亲在呼和浩特市陪读，孩子她妈在饭店打工补贴家用。我在嘎查内以放牧为主，今年建了四个蒙古包准备经营旅游业，我家2015年的牧业收入仅为1万多元，但花了5万多，就没挣下钱。因为天气常年干旱没有办法秋割，我们只能自己购买干草和饲料来饲养200多只羊。”生产成本的增加使牧民更加入不敷出。牧户的生活水平一方面能够体现牧区的经济发展情况，另一方面也受到了牧区经济发展的影响。

牧区经济的脆弱性表现为畜牧业的脆弱性和牧民生计的脆弱性。牧区产业结构比较单一，畜牧业为牧区经济的支柱。畜牧业本身就具有脆弱性，主要表现在草原生态结构、功能比较单一，易受到外部环境变化的扰动、破坏。一旦受到破坏就很难恢复到原始的群落状态。牧区畜牧业与农区农业不同，牧区畜牧业发展受到资源禀赋的严重限制，农业发展可以通过增加投入来实现，但是畜牧业所依赖的草场资源是不能过度开发的，一旦被无限制的开发就会破坏草原的生态价值，并且后果很难弥补。此外，畜牧业以及旅游业都受到气候条件和生态环境的影响，因此，牧区生态脆弱性会引发经济脆弱性。牧区产业结构单一、具有局限性的生态环境等原因都造成了牧民生计的脆弱。而且少数民族文化特征也使牧民拓展就业渠道要比汉族农民困难，大多数牧民外出打工要适应很长一段时间。在谈到牧民外出就业问题时，嘎查的牧民B说：“我有一个女儿现在在呼和浩特市读大学，日常花销很高。现在羊卖不上价而且草长得也不好，单靠经营牧业我们负担不起孩子上学的费用，所以我就去外面打工，找工作时发现，适合我这个年龄的工作很少。我干了一段时间保安，挣的工资太低，一个月才2000元，外地花销也挺高，我干了一段时间又回牧区了。”因此，推进城镇化、发展牧区第二、第三产业对增加牧民收入的作用较小。

①② 胡敏谦．内蒙古自治区统计年鉴（2015）［M］．北京：中国统计出版社，2016.

案例2：笔者在G嘎查入户访谈了樊女士，樊女士是很早就搬迁到G嘎查的，她们全家都是汉族。在谈及牧民生计脆弱性这一问题时，她说道："我家有5口人，现在住在两间土坯房子里，政府给补贴13000元，自己筹了点钱建了两间砖瓦房还没有装修。家里人都是在放牧，一共养了300多只羊和16只鸡。去年草长得不好，秋天没有打草，只能购买饲料和干草。今年买了33吨的干草和20吨的玉米，一吨干草就1350元，一吨玉米是1800元。买这些就花了8万多元，今年除了卖羊5万多元还有草场补贴，一年下来还负了3万元。每年的生活开销也不少，老伴有高血压，医药费每年都要15000元，一家人挣的钱还得供孙子上学，孙子读大学的生活费也挺多的。草长得不好，市场上羊的价格又低，现在羊的价格才300多元一只，这样我们的收入就增加不了，养羊花的钱都挣不回来。"

在人际关系方面，牧区社区的互助关系大大削弱，直接导致了社区的脆弱性。在人民公社时期，所有牲畜归集体所有，集中的接羔和剪羊毛都需要大家集体劳动，放牧也会统一进行，草场资源是公用的。这一时期，牧区居民关系较好，日常交流也较为频繁。在人民公社解体后，集体的牲畜被分配到牧民家庭经营，这一时期就产生了利益纠纷，并且每家每户都忙于自己的草场、牲畜，邻里关系开始淡化。直到草场承包政策的制定和推行，产权开始明晰，定居以后的牧民生活环境有所变化，家家户户之间的距离较远，合作也慢慢减少，他们之间的关系走向了竞争。

G嘎查牧户居住分散，距离较远。牧民生活作息规律，每天忙于放牧和草场，空闲的时候很少。而且嘎查信号不好，牧民们的娱乐项目只有看电视，相互交流得很少。此外，有少数居民是从别的地方迁入的汉族住户，他们的生活与本地人相比更为枯燥，重新融入一个生活环境，与该嘎查的本地牧民进行频繁和良好的互动是比较困难的。在调查中访问了一位牧民，王女士说："我是三年前从农区搬迁过来的，家中就我自己一个人，我每天的生活就比较繁忙而且单调，由于距离远，虽然我们都会说乌盟话，但交流和互动得很少，和周边的牧户也不太熟悉。"另外，在问到是否希望多举办一些社区活动或成立一些文化娱乐组织等问题时，她说："希望成立或举办一些活动，但是因为每天特别忙，再加上距离问题，我也没有交通工具，可能不会持续参加。"

牧区社区社会关系的脆弱性是由多种因素共同作用而形成的，牧区政策的制定和实施为社会关系的变化提供了一个政策背景，牧户居住的地理距离为社会关系脆弱性提供了土壤，此外，多元文化相融合需要一个漫长的过程，这将影响社会关系。牧区社区文化娱乐设施的缺乏，除重大节日以外其他活动基本没有，这使牧民之间的交流和互动较少，社区凝聚力就会不足，进而牧区社区互助性削弱。

案例3：笔者访谈了G嘎查的G女士，她一家都是蒙古族人，世代在该嘎查经营牧业。在谈论到嘎查牧民间的互助以及牧区自主性这一问题时，G女士这样说道："过去是集体放牧，在抓羊羔子、抓绒或打草时比较忙，我们就分工干，当时也不觉得累。把整个嘎查分成了冬营盘和夏营盘，一年四季就这么轮着在两个营盘放牧，草也长得比较好。自从草场和牲畜分配给我们个人以后，我们每家每户都特别忙，忙自己的牲畜和草场，很怀念当时集体放牧的时候。现在政策规定着我们放牧的空间，草也长得越来越差。网围栏将我们的牧场划分开，但是牲畜是会乱跑的，哪儿的草好它吃哪儿的，有时候就会引起其他牧民的不满。嘎查领导就是下达政府的政策，现在遇到旱灾，也是我们自己贷款买草料，抵御自然灾害的能力明显不如以前了。"

牧区传统文化的变迁带来了社区的脆弱性。没有不变的民族文化，文化的变迁是永恒的。广义的文化变迁可以划分为文化的变化与文化的触变，文化的变化是文化普遍性变化的总趋势，而文化的触变则是异文化传统相互影响发生变化。[①] 牧区传统文化的改变多为文化触变，是不同文明之间的接触而发生的变化，在此过程中物质文化容易产生变化，但非物质文化不容易发生变化。系统内开展的生计活动发生变化、群体或个体的迁移和散布、社会制度和政策的转变以及不同群体间的竞争都会使牧区传统文化系统发生触变。

G嘎查由德力松胡达嘎和棍胡达嘎两个自然村于2004年合并而成，并且农区的汉族居民有个别迁入的。嘎查内部居民结构的变化使文化更具有多样性，并且发生了一定程度的改变。外来移民属于个体迁移，经过数代的变化和推移，其自身携带的农耕文化基因逐渐改变其表现性状，受到当地文化的影响，最后发展成为新的文化。在访问嘎查牧户白大爷提及文化方面的内容时，62岁的白大爷说："我十八九岁的时候从农区搬到这个嘎查，一开始只会种地，对养羊没有经验。当时结婚时家里有一块自留地，但这儿的土地不适合种别的，就种了一些玉米。一开始养羊养不好，特别是冬天遇到雪灾时，没有经验，羊就会大批地死亡，和周边的放牧的人一点一点地学习，才知道羊怎么养了。慢慢我们也开始喝奶茶，羊肉吃得越来越多。现在二儿子结婚了，娶得就是蒙古族姑娘，我们也受蒙古族文化影响了。"农耕文化又会成为当地文化之外的新鲜元素，并对当地文化的变迁造成了潜移默化的影响。此外，外部因素也推动着牧区传统文化发生改变，G嘎查从20世纪90年代以后实施的草场承包和牲畜承包政策以及市场化、

① 阿拉腾．文化的变迁——一个嘎查的故事［M］．北京：民族出版社，2006：8.

城镇化对牧区产生了深刻影响，使牧民的生产、生活方式从游牧发展为定居，之前的游牧文化就发生了变迁，一些旧有的文化被新的文化所替代或者两种文化系统相融合发展为新的文化。

在访谈该嘎查居民的风俗习惯、民族文化变迁问题时，多数居民说他们的饮食习惯有些变化，经常吃烩菜和炒菜等食物，饮食结构较以前更为多元化。在语言方面，他们除了说蒙古语之外，还会说当地的方言，并且沟通起来很畅通。具有民族文化特点的服饰也只有在重大节日才穿，当地偶尔会举办那达慕，但次数很少。通过调查发现，G 嘎查的传统文化发生了一定程度的改变，这种文化改变是内部因素和外部因素共同起作用的结果，也是社会文明发展的一种趋势。

案例 4：访谈了嘎查的 S 女士，S 女士谈到牧区传统文化发生改变这一问题时，她说道："我是蒙古族，我嫁到了汉族家庭，很多文化传统都没有保留下来，甚至在一些重大节日我都几乎不穿蒙古族传统衣服，有些吃的东西还有蒙古族传统，我现在就一年祭一次敖包。嘎查有很多蒙汉结合的家庭，这样的家庭在文化上就要相互包容，慢慢地两种文化就会相互影响发生变化。还有就是现在的牧区也不像以前那么封闭了，接触的新事物越来越多，我觉得这也是一种进步。"

（二）牧区社区脆弱性原因分析

G 嘎查是一个典型的牧区社区，通过调查、访谈和数据资料的收集对牧区社区的脆弱性表现和现状有了一定程度的了解。在此基础上，我们对牧区社区脆弱性形成的原因进行分析，为牧区社会工作的介入找到突破口，这样能更好地运用社会工作的专业视角重新审视牧区社区脆弱性问题。牧区社区脆弱性原因分析，不仅要从自然和社会方面进行分析，还要从宏观层面、中观层面及微观层面对其进行综合分析。

1. 自然原因

内蒙古自治区地处欧亚内陆干旱地区的南部边缘，属于温带大陆性季风气候。气温较低，年平均气温在 0℃～8℃。降水量较少并且从东向西逐步减少，日照较为充足，多数地区可达 2700 小时以上。此外，内蒙古地区的春季多为大风天气，全年大风天气平均可达 10～40 天。

在众多自然因素中，地形地貌和气候特征对一个地域的生态环境、人口生计活动以及文化产生重要影响。内蒙古牧区的地表沙地、沙漠以及戈壁、沙黄土等地貌系统加剧了牧区草原环境的不稳定性和脆弱性。王晓毅、张倩、荀丽丽（2014）等分析了内蒙古主要牧区近 50 年气候变化，发现内蒙古牧区有明显升温，而且最低温度的升温幅度大于最高温度的升温幅度。夏季降水量减少，也就意味着年降水量呈减少趋势。气温升高，降水减少，随之而来的就是春夏季干旱，最近十几年夏季出现干旱的频率大幅度增加了。此外，内蒙古主要牧区日照时数变化是呈减少趋势的，年平均风速均呈下降态势。从调查分析来看，内蒙古牧区的气候变化已是不争的事实，并且根据中国农业科学院农业环境与可持续发展研究所的 PRECIS 气候模型模拟出的结果来看，内蒙古大部分牧区 2011~2050 年平均气温将继续升高，即使降水有所增加，但频度和强度会发生变化，极端降水事件将增多，干旱出现的概率将更大。①

内蒙古牧区对环境存在高度的依赖性，当生态环境恶化、自然灾害频发时，牧区各方面的脆弱性便显露出来。首先，自然灾害促使牧区生态环境脆弱性加剧，气候变暖，降水量减少成为草原退化的原因之一，而气候变冷变干同样使地处干旱、半干旱地区的牧民面临牧草枯竭、水源干涸、生态环境恶化的严重威胁。其次，自然灾害的发生增加了牧区畜牧业的风险，由于畜牧业不能根据产草量制定合理的载畜量，所以在枯草年份草地超载过牧，尤其在连续的干旱年份超载过牧，牲畜过度啃食植被的地上部分，草地牧草不能休养生息，草地发生退化和沙化，进而不利于畜牧业的发展。自然灾害这种不可抗力使得牲畜损失和人力消耗，使社会生产力遭到破坏，动摇了牧区的经济基础。最后，气候变化引发的自然灾害使牧区风险暴露加剧，给牧民生计带来很大的影响。从嘎查层面来看，虽然牲畜数量受灾害影响呈连续下降的趋势，牲畜种类的结构也发生了变化。但从牧户层面来看，牧民的生产生活受自然灾害的影响较大，体现在牲畜的减产、损失以及畜牧业成本的上升。

2. 社会原因

（1）国家草原环境政策的影响。国家针对内蒙古牧区实施的环境保护政策虽然对牧民抗灾能力和适应能力有一定益处，但定居、畜草双承包等政策给牧区及牧民带来了一定程度上的负面影响。比如减少了牧民的自然资源的利用率和降低社会支持网络的支持作用。牧区基础设施虽日益完善，但不足以弥补政策实施所带来的一系列不利影响。

1）畜草双承包政策及其影响。从 20 世纪 80 年代开始，牧区人民公社解体，牧区便开始实行牲畜承包制。牲畜按一定分配原则分给牧民，牲畜被私有化之后，市场机制便进入牧民的生产生活中。牲畜的售价在 90 年代后增长较快，这便使牧民倾向于饲养价格高且需求量大的牲畜并打破了传统的“五畜格局”，进

① 王晓毅，张倩，荀丽丽．气候变化与社会适应：基于内蒙古草原牧区的研究［M］．北京：社会科学文献出版社，2014.

而草原的载畜量上升。由于需要饲养更多的牲畜，草原的开发利用也不断地深入，例如，通过打井可以利用更多的无水草场，有的牧区则进行开垦，种植一些饲料。到90年代中后期，牲畜承包制对草原生态的不利影响逐渐显露出来，牲畜承包政策成为草原退化的原因之一。

草原“共有地悲剧”是国家实施草场承包政策的依据，“共有地悲剧”是指牲畜承包到户后，其收益归牧民个人所有，但他们共同使用草场，便没有限制。很多牧户都增加牲畜数量以提高收入，进而草场的载畜量上升，草原开始退化。草场承包政策在20世纪80年代后期就已经制定，但牧民配合度不高，实施效果不理想。随着草原退化问题日益严重，90年代以后，政府加大了实施力度。到2000年以后，政府给牧民开发放草场使用证明。G嘎查在90年代初就实行草场承包政策，草场承包政策将嘎查的草原产权进一步清晰化。

随着承包制的推行与实施，对牧区及牧民产生的影响逐渐显露出来。主要存在以下三个方面：一是畜牧业的主要单位发生了变化，以家庭经营为主要单位。每个家庭分得的牲畜为一个畜群并且数量和种类较少。例如，四子王旗G嘎查，每家牧户的羊群数百只，牛和马就更少。二是牧民应对自然灾害的策略选择空间缩小，牧民之前应对灾害的选择有走敖特尔，储备，社区共同分担，利用牲畜的不同承受能力的多样化策略等。随着承包制的推行，这些方法逐渐不可行，牧民只能选择购买草料和饲料这种方法，这类抵御灾害的措施便大大增加了养畜成本。三是牧民之间的互助性相比之前有所削弱。牲畜和草场都承包到户以后，原来生活关系比较近的牧民也越来越关注自己的草场。由于各户草场的边界有些模糊并且牲畜活动的流动性，使牧民间的关系由合作转向了冲突。此外，牧户间社会资本的不同导致贫富差距会增大，占有各种资源较多的牧户比资源少的牧户要富裕得多，牧民间的互助明显减少。

草畜双承包政策仍然没有起到想象中应有的保护草原生态环境的作用。主要体现在以下三个方面：一是牧民对于草原的管理权和使用权是通过政府制定政策和规定来实现的，这样的草原管理仅仅基于“制度正当性”，忽视了源于牧民自身的价值判断和经验的“认知正当性”。因此，基于正当性理论视角，草场承包和牲畜承包等政策的制定和实施没有注重牧民的“地方性知识”，也没有考虑牧民的认知正当性，这种正当性包括当事者意识、社会公正感以及法理意识等因素。[①] 二是经济发展成为牧民和当地政府的首要目标，没有协调好经济与生态之

① 哈斯额尔敦，苏米雅．“正当性”理论视角下的草场管理政策认同研究——以内蒙古锡林郭勒盟B嘎查为例［J］．内蒙古社会科学（汉文版），2014（7）．

间的关系。三是传统的环境保护的社会规范和集体行动被打破，但是没有及时建立起符合当地牧民的社会规范和集体行动的能力，使得生产生活缺乏秩序。

案例5：（访谈时间2017年3月）牧民A今年60多岁了，说到草畜双承包制时，他还记忆犹新地说："我们嘎查在20世纪80年代时开始实行草畜双承包政策，草场承包政策要比牲畜承包政策早一年。草场的划分和牲畜的划分都是按每户人头划分的。我家当时有四口人，分羊分了120只，马分了6匹，牛分了6头。在牲畜承包到户以后，每户的牲畜少而且种类也少，其实根据我们放牧的经验，这是不利于牧草的生长的，每种牲畜爱吃的草不一样，搭配起来养草反而能够充分利用，长得也快。以前集体放牧时，我们就一起干活，现在都分配到各家各户了，就感觉人手不够，牧区很少有清闲的时候，冬天圈养，其他季节出去放牧，每年5~7月还得接羔和剪羊毛，这些都得自己干。而且自家的羊羔有时候跑到别人家的草场吃草，其他牧户就会不高兴，放牧的时候就得看着羊。"

2）禁牧、休牧等草场管理政策的影响。1998年以后，政府开始实施禁牧休牧政策。目前G嘎查设置了禁牧区，政府会给牧民进行补贴。G嘎查的S女士说："我家的冬营地就是禁牧区，有2000多亩，每亩政府给补贴4.5元，为了保护草场设禁牧区，但是现在的草场并没有恢复，去年秋天没有打下草，花了十几万元买的干草和饲料才能够喂养我家的牲畜。"禁牧又称全年禁牧和"全舍饲"，牧民不能进行放牧，作为草原畜牧业特征的放牧就完全没有了，转变为农业。休牧被称为季节性休牧和"半舍饲"，休牧可以让草原得以休养生息，可以更好地进行放牧。禁牧政策在短期内可以恢复草原生态环境，但缺乏可持续性，给非禁牧区域带来更大的压力。休牧政策作为一种生态治理的手段，其效果同样具有不利的一方面。

休牧、禁牧政策给牧区带来的影响可以概括为以下三点：一是春季禁止放牧将违反牲畜自身的发展规律，不利于其良性生长。例如，在休牧期间，牲畜通过圈养来维持生存，羊的食性是喜欢湿草，当春天青草开始萌芽时，羊能闻到青草的味道便不能好好吃储备的草。二是休牧禁牧政策增加牧民的经济负担。政府设立项目为牧民修建暖棚和"草库伦"并鼓励牧民种植饲草。在种植饲料的同时加剧了水资源的消耗，并且劳动力成本也是不容忽视的。饲草的购买也成为牧民维持生产的一种相当平常的行为，尽管有政府补贴，仍然加重牧民的生计困难。四子王旗G嘎查休牧期政府补贴每亩5.2元。而且饲料和干草价格较高，饲料价格每吨为1000~2000元，干草价格每吨为1200~1600元。羊的市场价格又在下跌，平均300元/只，因此，生产的投入要大于收获，牧民的生产成本不断增加，生计负担较重。三是在旱情严重时，牧民仍然选择传统的走敖特尔避灾。但在休牧期间，牧民即使找好草场也需等到休牧结束后再走，这就耽误了最佳时间，对牲畜的体质恢复造成不利影响。

3）“草畜平衡”政策的影响。草地畜牧平衡政策是以牲畜数量和牧场质量为基础，年度批准合理承载能力，希望通过合理的承载能力避免超载，保持草原的合理使用。然而，由于草的生长具有不稳定性，受降水影响较大，所以草原的合理承载能力很难计算。虽然每年会对牧场的产量进行测量，但不能够准确预测天气。因此，通过这样的形式预测草场的产草量和牲畜饲养量是不合理的。牧民W说：“以前嘎查也测量我们每家每户的草场数量和质量，然后限定我们的牲畜数量，怕我们过牧导致草长得不好，但没实施几年就实施不下去了，因为降水量的大小和牧草的生长有关，谁也不知道今年的降水量大不大，没有办法计算。”

国家为草畜得以平衡，提供退牧还草补贴，通过补贴的形式承担了休牧禁牧政策造成的牧民收入方面的损失，也取得了政策推行的合法性。此外，政府还希望通过强化草原监管来保证休牧禁牧政策的实施。尽管政府形成了垂直的监管机构和自上而下的管理制度，牧民的放牧行为很难受到政策和制度的制约，这一政策只是给有关部门提供了罚款的合法性，而牧民也通过罚款这一方式取得放牧的合法性。

（2）牧区市场化的影响。草原牧区有着特殊的“人—草—畜”生态社会系统，它不是一个孤立的系统，是与其他系统和文化相互联系、相互影响的系统。自20世纪80年代以来，国家开始推动市场化进程，牧区作为一个现实存在，同样需要因应外部世界的变化，在市场化进程中生存与发展。

市场化对传统牧区经济与社会的影响过程是一个转变评价体系的过程。将所谓“落后的”生产方式和生活方式转变为稳定与舒适的定居。将经济活动中以牲畜数量和质量作为财富的衡量指标转变为以利润或货币收入作为财富的衡量指标。将牧民与他人间的赠予和依附关系转变为单一的交换关系，将牧民间彼此合作的关系转换为竞争关系。市场化用外部的市场价值衡量牧区内的一切事物，市场化对牧区及牧民产生重大影响。

1）“小牧经济”在内蒙古牧区开始形成，在出售牲畜的过程中，中间商扮演着重要的角色。此外，草场流转市场也在牧区逐步发展起来。G嘎查售卖牲畜的主要渠道就是由中间商来统一收购，中间商挣差价的商业行为对牧民的生产收入也带来了不利影响。此外，农区的居民也到该嘎查租赁草场，通过经营牧业来增加自己的收入。

2）草原的经济价值被重视，而其他方面的功能则被忽视。牧民的致富积极性得到提高，进而生产方式发生转变，之前牧民将牲畜作为财产的象征，不愿意出售。但现在的牧民已经有了市场观念，并且生产的牲畜种类与数量也受到市场的影响。在G嘎查收回的有效问卷46份中，表明多数牧民因市场需求较多而饲养山羊、绵羊等，而骆驼、牛、马等大牲畜饲养量较少。

3）牧民的生产成本不断提升，以前的公共自然资源被标价，灾害的来临使牧民依靠购买牧草和租赁草场，这些都增加了牧民的生产成本。此外，教育、医疗、兽医等部分费用都增加了牧民的生活支出。因此，部分牧民陷入贫困，生计较为脆弱。

4）牧区社会结构、社会组织在市场化的影响下也发生了很大的变化，以牧业专业合作社为代表的多样化的牧民社会组织兴起并发展起来。

案例6：（访谈时间2017年3月）访问了嘎查的一个合作社的工作人员，他是从外地搬过来的，合作社雇他来集中饲养羊。他说："合作社就像一个股份制公司一样，我们这个合作社有5家牧户，一共有3000多只羊，去年羊的价格比较低，合作社的羊也是中间商来收购，卖羊的钱除了我的工资，加入合作社的牧户就开始分红。"

在牧区现代化的过程中，市场化的推进，将牧民推向了商品化经营的轨道上，饲养牲畜、种植饲草、水利建设等成本使畜牧业增加对外部市场的依赖性，当牧民个人在市场进程中不断呈现脆弱性时，更大的市场资本成为草原牧区发展的主体，因此，牧民的社会适应力在不断减弱，牧区的文化自主性和社区自主治理的能力也受到了严重影响。

（3）人口迁移与流动对牧区社区产生的影响。内蒙古草原牧区的本地居民是蒙古族牧民，迁移而来的多数为汉族农民，少数为其他地区的蒙古族牧民。以四子王旗G嘎查为例，在调查的46户当中有六户从外地搬迁过来，4户家庭成员有流动情况。迁移的原因包括两点：一是经济原因，由于搬迁以前羊的市场价格较高，农区的农民为了提高经济收入，便租赁草场在此放牧；二是为了帮助外出打工的亲戚管理草场和牲畜，则搬迁到此居住。家族内流动的原因也有两点：一是自然灾害频繁发生，牧区放牧的收入已经不能满足家庭的日常开销，需要到市区打工才能保证基本生活；二是牧区撤销学校，牧民家的孩子需要到旗县学校上学，陪读就成为人口流动的原因之一。

（4）人口迁移和流动对牧区社区的脆弱性产生了一定程度的影响。首先，文化具有多样性，人口迁移和流动所带来的文化对于本土牧区社区来讲属于新的文化要素，对固有的文化会产生影响。例如，G嘎查的饮食习惯的改变，农区的烩菜成为蒙古族牧户常吃的食物之一。其次，租赁草场的外地流动人群会将草场的利用率最大化，而且对本地业已形成的管理体制服从性较差，这不仅对草原牧区社区的生态脆弱性造成影响，还不利于对牧区社区的整体管理。上述案例提到的王女士说："我租别人的草场来经营牧业，我也不太了解这个嘎查，不清楚这个嘎查有什么规定，我只知道在自己的草场放自己的羊，饲料不够了就从农区往来运点玉米秸梗，买点饲料和干草。"最后，迁移而来的居民特别是汉族居民融入草原牧区是有一定难度的，他们相互交流的频次较少和深度较浅，而且社区参与度也较差，不利于整个牧区社区的凝聚力的形成和发展，进而加剧了牧区社区的社会关系的脆弱性。

四、社会工作介入牧区社区脆弱性问题的路径探析

通过以四子王旗G嘎查为例对牧区社区脆弱性的表现和原因进行分析后，本研究将用"发展"和"文化"的视角去归结牧区社区脆弱性所产生的问题①，并以此为切入点，探索社会工作专业如何有效介入。"发展"视角，即牧区经济发展，"文化"视角即牧区文化持守。牧区经济发展不是强调经济各项指标的增长，而是经济、社会和人的共同发展。牧区文化持守强调的是在尊重少数民族的文化信仰的基础上，保护少数民族的基本生活方式以及那些有积极作用的以及促进社会进步的生产方式和文化教育。只有通过社会工作的介入，解决这两类问题，才能改善民生，推动牧区社区的更好发展。

（一）社会工作介入牧区的必要性

1. 牧区社区的现实需要

根据对G嘎查的脆弱性评估、表现及原因的研究，导出了该嘎查生态环境恶化、牧区经济增长缓慢、牧区社区自主性和互助性削弱以及牧区传统文化发生改变的结论。嘎查的脆弱性包括风险暴露程度和应对能力，生态环境的脆弱性、国家政策的不适宜性以及市场化改变牧民的生产生活方式，这都在加剧风险暴露的同时使得嘎查牧民应对自然灾害和生产生活压力的应对能力减弱。针对G嘎查的现状，进行社会工作介入探析，为牧区社区脆弱性问题提供一种新的解决方法。

2. 社会工作本土化的必然趋势

牧区同城市、农村一样，是一个需要社会工作专业知识提升民生问题的重要领域。牧区与其他地区人口相比，地广人稀，自然环境多样。牧区的经济发展与生态环境关系、牧区社会关系的改变以及牧区文化持守性等问题表明，在牧区开

① 王思斌．民族社会工作：发展与文化的视角［J］．民族研究，2012（4）：1-7+107.

展社会工作是必要的。社会工作者深入牧区社区，评估社区及牧民的资源与需求，了解其遇到的问题，用专业的方法帮助牧民摆脱困难，促进牧区发展，是社会工作本土化的重要内容和重要任务。

3. 社会工作提升牧区的预防和发展功能

社会工作的功能从“消极的治疗”转变为“积极的预防”，要预防阻碍牧区发展和进步的潜在因素，进而对症下药。社会工作者根据以往的研究和经验，预测牧区社会发生变迁所带来的问题，向牧区居民发出预警，增强其应对变化的能力，强化社会环境中的助人系统，形成社会支持网络。在牧区开展社会工作，要善于利用社会资源，社会工作者作为一个资源链接者，将外在资源要转化成牧区及牧民内部的能力，使其合理地利用资源促进牧区发展、提高牧民生活水平。此外，还要注重民族群体的发展前景，以社会公平和社会进步为宗旨，将力量集中于民族群体的发展上。

（二）社会工作介入牧区社区的路径探析

由于牧区社区具有地域独特性、民族文化性、脆弱性成因多元性等特点，牧区社会工作将牧区社区的特征、主要发展瓶颈与我国的现实国情相结合，基于文化敏感性和社会工作专业价值观，运用适宜的社会工作方法和技巧为解决牧区社区脆弱性所带来的问题提供新的视角和途径。由于脆弱性给牧区社区和牧民自身都造成了一定程度的不利影响，因此，将从这两个层面基于发展和文化视角探析社会工作介入的路径。

1. 社会工作的介入视角

（1）发展的视角。通过以G嘎查为调查对象，作为内蒙古牧区社区脆弱性研究的典例，发现牧区社区脆弱性所带来的影响主要是牧区经济发展缓慢，导致生态环境持续遭到破坏，许多国家针对草原实施的政策只能解决近期的燃眉之急，而长期来看不利影响要多于益处。生态环境恶化、政策的不适应性和牧区市场化等多种因素使牧民生活贫困，入不敷出。因此，要基于发展的视角进行社会工作介入。这里所指的发展不仅是简单的经济增长，而是同社会的进步和生态环境的保护相互促进。此外，发展的视角还要注重挖掘牧区社区和牧民自身的优势资源，运用发展的眼光去看待社区和其中的居民，将社会工作“助人自助”的理念深入到实务过程中。

（2）文化的视角。牧区社区的民族多样性和民族文化就要求社会工作者在为服务对象提供服务时要运用文化的视角。少数民族有其特有的文化，包括生产生活方式、宗教信仰以及风俗习惯等。社会工作在对牧区社区进行介入时，要尊重地方性知识，这就要求社会工作者要有高度的文化敏感性，避免文化识盲，了解牧区发展和牧民生活的真实需求，尊重作为主体的牧民的文化价值，在提供社工服务的过程中，在理解民族文化的基础上找到社会工作的切入点。

2. 社会工作的介入路径

社会工作介入牧区可在宏观、中观、微观三个层面进行，基于牧区现实问题和牧民的真实需要，运用社会工作的专业方法，发挥社会工作者的宏观上的政策倡导、中观上的社区发展支持、微观上的资源链接以及潜力发掘等作用，促进牧区发展，提高牧民生活水平。

（1）政策倡导。从国家以往针对牧区实施的政策效果来看，将牧区牧民为政策的客体，不注重当地的地方性知识和牧民的看法，站在国家角度治理牧区，这不仅削弱了牧民的参与性和自主性，而且还不利于政策的落实。社会工作者作为政府与牧民之间的沟通桥梁，应提高牧民的参与度，提取重要的地方性知识作为制定牧区政策的考虑之一。此外，社会工作者要传递政策内涵，使政策真正惠及广大牧民。

解决由政策的不适宜性所带来的牧区生态、经济、社会关系及文化的脆弱性问题，首先，要建制和完善关乎牧区及牧民发展的政策。社会工作介入就要调查牧民在生产、生活各个方面的需求以及满足其需求的程度和途径，社会工作者将需求评估结果反馈给政府决策层以制定与牧民需求相适应的决策。社会工作的介入还体现在当牧民面对不公平的资源配置时，要有倡导、呼吁政府的主导作用。其次，一方面建立和完善环境、补贴、放牧政策，使政策具有普适性，能够真正惠及广大牧民；另一方面要在社区层面进行社会工作介入，基于社区的草原管理能够形成集体行动，在社区层面贯彻牧区政策才能够将政策与牧民联系起来，使政策更具有可操作性。

（2）提高牧区社区自主性和互助性，重构民族文化。基于本土生态知识的，以地方社区为主体的灵活的风险应对策略才能更为适应草原牧区高度变化的环境。提升牧区的自主性和牧民间的互助性才能形成集体行动力，对生态、社会关系脆弱性所带来的影响有更强的应对能力和适应能力。

社会工作的介入就要帮助嘎查社区建立一个互助网络，这个互助网络包括两个层级：第一个层级是由当地政府（盟、旗和苏木）为牧区及牧民提供服务支持，例如，提供牧业技术服务、提供金融贷款、草场的评估、市场及资源配置等；第二个层级是建立各牧户间的互惠网络。由于牧区的资源时空异质性强，G嘎查中的王府一队就要比王府三队牧户少且草场多。每个牧民个体需要联合形成牧户小组，共享水草等自然资源，进行轮牧以有效保护草原植被。此外，在繁忙的季节可以进行分工合作，减少人力的消耗。嘎查的王府一队附近有一个农区，如果能够同周边的农区建立良好的互惠网络，就能扩大牧民的避灾范围。牧户小组的形成能在牧区生态系统和社区的双重破碎化的现状中寻求合作以解决牧民纠纷增加、畜牧业成本高等问题。社会工作者在构建牧区的互助网络时，要协调政府、牧户等各方关系，根据牧户居住的就近原则进行小组划分，进而形成更大范围的互助网络进行合作。

近年来，在少数民族文化重构方面，政府所实施的城镇化等一系列发展战略和政策对牧区的文化改变起到决定性的作用。市场经济中的商业属性是现代城市文化的标志之一，这些城市文化会对牧区的文化体系进行冲击、辐射和渗透。而牧区社区自身对其文化变迁的影响体现在社区内部结构和规模、人口流动和牧区移民人数以及牧区社区文化特征和适应力。在现代化和市场化的过程中，牧区传统的生产生活方式发生变化，牧区社区的文化功能也逐步削弱。面对这一现状，社会工作用其独特的介入方法和技巧，以牧区牧民为主体，帮助牧民进行民族文化重构。

社会工作作为一个助人专业，有其自身的价值、信念和价值体系。但社会工作者深入民族地区开展社会工作，提供专业的社工服务时不能带有专业负载和理论负载，要保持高度的文化敏感性，理解文化差异。首先，要注重沟通交流方式，社会工作者在与牧民沟通时不能用牧民所陌生的专业术语，当需要牧民分享时仅用语言、文字会制约牧民的表达和创造能力，可以运用嘎查牧民喜欢的歌曲配词的方法，将分享的话唱出来。其次，在理解牧区民族文化的基础上，进行民族文化重构要按照牧民的意愿进行重构，例如，有些牧民希望开设一个讲述民族文化的老年小组，通过唱歌、口述史等方式为年轻人普及民族文化知识。这不仅有利于文化的传承，更能够提升牧区老年人的自我价值感和参与社区活动的积极性。再次，还可以组成一个妇女手工小组，制作蒙古族服饰和首饰配件，在传承文化的基础上提高经济收入。最后，社会工作在政策倡导层面，要提倡积极发展民族教育，加大政府对民族学校的师资投入，培养出更加优秀的少数民族人才，进而达到文化传承与发展的作用。

（3）资源链接。内蒙古牧区的支柱产业是畜牧业，游牧文化特色为蒙古族的民族特色。因此，在解决牧区经济、文化脆弱性问题就要在保护环境的基础上将经济发展与文化发展相结合，促进畜牧业和生态旅游业共同发展。G 嘎查是典型的牧区，主要的自然景观为草原，且每家每户都会做特色美食，都具有独特的民俗。因此，以此为出发点发展以草原文化为主题的旅游业，以保护生态环境为前提，发展可持续的、绿色的、生态的旅游业。

在气候环境较稳定的情况下，推动牧区生态旅游能够在一定程度上解决牧区经济发展缓慢、民族文化持守性等问题：一是生态旅游能够深度优化牧区产业结构，促进牧区第三产业的发展，也可以带动相关产业发展，例如，畜牧业、运输业、餐饮业、制造业、环保业、保险业、文化产业等的生产活动，从而带动牧区经济的增长。① 二是增加牧民收入。首先，推动牧民多元化就业，使牧民的增收渠道增多，使牧民不再单纯依靠畜牧业增加收入；其次，牧区旅游业的发展可以为牧民提供更多从事其他行业工作的机会，不仅能够缓解草原生态压力，还能丰富牧民的生活。三是有利于民族文化保护和传承，以促进社会稳定发展。旅游业的作用之一就是传承文化与发展文化，是一项文化特色很强的产业。在牧区推动旅游业发展，可以恢复和开发传统的民族习俗和文化，传承发展民族文化有助于提高牧区牧民的凝聚力和向心力。

发展牧区地区经济和特色产业的过程中，社会工作介入的切入点就是资源的链接。首先，社会工作者评估整合牧区自身的资源，并构建一个牧区社区的社会支持网络，联系政府、企业等多方共同推动牧区旅游业发展，进而提高牧民收入、促进牧区经济发展。G 嘎查附近就是葛根塔拉旅游区，这对嘎查的旅游业也有一定程度的带动作用，若能够有旅游项目的合作，更能够拉动牧区经济发展。其次，社会工作者可以链接资源为嘎查文化产业创建宣传平台，不仅可以提高其美誉度和知名度，还能找到文化产业的投资方和支持者，助其形成规模产业。最后，社会工作者作为资源链接者，要将所得外部资源合理分配和利用以促进牧区经济良性发展。

五、结论

改革开放以来，随着国家草原环境保护政策的实施、市场化进程的推进以及人口迁移和流动，加上气候变化等因素，牧区社区脆弱性逐渐呈现出来。牧区社区脆弱性问题对牧区和牧民生活产生了不利的影响。在牧区层面，生态环境趋于恶化、给牧区经济发展带来不确定因素，牧区社区缺乏活力以及牧区社区文化受到市场化和资本化的消极影响。在牧民层面，抵御自然灾害的能力减弱、生计变脆弱、牧民间互助性削弱以及文化的传承受到环境影响。本文的研究基于上述现实背景，在分析内蒙古牧区整体情况的基础上，从内蒙古 33 个牧业旗县中选取

① 马林，张扬．我国草原牧区可持续发展模式及对策探究［J］．中国草地学报，2013（2）：104-109.

了四子王旗G嘎查为调查地点，结合社会工作专业知识，分析和论证了牧区社区脆弱性的表现及原因，探析了社会工作介入的可能性。

牧区社区脆弱性是指当牧区社区面对潜在灾害危险时，牧区社区在面对各种逆境时所呈现的敏感性和适应性的缺乏，包括牧民应对灾害的能力。G嘎查地处四子王旗中南部，典型的荒漠化草原，冬季漫长寒冷，多寒潮天气；夏季短促凉爽，降水少而集中，年降水量300毫米左右。嘎查的基础产业为畜牧业，经济发展缓慢，产业结构不合理，并且靠近农区，受农耕文化影响较大，民族文化持守面临挑战。更重要的是，牧民生产生活受政策影响，不确定性有所增加。这些因素都为牧区社区脆弱性提供了土壤，使牧区社区脆弱性的表现具有多面性。

（1）牧区社区自然灾害频发。进入21世纪以来，G嘎查生态环境恶化程度加深，自然灾害如干旱、雪灾及风沙等灾害频发。在草原牧区自然灾害一旦爆发，牧民抵御自然灾害能力较弱，进而影响牧民的生产生活及牧区经济的发展。

（2）牧区社区经济增长放缓。乌兰察布市四子王旗从2006年以来的年生产总值及在全区101个旗县的排名来看，虽然整体呈上升趋势，但增长较为缓慢，排名越来越靠后。该旗县的牧民人均收入较低，位于101个旗县的后20%，并且收入增长极为缓慢。

（3）牧区社区互助性削弱。从早期的牧民集体放牧、相互帮助，随着市场经济的推进，牧户的原子化和个体化进一步加剧，家庭间的合作衰退，每家每户围绕草场、牲畜矛盾增加，在牧区偌大的不确定因素面前，生产生活越来越脆弱。

（4）牧区优秀传统文化发生变迁。牧民的生计方式发生变化、群体或个体的迁移和散布、社会制度和政策的转变以及不同群体间的竞争都会使得一个牧区传统文化发生改变，集体主义、互利互助等传统美德正在消失。

基于牧区社区所呈现出的脆弱性表现，本文分析了牧区社区脆弱性问题的原因，主要有以下四个方面：一是自然原因，内蒙古特殊的气候条件和地理位置使牧区草原环境具有不稳定性和脆弱性。二是政策原因。在G嘎查实施的草畜双承包政策、禁牧休牧政策等其他环境保护政策对牧民抵御自然灾害、提高适应性起到了一定程度的积极作用。但政策的制定和实施没有注重牧民的“地方性知识”，也没有考虑牧民的认知正当性，实施环节没有形成牧区社区集体行动力。三是牧区市场化的影响。市场化的推进，国家的助力有所减少却将牧民推向了商品化经营的轨道上，饲养牲畜、种植饲草、水利建设等成本使畜牧业增加对外部市场的依赖性，牧民的社会适应力在不断减弱。四是人口迁移与流动。人口迁移和流动所带来的文化对于本土牧区社区来讲属于新的文化要素，对固有的传统文化和生活方式会产生影响。外地流动人群会将草场的利用率最大化，而且对本地业已形成的管理体制服从性较差。

针对牧区社区多面复杂的脆弱性问题，笔者对牧区社区的社会工作介入可能性进行了探析。首先，在宏观层面上进行政策倡导。社会工作者作为政府与牧民之间的沟通桥梁，应提高牧民的参与度，提取重要的地方性知识作为制定牧区政策的考虑之一。此外，社会工作者要传递政策内涵，使政策真正惠及广大牧民。其次，在中观层面上提高牧区社区自主性和互助性，建立两个层级的，即政府、企业与牧区的互助网络。在构造社区文化方面，提出了利用社会工作小组方法如老年人口述史小组和妇女手工艺小组来重构民族文化的想法。在微观层面上为牧民进行资源链接，在保护生态环境的基础上将经济发展与文化发展相结合，促进畜牧业和生态旅游业共同发展。一方面促进牧区经济发展，另一方面能够传承民族文化。

通过研究，笔者认识到牧区社区脆弱性是多维特性的，分析其原因发现，多种脆弱性特征和原因是交互形成的。另外，社会工作介入牧区，可为解决牧区社区脆弱性问题提供新的思路，在介入中“发展”和“文化”的视角尤其重要。在尊重当地文化的基础上推动牧区发展。牧区社区脆弱性问题的分析和社会工作介入途径的探析，对解决牧民所面临的实际问题提供思路，促进牧区发展，推动民族社会工作的发展和丰富社会工作本土化具有重要意义。

参考文献

一、书籍

[1] 达林太，郑易生. 牧区与市场：牧民经济学［M］. 北京：社会科学文献出版社，2010.

[2] 王晓毅. 环境压力下的草原社区：内蒙古六个嘎查村的调查［M］. 北京：社会科学文献出版社，2009.

[3] 荀丽丽. “失序”的自然：一个社区的生态、权力与道德［M］. 北京：社会科学文献出版社，2012.

[4] 韩念勇. 草原的逻辑——警惕新名义下的农耕扩张［M］. 北京：北京科学技术出版社，2011.

[5] 王晓毅，张倩，荀丽丽. 气候变化与社会适应：基于内蒙古草原牧区的研究［M］. 北京：社会科学文献出版社，2014.

[6] 常宝，齐・巴特尔. 民族社会工作［M］. 上海：华东理工大学出版社，

2013.

[7] 阿拉腾. 文化的变迁——一个嘎查的故事 [M]. 北京：民族出版社，2006.

二、期刊

[1] 王关区，吴晶英，刘小燕. 内蒙古经济发展的成效、问题及对策 [J]. 北方经济，2016（11）：7-10.

[2] 王晓毅. 从承包到“再集中”——北方草原环境保护政策的分析 [J]. 中国农村观察，2009（3）：36-46+95.

[3] 王俊敏. 一种新型社区——牧区社区 [J]. 内蒙古大学学报（哲学社会科学版），1993（2）：11-19.

[4] 滕驰. 城镇化进程中的民族社区文化涵化分析——以内蒙古牧区社区为例 [J]. 晋阳学刊，2015（4）：101-105.

[5] 单平. 加快牧区社区发展建设和谐新牧区——巴彦托海嘎查合作组织考察启示 [J]. 北方经济，2008（9）：14-17.

[6] 徐立强. 从散居到定居：牧区社区建设尝试——以青海省天峻县织合玛乡扎查村为例 [J]. 柴达木开发研究，2011（1）：27-29.

[7] 李国平. 加快推进农村牧区社区建设的思考 [J]. 中国民政，2012（7）：44-45.

[8] 张倩. 牧民应对气候变化的社会脆弱性——以内蒙古荒漠草原的一个嘎查为例 [J]. 社会学研究，2011（6）：171-195+245.

[9] 敖仁其，文明. 资源利用方式改变与社会经济脆弱性关联探讨——以内蒙古牧业区 Y 嘎查为例 [J]. 广西民族大学学报（哲学社会科学版），2013，35（4）：46-51.

[10] 海山，乌云达赖，孟克巴特尔. 内蒙古草原畜牧业在自然灾害中的“脆弱性”问题研究——以内蒙古锡林郭勒盟牧区为例 [J]. 灾害学，2009，24（2）：105-109+137.

[11] 张银花. 中国本土化社会工作：牧区社会工作探析 [J]. 社会工作，2011（3）：34-36.

[12] 张萌. 社会工作介入精准扶贫的可行性及路径选择 [J]. 山西青年，2016（9）：174.

[13] 李俊杰，其乐木格. 干旱牧区特殊类型贫困治理研究——以锡林郭勒牧区为例 [J]. 内蒙古民族大学学报，2015，35（4）：60-66.

[14] 严樨. 民族地区灾害社会工作介入路径分析 [J]. 社会工作，2013

(1)：65-70+153.

［15］何乃柱. 文化识盲与文化能力——民族地区灾害社会工作实务中的文化问题［J］. 开发研究，2014（3）：82-86.

［16］荣增举. 民族社区社会工作实务模式的探索——以尖扎县吉利藏族移民社区项目为例［J］. 青海民族研究，2012，26（2）：188-191.

［17］Adger W. N., P. M. Kelly. Social Vulnerability to Climate Change and the Architecture of Entitlements［J］. Mitigation and Adaptation Strategies for Global Change, 1999，4（3）：253-266.

［18］黄匡时. 脆弱性分析与脆弱人口的社会保护［J］. 中国人口·资源与环境，2009（12）：227-236.

［19］Adger W. N. Social and Ecological Resilience：Are They Related?［J］. Progress in Human Geography，2000，24（3）：347-364.

［20］Turner Ⅱ B. L. T., R. E. Kasperson, et al. A Framework for Vulner-ability Analysis in Sustainability Science［J］. Proceedings of the National Academy of Sciences of the United States of America，2003，100（14）：8074-8079.

［21］陈素华，宫春宁. 内蒙古草原气候特点与草原生态类型区域划分［J］. 气象科技，2005（4）：340-344.

［22］靳乐山，魏同洋，胡振通. 牧户对气候变化的感知与适应——以内蒙古四子王旗查干补力格苏木为例［J］. 自然资源学报，2014，29（2）：211-222.

［23］哈斯额尔敦，苏米雅. “正当性”理论视角下的草场管理政策认同研究——以内蒙古锡林郭勒盟B嘎查为例［J］. 内蒙古社会科学（汉文版），2014（7）：177-180.

［24］王思斌. 民族社会工作：发展与文化的视角［J］. 民族研究，2012（4）：1-7+107.

［25］马林，张扬. 我国草原牧区可持续发展模式及对策探究［J］. 中国草地学报，2013，35（2）：104-109.

［26］滕驰. 城镇化进程中的民族社区文化涵化分析——以内蒙古牧区社区为例［J］. 晋阳学刊，2015：101-105.

三、学位论文

［1］郑甲青. 内蒙古牧业合作社发展研究——以锡林郭勒盟地区为例［D］. 内蒙古大学硕士学位论文，2014.

［2］额尔敦. 内蒙古牧区社区及社区旅游发展研究［D］. 内蒙古师范大学硕士学位论文，2011.

[3] 丁文强. 我国北方草原区牧户脆弱性评价——以内蒙古荒漠草原区为例[D]. 兰州大学硕士学位论文，2011.

[4] 刘江涛. 社会工作视角下的西安少数民族社区工作经验分析——以西安X回族社区为例[D]. 西北大学硕士学位论文，2014.

四、官方资料

[1] 内蒙古自治区历年统计年鉴.

[2] 农村牧区基层组织和农牧业基本情况（2014年）[EB/OL]. http://www.nmagri.gov.cn/zwq/tjsj/533171.shtml.

[3] 内蒙古自治区教育厅. 各年内蒙古自治区教育事业统计简报（2010-2015）[EB/OL]. http://www.nmgov.edu.cn/zfxxgk/zdgk/jytj/.

[4] 内蒙古自治区卫生厅. 各年内蒙古自治区卫生事业统计简报（2012、2013）[EB/OL]. http://www.nmgwjw.gov.cn/doc/2014/06/25/56636.shtml.

附录　访谈提纲

一、社区基本情况

1. 村庄面积
2. 地理位置
3. 地形特征
4. 自然资源
5. 草场面积和耕种情况
6. 社区的电力供应情况
7. 社区的供水情况
8. 社区的道路建设情况
9. 社区卫生设施（医疗点、兽医站）情况
10. 社区文体设施情况
11. 社区广播电视普及情况
12. 社区的通信（固定电话和手机）情况
13. 社区的网络情况
14. 社区教育（学校、教师、学生、教学设施）情况
15. 社区商业网点
16. 社区福利服务设施

二、村民的基本情况

1. 民族构成
2. 家庭成员及其年龄结构
3. 家庭流动、搬迁情况
4. 居住情况

（1）住房材质和面积
（2）房屋结构（格局）
（3）盖建时间
（4）盖建成本及其来源
（5）家畜棚圈材质和面积
（6）庭院面积
（7）其他建筑物

5. 职业
(1) 畜牧业从业人员有
(2) 务农人员有
(3) 经商人员有
(4) 外出打工人员有
6. 家庭成员的外出情况
(1) 外出成员
(2) 外出地点
(3) 每个人的外出原因
(4) 在外经济收入
(5) 外出人员一年中回家探亲次数、每次滞留时间

三、生产情况

1. 关于草场
(1) 草场面积
(2) 建围栏网的草场的面积
(3) 草场秋割及其数量
2. 家畜养殖情况，以________________________________为主，其中
(1) 牛
(2) 绵羊
(3) 山羊
(4) 马
(5) 骆驼
(6) 其他，猪：____，鸡：____，以及____________________。
3. 种植情况
(1) 种植种类
(2) 种植面积
(3) 种植用途
4. 家庭生产收入情况
(1) 2015 年的收入金额：______ 元。
(2) 草场补贴：________ 元，农耕补贴：__________元。
(3) 畜牧产品和农产品出售收入和金额：________ 元。
(4) 其他收入
5. 家庭支出情况

（1）2015 年的支出金额：__________元。

（2）支出项目和金额：吃、穿：____________，房屋修理：________ ，答礼：______ ，医药：_________供应学生：______，其他：__________。

6. 生产材料购买情况（2015 年）：

（1）干草：________ 吨，每吨价格：____________ 元。

（2）饲料：________ 吨，每吨价格：____________ 元。

（3）雇佣劳动力酬金

（4）其他

7. 交税情况（2015 年）

8. 主要生产劳动方式

9. 不同劳动力的主要劳动时间

10. 不同劳动力的闲暇时间

四、生活状况

1. 一般________点起床，_________ 点睡，午睡时间是____________。

2. 早点吃______ ，午餐吃____ ，晚餐吃 __________ 。

3. 主食是

4. 常吃的蔬菜是

5. 常吃的肉类是

6. 饮酒情况

7. 其他

8. 服饰

9. 主要工具

10. 参加宗教活动情况

五、健康卫生

1. 家里有没有生病的人

2. 村里常见的疾病

3. 出现过的传染病

4. 家里有没有血压不正常的人

5. 其他各种疾病

6. 有没有医疗保险

7. 家里最长寿的人（岁数）

8. 有土法偏方吗？

9. 有非正规医生吗？

六、村庄组织情况

1. 党组织

（1）成立时间

（2）现任书记、委员

（3）选举产生时间

2. 村委会

（1）现任主任

（2）选举产生时间

（3）工作分配

（4）开展工作情况

3. 乡（苏木）人民代表大会代表和产生时间

4. 农村牧区经济组织（股份制经济组织、合作社）

5. 其他正式基层组织

6. 非正式组织

（1）宗教组织

（2）兴趣小组

七、半结构访谈内容

1. 村庄的历史

2. 风俗习惯

（1）婚葬嫁娶

（2）民间文艺

（3）列举 10 个禁忌习俗

（4）列举日常生活中对事物善恶判断（即价值观）

牧区慢性疾病地方性漠视的社会工作实践研究

王　鹏　哈斯额尔敦

【内容摘要】本文以内蒙古自治区四子王旗G嘎查为例，通过分析内蒙古牧区家庭和牧民患有慢性疾病的地方性特征，提出牧区慢性疾病应对实践中的文化生态地方性漠视问题。在阐述牧区慢性疾病漠视的制度、机构、社区、家庭和个人等层面表现的基础上，指出基于牧区文化生态关联地方性，开展社会工作实践研究，探讨适合牧区的家庭健康照顾模式，对于有效应对牧区慢性疾病具有实际意义。

【关键词】牧区；疾病漠视；文化生态；社会工作实践研究

疾病给人类社会造成的困扰从未间断。如何应对疾病已成为人类社会最为关注的生理、社会与文化生态问题之一，当然它在人类社会不同时代和区域的表现会存在差异性。近现代社会为提升受疾病困扰者的社会福祉，应对疾病的探索不再仅仅限于医学领域。从人文和社会科学领域结合医学探讨疾病问题，加深了人类社会对疾病问题的整体理解，拓展了人类社会摆脱疾病困扰和焦虑的治理路径。在社会学和人类学的研究中对疾病问题有了众多深层次探讨，并形成了疾病社会学、医学社会学、健康社会学、医学人类学等分支学科。

从社会学和人类学学科相关研究出发，疾病问题可以在广义上划分为精神和心理疾病问题、生理和器质疾病问题等两种类型。在精神和心理疾病研究方面，与心理学相对应，社会学和人类学更多关注社会和文化因素对于精神和心理疾病困扰的主导作用，例如，福柯对精神病人的知识考古学研究。由此可知，精神和心理疾病与身体生理和器质疾病并不限于类型上的划分，常常是相互塑造和影响，又如，医学社会学研究认为关键在于人类社会中一些重大疾病面临高度的污名化和社会排斥，导致患病者遭受严重的生理和精神损伤，阻碍了个体的职业机遇和社会化能力（周青松，2013）；疾病的原因应该在社会因素中有更多的探讨，人们社会行为的改变是治愈疾病的必要方面（王召平、李汉林，2002）。疾病与文化之间互动的关系则是医学人类学的独特切入点，医学人类学倾向从生态、文化与医学结合的视角来研究人类的疾病和健康问题（明海英，2017）。

社会工作是一门为应对社会问题而进行实务方案规划与具体服务提供的实践应用社会学科。在疾病问题方面，近十年来社会工作介入服务与实践研究积累了丰富经验。例如，分支学科医务社会工作为应对疾病问题在社会工作理论、方法与实务方面的探索。它倡导新医学模式为病人提供疾病的治疗与康复的专业化服务，帮助病人实现治疗康复目标、缓解生理痛苦、提供心理支持、延长生命或提高生活质量、努力回归社会（李义军，2009）。但疾病问题在文化和地域生态等方面存在差异性，如影响穆斯林回族妇女疾病和健康因素包括地理环境、社会、区域文化和性别因素四个方面（徐黎丽等，2009）。不同文化和地域生态情景下人们对疾病认知的差异，从根本上决定对于疾病的处置原则和措施的取舍（梁正海、马娟，2013）。例如，庄孔韶拍摄《虎日》记述小凉山彝族群众举行民间仪式进行戒毒的实践，探讨了以文化的手段和力量来对抗生物性疾病的可能性（徐义强，2011）。因此社会工作在应对疾病问题、推展实务服务与实践研究过程中，仍需对历史与民族、文化与生态等地方性情景的文化隐喻与社会象征（王曙光等，2002）保持敏感性。

一、牧区慢性疾病的地方性特征

“地方性知识”（Local Knowledge）在格尔茨（1983）看来，区别于课本上学来的普遍的、规律的结构化或标准化知识，它是具有文化特质的地域性的知识，是有待于“深描”并阐释意义的文化文本。地方性知识的确认对于传统的一元化知识观和科学观具有潜在的解构和颠覆作用（叶舒宪，2001）。可见，“地方性”作为知识文本的情景定义，是从文化相对论的角度阐释了知识文本的多元化，并且只有承认与换位理解知识文本的地方性，才能真正扩展对普遍性的认识。当然“地方性”也可以被理解为人在空间的在地化，如文化地理学通常强调“地方性”（Placeness）作为地方的独特性，是主体产生的与这个地方不可割裂的情感联系（唐顺英、周尚意，2011）。因此，在本文中将地方性定义为基于文化的多元化和生态空间的独特性所形成的有别于单一化和标准化的特殊情景意义，即在特定的文化生态情景中理解地方性的价值。

牧区慢性疾病是牧区牧民需要应对的主要疾病问题。预防和治疗慢性疾病以排解其带来的困扰是牧区牧民的基本社会需求之一。2016 年牧区地方性疾病课题组开展了以内蒙古自治区四子王旗 G 嘎查牧民为服务和研究对象的需求评估调查。

G 嘎查行政区划属于内蒙古自治区乌兰察布市四子王旗。该嘎查草场面积为

69.6万亩，草场覆盖嘎查全域①，嘎查牧民以畜牧业为主，为牧业嘎查。嘎查内家庭户数为226户，总人口为518人，家庭户平均草场面积约为3079.65亩，人均草场面积约为1343.63亩，家庭户居住密度约为0.49户/平方千米，即每10平方千米面积居住的家庭近5户，嘎查内临近家庭居住平均间距约为1.5千米。嘎查牧民居住空间和从事的生计方式说明G嘎查为典型（花立民等，2012）的牧业社区②。2016年5月课题组选取G嘎查内46户③家庭进行了需求评估调查，需求评估项包括社区基础设施、家庭居住、家庭生计方式、家庭生活、家庭卫生健康、社区组织情况等方面。入户调查发现：30户家庭中成员分别患有“三高”症状、关节炎、心脏病等慢性疾病及布鲁菌病，有患病成员的家庭约占总入户家庭的65%。相比较入户需求评估其他方面，课题组确定家庭成员慢性疾病问题是G嘎查内牧户家庭普遍面对和需要解决的问题。

为明确慢性疾病对于牧区患病家庭成员的影响，2017年8月课题组对39位④患有慢性疾病的牧民进行了疾病状况及治疗情况的入户调查，调查内容包括患病基本情况（患病时间、原因、症状）、治疗过程、治疗遇到的困难、自身及周边亲属邻里关系变化、地区常见疾病预防与治疗改变愿望等方面。经调查发现：23位牧民同时存在两种及以上慢性疾病并发症状，约占调查对象的59%。39位牧民中患病时间为2年以上的约占95%。患病原因大多是由于气候寒冷、户外体力劳动、饮食以及羊羔接生等导致。患慢性疾病的家庭成员表现为身体上多种不适，心理上有压力感，而对治疗过程和效果都无信心，或认为病情反复、效果不明显。在患慢性疾病治疗方面的经济支出较多，存在家庭经济压力。患慢性疾病牧民照顾工作基本由配偶、子女等家庭主要成员承担。

通过两次牧区慢性疾病调查，课题组认为慢性疾病给牧户家庭及牧民生产生

---

① G嘎查面积约为464.1平方千米，约等于嘎查内草场面积69.6万亩。

② 据《内蒙古自治区第三次全区农牧业普查主要数据公报》和《2017内蒙古统计年鉴》，2016年度内蒙古自治区实际经营的牧草地（草场）面积54231.26千公顷，牧业从业人员为97.66万人，由此估算内蒙古自治区牧业从业人员人均牧草地（草场）面积约为834.34亩。G嘎查人均草场面积高于内蒙古全区平均值。

③ 选取入户调查的家庭数占G嘎查总家庭数的1/5，选取方式为根据嘎查内家庭户行政属性和地域分布属性确定入户家庭，如嘎查地域上以贯穿嘎查的省道分为道东及沿路牧户与道西及沿路牧户，道西牧户又分为一组和三组嘎查行政组牧户。

④ 实际入户45户家庭，对46位牧民进行了患有慢性疾病情况调查，其中，7位牧民认为自己没有患有慢性疾病，在39位患有慢性疾病牧民中有5位牧民是2016年入户调查对象。因此2016年和2017年两次入户调查共86户家庭，占G嘎查家庭总户数的38%，而其中患有慢性疾病成员的家庭占两次总入户家庭数的74%，相比2016年入户调查65%的比例，可以认为慢性疾病已成为G嘎查多数牧民家庭需要应对的问题。

活造成了明显的影响，在影响范围上是较为普遍的，在影响程度上已经嵌入牧区的经济社会生活。但时至今日国家及地方医疗保险制度已逐步完善[①]，医疗保障服务体系发挥的作用也愈加明显，为何慢性疾病仍在较高程度上困扰G嘎查牧户家庭及牧民呢？这就需要从医疗保险制度的相关规定对照G嘎查牧户家庭及牧民需求来考察牧区慢性疾病的地方性特征。

1. 牧区慢性疾病的空间性考量

例如，《乌兰察布市城乡居民基本医疗保险管理暂行办法》（以下简称《暂行办法》）中规定“门诊特慢病在定点医疗机构就医购药的，由统筹基金按比例进行支付，在非定点医疗机构和零售药店购药的统筹基金不予支付”。G嘎查为典型牧业社区，牧户家庭居住空间分布较为分散，在牧区设立定点卫生所较难发挥其便利的优势。有可能也正是这个原因，虽然G嘎查有卫生室并配备了常用药物，但很少有牧民问津于此。牧民如果选择去定点医疗机构就医购药，就必须前往距嘎查中心区域35千米外的四子王旗，分布于嘎查中心区域周边的牧户家庭距离四子王旗会更偏远一些。简单地说，对应牧区慢性疾病诊疗成本，疾病的空间成本更容易被忽略，如到四子王旗定点医疗机构就医购药的费用可能低于往返的车旅、燃油等相关费用。

2. 牧区慢性疾病的时间性考量

时间性密切联系着牧区慢性疾病的空间性。例如，《暂行办法》规定“符合门诊特慢病病种的患者，实行申报认定制”，并要求到二级以上公立医疗机构诊断及医保机构申报，且符合认定的病种，才能享受门诊慢性病待遇。G嘎查牧民如要进行慢性疾病诊断并办理相关手续，基本上没有办法在一两天内完成，需要在G嘎查和四子王旗之间往返多次。即使享受门诊慢病待遇，在跟进诊断以及购药数量上仍有限制，牧民需要定期往返四子王旗购药。牧区慢性疾病的时间性约束使得G嘎查牧户家庭及牧民很难正常安排家庭的生产和生活。

3. 牧区慢性疾病的生态情景考量

现代医学对疾病的诊治倡导治疗和预防保健相结合，积极配合药物治疗的同时，注重预防和保健因素对于疾病患者康复的作用。从慢性疾病方面来说，特定的慢性疾病需要持续的药物治疗才能表现出药理作用，同时在日常生产生活中应避免加重慢性疾病的生活或工作情况的重复，养成适合慢性疾病患者康复的保健

① 如2016年国务院制定了《国务院关于整合城乡居民基本医疗保险制度的意见》、内蒙古自治区制定了《内蒙古自治区人民政府关于建立统一的城乡居民基本医疗保险制度的实施意见》，2017年乌兰察布市颁布了《乌兰察布市城乡居民基本医疗保险管理暂行办法》。

习惯。但G嘎查牧户家庭以畜牧业为主，这种生计方式决定了家庭经济收入的获得时间为冬季。一年中其他时间的经济支出需要通过对集中于冬季家庭经济收入进行合理分配，一旦分配不当或一些负担项过多过重，牧户家庭持续的药物治疗支出就会受到影响或中断，达不到药物预期的药理效果。此外由于牧区畜牧的生计和生态特征，在生产劳动、生活饮食习惯以及气候等方面都难以达到一些慢性疾病的康复保健条件的标准。

4. 牧区慢性疾病的文化情景考量

文化情景既存在普遍性，也存在特殊性。从国家和制度的角度来看，文化情景的普遍性表现为统一化说明和标准化规范；而从地方和民族文化的角度来看，文化情景的特殊性就会表现出来，即多元化赋义和丰富化蓄意。例如，《暂行办法》规定“门诊特慢病的用药范围参照职工基本医疗保险慢性病管理办法执行，病种可根据实际情况作适时调整”，可见医疗保险制度尽可能对慢性疾病的病种和用药做详尽说明并纳入规范。但慢性疾病在不同地域和民族文化中临床症状表现与致病原因解释等方面的差异性，使医疗保险制度很难做出说明和规范。G嘎查是以蒙古族牧民为主的牧业社区，蒙古族文化传统中在应对各类疾病方面是有很多种方法的，如蒙医药的发展，这是一个赋义的过程。但在G嘎查牧户家庭及牧民中只有少部分人运用蒙医药或中医药治疗慢性疾病，而更多直接选择西药治疗。但无论选择哪种方式治疗，多数患有慢性疾病的家庭及牧民反应是治疗效果都不明显或病情反复。当有些家庭牧民尝试用一些新的方法，如结合地方性传统文化因素的蒙医药疗法，常常在医疗保障规定范围之外。

二、牧区慢性疾病漠视的基本表现

牧区慢性疾病漠视问题具体地说是对牧区慢性疾病的文化生态关联地方性的漠视问题。当人们珍视的价值受到威胁时，便会产生危机感，成为个人困扰或公众论题；但当人们不知道他们珍视什么价值，也未感到什么威胁时，就是一种漠然的状态（米尔斯，2013）。牧区慢性疾病在普遍范围上已嵌入牧户家庭及牧民的生产生活，但无论在个体层面还是制度层面，文化生态关联地方性的价值对于牧区慢性疾病诊断和治疗的意义仍未被认识，因此也未感到地方性的忽略对于牧户家庭及牧民应对慢性疾病有什么威胁。显然这种漠然状态的持续会使牧区慢性疾病持续给牧户家庭及牧民带来难以名状的困扰和心神不安的焦虑。

其实，2017年国务院就针对慢性疾病制定了《中国防治慢性病中长期规划（2017-2025年）》（以下简称《规划》）。《规划》中对慢性疾病给出了基本定义：“慢性病主要包括心脑血管疾病、癌症、慢性呼吸系统疾病、糖尿病和口腔疾病，以及内分泌、肾脏、骨骼、神经等疾病”，并指出慢性疾病影响因素的综合性和复杂性，同时规划了防治慢性疾病的策略与措施。可见在国家制度层面，慢性疾病已经被视为严重威胁居民健康的一类疾病，成为影响国家经济社会发展的重大公共卫生问题。但《规划》中防治慢性疾病的各项策略与措施对于人口及家庭分布相对集中的城乡区域居民具有预期作用，而对于人口及家庭分布相对分散的区域居民，例如，牧户家庭及牧民，仍然缺少针对性意义。而这一点在乌兰察布市医疗保险《暂行办法》规定中也是如此，如乙类和丙类疾病的门诊特慢性疾病待遇支付标准为起付线500元，报销比例60%（精准扶贫对象按80%报销），年度最高支付额度分别为4000元和1500元。对于牧区患有慢性疾病的牧民及家庭来说，一次性门诊支出达到起付标准线的并不多，反而多次门诊支出合计远远超出起付标准线和年度最高支付额度，再加上从牧区前往城镇就医购药的空间成本，牧户家庭及牧民在治疗慢性疾病上需要更高的成本支出，而医疗保障服务体系在节省医疗支出和提供便利医疗服务方面的作用对于牧户家庭及牧民来说并不十分明显。可以说在制度层面，针对牧区慢性疾病问题仍处于文化生态关联地方性的漠视状态。

1. *在医疗机构和社区层面*

牧区慢性疾病漠视的情况则更为明显。G嘎查社区有卫生室并配备了常用药物医药箱，但很少有牧民去过卫生室，原因在于嘎查卫生室对于慢性疾病诊治没有发挥实质作用。G嘎查所在的苏木有一个乡卫生所，并配有医生，但一些牧民认为乡卫生所里的医生为“赤脚医生”，根据2016年课题组入户调查，去过嘎查卫生室和乡卫生所诊治的牧民并不多。乡卫生所距离G嘎查仍有10多千米，对于一些牧民及家庭来说与其去乡卫生所，还不如直接去四子王旗里的定点医疗机构。2018年1月课题组通过链接呼和浩特市医疗机构资源为G嘎查自愿参与的165位[①]牧民进行了免费体检。体检结果显示“三高症”检验指标中比例较高有：血压指标，收缩压偏高76人，舒张压偏高56人，分别约占体检总人数的46%和34%；血脂指标，高密度蛋白质偏低49人，约占30%；血糖指标，葡萄糖偏高21人，约占13%。肝功能检验指标中，谷氨酰转肽酶偏高27人，谷丙转氨酶偏高38人，分别约占16%和23%。彩超检查脂肪肝60人，约占36%。医疗机构给出的体检统计报告中还指出心血管疾病76人，约占46%；在妇科检查中，慢性

① 其中有19位牧民是2016年或2017年入户调查时的调查对象，参加体检的牧民人数占G嘎查总人口数的32%，未参加体检的牧民在后期调查中反映，主要是冬季道路交通不便以及家庭畜牧生产需要劳动力等原因未能参加。

宫颈炎 54 人，阴道炎 47 人，分别约占体检 93 名女性的 58% 和 51%。从体检结果可以看出，患有心血管疾病、“三高症”脂肪肝以及慢性炎症等疾病的人群占 46%~79%，此外，关节病、布鲁菌病等疾病临床表现多为持续的慢性症状，影响因素综合且复杂，较难通过简单的医学指标进行明确诊断，而在课题组前期调查中家庭及牧民反应的患病表现也多为此类慢性症状，由此可以推论在 G 嘎查患有慢性疾病的牧民及承受慢性疾病影响的家庭均不低于嘎查总人口数及户数的 2/3。尽管 2018 年 2 月课题组链接医务人员前往 G 嘎查进行体检报告说明及诊断与预防宣传，但医疗机构及医务人员更多针对疾病的医学指标与身体机理症状进行说明、诊断和药物治疗，而在关联 G 嘎查的文化生态等地方性特征，以寻求解释慢性疾病致病原因、可行性预防措施以及持续有效地整合治疗方法等方面上缺少关注。这一状况的存在使患有慢性疾病的牧民及家庭普遍感受是疾病治疗效果不明显或病情反复，而非所患疾病症状的持续减轻与身体状态的改善。

2. 在家庭和牧民个体层面

牧区慢性疾病的预防、体检与治疗得到牧户家庭和牧民的普遍关注，他们通常也有自己的逻辑寻找方法以应对慢性疾病带来的问题，但这些方法往往并不能摆脱牧区慢性疾病结构性困扰中的漠视状态。2018 年 6 月课题组再次进行入户调查，调查内容主要包括牧户家庭及牧民对于体检服务的关注情况及建议、家庭成员健康状况、患慢性疾病致病原因、慢性疾病造成的问题及应对方法等。课题组对 53 位牧民进行了访谈。在访谈中，参加过 2018 年 1 月项目体检服务的牧民认为体检效果较好，对自己的健康状况有了更多了解，并且对患有的慢性疾病有了阶段性的药物治疗，同时建议项目能够再次提供有针对性的体检服务，如 G 嘎查常见的慢性疾病；没有参加项目体检服务的牧民认为体检很重要，希望下次体检服务能安排在秋季进行，原因是冬季、春季、夏季是牧区牧业生产劳动工作较多的季节，且冬季会有交通不便问题，夏季是牧区旅游旺季等因素影响。可见牧户家庭和牧民是普遍关注自己身体健康状况的，但又存在限制关注的因素，例如，针对牧区慢性疾病地方性特点的专项体检较难获得以及牧区牧业生产活动空间性与季节性约束等。

3. 在家庭成员健康方面

访谈的 53 位牧民中患有慢性疾病及具有疼痛、无力感、行动不便、身体不适等临床症状的牧民有 49 人，约占访谈总人数的 92%，而 53 位牧民的家庭中至少有 1 人存在慢性疾病的临床症状。有关牧区慢性疾病致病原因，大部分牧民认为牧业体力劳动重、气候寒冷、脂肪过高的饮食结构、水质较差等是主要致病原因。也有牧民认为牧区生产生活的卫生防疫措施不足或引进的外来羊种传染而致病，例如，布鲁菌病感染与牧民接生羊羔、处理带病羊等疾病防疫工作疏忽有关，或小尾寒羊、黑头羊等外来羊种更容易感染布鲁菌病。还有一些牧民认为不清楚致病原因，莫名得了病。患有慢性疾病给大部分家庭造成了经济负担的问题，虽然较少存在因病致贫的情况，且有医疗保险作为保障。但因慢性疾病治疗过程病情反复，用于医药费及相关就医购药方面的支出构成家庭整体支出的重要部分，从而难以承受自然灾害、畜牧产品价格下降等其他因素给家庭收支带来的风险。

此外，慢性疾病的身体疾痛体验和患病照顾工作使牧户家庭和牧民产生难以摆脱的心理压力，而慢性疾病已嵌入牧区社会生产生活，文化生态关联地方性的漠视使牧户家庭和牧民对于持续摆脱慢性疾病困扰缺乏信心，以及表现出明显的无助感。当然牧户家庭和牧民为应对慢性疾病带来的问题仍有一些方法，例如，通过旅游开发、外出打工等方式来增加家庭收入，以降低慢性疾病家庭支出所占比重。或者通过在城镇就业的家庭成员为牧区家庭成员捎带药物、水果蔬菜食品以及生活必需品，以降低往返牧区与城镇之间的治疗和生活成本。还有些家庭只能通过控制饮食来避免慢性疾病症状加重，或者尝试运用牧区蒙医药进行治疗。虽然大部分治疗费用在医疗保险报销规定之外，但相对价格可以接受的、口碑较好的蒙医药，仍是G嘎查家庭和牧民治疗慢性疾病的一种选择。

通过课题组此次调查可以发现，牧户家庭和牧民尽可能运用地方性知识维系在牧区生产生活的家庭功能，减轻慢性疾病的持续存在给家庭和牧民个体带来的负面影响，却无法从牧区慢性疾病的困境中走出来。其中原因更应该在结构层面来探讨，即慢性疾病在牧区表现出的地方性特征，与牧区的文化、生态是密切相关的，忽视或断裂地来看文化和生态因素对牧区地方性疾病存在的影响，是一种对牧区慢性疾病文化生态关联地方性的漠视，而这种漠视在制度、医疗机构和社区乃至家庭和个体层面都有明显的表现。

三、牧区慢性疾病地方性的社会工作实践研究

社会工作实践研究是融实践服务提供和知识生产研究于一体的社会工作研究范式。它不是一门学科，也不是一种方法，却构成社会工作的特质（何国良，2017）。实践研究的兴起是社会工作专业在当前世界经济和社会形势下对责信要求的回应（邓锁，2017），但实践研究至今仍存在“证据为本”与反思性对话之间的实践路径或模式的争论或反思（郭伟和等，2012；李树文，2014）。例如，“证据为本”模式被认为是社会工作获得最佳实践的一整套基本理念和操作架构（何雪松，2004），基于证据使政府购买服务科学化，社会工作人员可以使用更加

专业的系统评价为社会工作提供当前最佳的决策证据（拜争刚等，2017），在科学依据、高级别证据、标准化量表、人群与领域拓展等方面社会工作需要证据为本的实践（范斌、方琦，2017）。

而反思性对话实践或被称为“第二类实践研究”不期望在文献证据中获得有指导决策的实践方法，它力求分析每一个个案获得“实践智慧”“实践技巧”个案经验及个案介入的特殊性，构成发展知识的实体，在社会工作日常介入的实践场域过程与成果中领引知识生产（何国良，2017）。《索利斯堡宣言（2008）》将社会工作实践研究定义为实践过程中持有好奇心，以确认那些完善的和可行的助人方法，同时通过实践的批判性检验挑战有问题的实践，借由实践经验发展新观念。社会工作实践研究强调对于实践复杂性的理解。

上文对于牧区慢性疾病文化生态关联地方性及其漠视问题的讨论，可以视为一个持续的社会工作实践研究的过程。通过实践性反思，课题组认为在以往解决牧区慢性疾病问题的经验与方法中，无论是在制度、医疗机构与社区层面，还是家庭和个体层面，都缺少对文化生态关联地方性的关注，其结果使牧区家庭和牧民既认识到牧区慢性疾病问题的存在，又无法摆脱其带来的困扰。课题组从 2016 年 5 月开始，在两年多的时间里进行了五次实践服务介入工作，其中，三次为入户调查和家庭咨询服务。在三次入户调查中分别对问题与服务需求、问题影响程度、问题产生原因三个方面进行逐步的深入理解，并增加了课题组在实践服务和研究中对于牧区慢性疾病的文化生态关联地方性的关注，以反思现有应对牧区慢性疾病的实践对文化生态关联地方性漠视所造成的问题。课题组仍将继续针对牧区慢性疾病问题进行反思性实践与研究，基于文化生态关联地方性，在牧区家庭和牧民日常生活实践与经验中探讨发展适合牧区的家庭健康照顾的慢性疾病应对模式。

参考文献

[1] 周松青. 西方疾病社会学研究综述 [J]. 人文杂志，2013（10）：122-128.

[2] 王召平，李汉林. 行为取向、行为方式与疾病——一项医学社会学的调查 [J]. 社会学研究，2002（4）：66-76.

[3] 明海英. 医学人类学：探究疾病与文化互动关系 [N]. 中国社会科学报，2017-08-25.

[4] 李义军. 医务社会工作对疾病治疗康复的介入思考 [J]. 医学与哲学（人文社会医学版），2009（7）：36-38.

[5] 徐黎丽，孙金菊，玛丽亚·雅绍克. 穆斯林妇女疾病和健康的人类学考

察——以甘肃临夏回族自治州某村庄为例［J］. 中南民族大学学报（人文社会科学版），2009（4）：16-21.

［6］梁正海，马娟. 论地方性疾病认知与处置特点——基于武陵山区四个土家族村落的人类学考察［J］. 贵州民族研究，2013（4）：83-88.

［7］徐义强.《虎日》的医学人类学解读：以文化的力量对抗疾病［J］. 医学与社会，2011（8）：10-13.

［8］王曙光，张胜康，吴锦晖. 疾病的文化隐喻与医学社会人类学的鉴别解释方法［J］. 社会科学研究，2002（4）：86-92.

［9］叶舒宪. 地方性知识［J］. 读书，2001（5）：121-125.

［10］唐顺英，周尚意. 浅析文本在地方性形成中的作用——对近年文化地理学核心刊物中相关文章的梳理［J］. 地理科学，2011（10）：1159-1165.

［11］花立民，周建伟，焦婷，蒲小鹏，王巧玲. 青藏高原牧区典型家庭牧场选择方法研究——以甘肃省玛曲县为例［J］. 草业科学，2012（7）：1170-1175.

［12］内蒙古统计局. 2017 内蒙古统计年鉴［M］. 北京：中国统计出版社，2017.

［13］［美］C. 赖特·米尔斯. 社会学的想像力［M］. 陈强，张永强译. 北京：生活·读书·新知三联书店，2013.

［14］何国良. 久违的实践研究：创造社会工作学的路向［J］. 中国社会工作研究，2017（2）：1-43+228.

［15］邓锁. 国际社会工作实践研究会议系列宣言［J］. 中国社会工作研究，2017（2）：209-222+232.

［16］郭伟和，徐明心，陈涛. 社会工作实践模式：从“证据为本”到反思性对话实践——基于“青红社工”案例的行动研究［J］. 思想战线，2012（3）：34-39.

［17］李树文. 以证据为本的社会工作实践模式的反思——对几个社会服务项目的研究［J］. 理论界，2014（1）：72-75.

［18］何雪松. 证据为本的实践的兴起及其对中国社会工作发展的启示［J］. 华东理工大学学报（社会科学版），2004（1）：13-18.

［19］拜争刚等. 系统评价：证据为本社会工作的方法基础［J］. 华东理工大学学报（社会科学版），2017（4）：72-79.

［20］范斌，方琦. 社会工作证据为本的实践：演进脉络与发展趋向［J］. 学海，2017（6）：79-84.

自决的逻辑："正当性"理论视角下的草场管理政策认同

哈斯额尔敦　苏米雅

【内容摘要】公共资源管理政策是否得到辖区居民的认可，对公共政策的实施效果影响甚大。本文以内蒙古锡林郭勒盟B嘎查为例，对草场管理政策现状与牧民的政策认同之间的关系进行了考察，并在"正当性"理论框架内解析了政策认同的形成逻辑。

【关键词】正当性；草场管理；政策认同

一、研究背景

对湖泊、森林、草场等公共资源（Commons）如何进行有效管理，是长期以来人类社会的一个普遍难题。这种难题在学界被总结为"公地悲剧""囚犯难题""囚徒困境"及"集体行动的逻辑"等理论模型。在现实中，政府部门通常采取以下两种政策方案来克服公共资源管理难的问题：一是利用外部力量（如政府等权力机构）实行集中控制和管理；二是资源属于公共所有的地方，强制实行私有化。直到20世纪90年代，奥斯特罗姆（2000）着眼于小规模公共资源的管理问题，提出了"公共池塘"管理理论。该理论将公共资源管理制度分为由公共资源所有者提供的制度和由上级政府供给的制度来加以分析。关于后者，奥斯特罗姆指出"如果政治制度不允许存在实质性的地方自治"，那么这种"强加于整个辖区的，而不是制定适合辖区内各地情况的规则"在实施过程中将会"遇到极大的困难"，并举斯里兰卡加勒亚水利工程的案例，考察了管理制度的脆弱性导致的上述"困难"的种种后果。

本文在上述理论框架中通过内蒙古锡林郭勒盟B嘎查的案例，从社会心理学视角考察了牧区草场的管理难问题与政策认同之间的关系，并解析这种认同的形成逻辑。迄今为止，关于牧区草场管理题材的研究成果颇多，我们可以从以下两个方面进行大致的梳理。

第一，从本土知识的价值角度考察政策制度问题的研究作品。其中，以生态人类学的视角研究少数民族的本土知识在生态维护中的特殊价值的杨庭硕的早期作品；考察游牧地区传统社会组织的消失导致牧区生态效益衰退现象的葛根高娃的社会学研究；考察干旱、半干旱牧区草原的气候、资源的不确定性因素，主张建立由"知识—实践—信仰"构成的地方智慧与"不确定"共存关系的荀丽丽（2011）的研究；以哈萨克游牧知识为个案，阐释游牧知识的本土性特点和现实意义的陈祥军的田野调查等具有代表性。

第二，较早时期伊始的从经济学、管理学角度分析现行政策与制度安排的不合理性及其影响的研究作品。其中，从制度经济学角度考察草场产权制度、土地使用制度和补偿生态赤字制度的额尔敦扎布的研究；考察政策演变过程中的内蒙古牧区社区困境的王晓毅（2009）的研究；从可持续发展等多重理论视角考察内蒙古草原牧区的经济发展、生态环境保护政策的敖仁其、达林太、恩和、盖志毅等（2005）本土学者的研究；考察"牧区生态""畜牧业生产"和"牧民生计"问题制度逻辑的周立、董小瑜（2013）的研究等具有代表性。

在上述研究中，无论是本土知识与制度政策关系研究，还是草场管理现状研究，都从不同学科理论角度对相关制度政策不适合实际情况而引发的"困难"进行了较全面的阐释。但不得不提的是，在这些研究中，政策不适合实际而生成"困难"往往是以一种自明之理或经验之谈出现的，并没有对这种"困难"的产生过程和内在逻辑进行过深入的分析。本文试图从社会心理学视角在"正当性"理论框架内，对这类"困难"的产生过程进行考察。具体为，以内蒙古锡林郭勒盟的B嘎查为例，考察当地的草场管理政策和"政策执行难"现状，并从政策认同视角切入，在"正当性"理论框架内解析"政策执行难"问题的产生缘由，并提出克服这种"困难"的相关对策和建议。

在研究方法上，本文运用调查研究方法，并使用了问卷调查法和半结构化访谈法进行了资料收集。

二、内蒙古草场管理政策的演进

草场是一种典型的公共资源。奥斯特罗姆在"公共池塘管理"理论中说明，"公共池塘"（Common-pool）是指湖泊、森林、草地等'属于公共但为私人所分别享用的资源'"。从这一定义来看，无论是在集体所有制时期还是现行的承包制体制下，内蒙古牧区草场都不失其作为"公共资源"的性质。

当代内蒙古草场管理政策大概经历了以下三个阶段。

1. 第一阶段是草场共有、家畜共有制阶段

从内蒙古自治区成立后经历了个体经济、互助组、初级社和1958年建立的高级社，到1984年前后为止，都属于这一阶段。在此期间，所有的草场和牲畜实施集体所有制，人民公社有步骤、分阶段地实施传统的季节性游牧生产方式。草场按照约定俗成的传统制度实施管理，未经允许，其他地区的牲畜不会到当地草场放牧。本地牧户也根据草场情况选定牲畜的数量和种类，也不会发生滥牧的利益动机。因此，虽然牧区的牲畜数量大幅度增加，但仍然以传统方式对草场进行相对松散而有秩序的共同管理，没有出现严重的生态问题。

2. 第二阶段是草场共有、家畜私有制阶段

1985~1990年，随着以“集体统一经营”为特征的人民公社解体，在全国范围内推行以家庭为单位的联产承包责任制，牧区也仿效农区实施了牲畜承包到户政策。但草场仍属于集体所有，实施共同管理。随着牲畜的私有化，畜产品的收益开始归个人所有，一方面牧户的牲畜数量快速增长，另一方面集体所有草场的载畜量迅速上升，不可避免地出现了过度放牧现象，导致草场逐渐退化。

3. 第三阶段是家畜私有，草场个人承包制阶段

从20世纪90年代初至今，是一个深化所有制改革的阶段。政府将草原退化现象认为是典型的“公地悲剧”，实施了清晰草场产权的政策。1997年前后，随着土地第二轮承包制的推行，内蒙古牧区开始实施以“双权一制”（指“草场所有权属于嘎查、村，使用权属于牧户，实行草场承包经营制度”）为主的草场承包到户政策，试图通过“明确责任、维护各自的草场”的途径来达到保护草场的目的。

但草场承包并没有解决草原退化的问题，到2000年时草原沙漠化现象已日益严重。在这种背景下，国家政府部门通过城镇化、生态保护、移民搬迁、“草畜平衡”等多项带有奖励性和惩罚性的政策直接干预了牧民的微观经济生活。而通过这些“再集中”管理政策，内蒙古草场管理也逐渐步入哈丁在论述“公地悲剧”时所主张的政府“集权制管理”模式阶段。

三、草场管理的现状与存在的问题

上述草场管理政策，在内蒙古自治区牧区逐一得到了贯彻落实。下面是在锡林郭勒盟B嘎查的落实情况和实施过程中出现的问题。

B嘎查位于锡林郭勒盟南部，居浑善达克沙漠腹地。嘎查共78户、总人口为245人（2010年），其中，蒙古族76户、235人，汉族为2户、10人。主要生

计为畜牧业，家畜种类以牛为主，牛总数达到1364头，牧民人均纯收入7290元（2010年）。嘎查草场面积为8.64万亩，人均面积为230亩。

在1997年，B嘎查将草场的使用管理权以30年的时间承包给了各牧户家庭。并从2003年开始实施了季节性“休牧、轮牧”“舍饲圈养”政策，规定每年4月15日起到6月15日之间禁止在嘎查草场内放牧。从2000年前后嘎查开始实施按照草场面积和质量核定载畜量的“草畜平衡”政策，规定每户家庭最多饲养5头牛，禁止饲养其他家畜，作为“禁牧”草场补贴和“草畜平衡”补助，每人每年得到3000元。同时，按照生态移民政策，B嘎查有七八户牧民进行了自愿搬迁，到原H苏木经营了奶牛产业。

这些具有“集权制管理”色彩的政策在B嘎查已实施了十余年。在这十余年中，B嘎查的草场经营情况出现了明显的变化。主要体现在以下两个方面：

一方面，草场的承包制度解决了草场产权不明晰的问题，有效遏制了因草场共有、牲畜私有而引发的“公地悲剧”和“搭便车”现象，这也激发了牧民的生产积极性。在“草畜双承包”实施初期的1999年，锡林郭勒盟牧区的牲畜总数创历史最高，达到1800万头（锡林郭勒盟统计局，2000年），畜牧业生产规模空前扩大。此外，随后续实施一系列草原生态治理政策，部分地区的草原生态在短期内取得了明显的改善，以B嘎查和周边地区的围封草场为例，草场的地表植被得到了迅速恢复。

另一方面，随着草场的家庭承包，原来的“草—畜—人”（生态第一、牲畜第二、牧民第三的生态适应观）的传统平衡关系出现断裂，“嵌入在社会文化传统与自然环境之中的传统经济制度被破坏”，引发了诸多问题。草场承包导致了草场的细碎化，牧民一年四季只能在自家小块儿草场上放牧，牲畜不易移动，结果出现了草场“局部改善、整体恶化”的现象。在微观层面上，随着“集权制管理”政策的实施，在B嘎查的牧民中也产生了一系列的社会问题，多项政策也陷入了“执行难”的困境。

1997年前后在B嘎查实施分割草场承包到户政策时，嘎查委员会并没有彻底执行，而是以以备天灾等不测为由，自主保留了3万亩“共有地”。在实行“草畜平衡”政策时，规定每户家庭的饲养牲畜不超过5头牛，并禁止饲养其他家畜，而作为补助，国家财政发放每人每年3000元。但“上有政策，下有对策”，有一部分牧民则以分户口的方式应对了这一政策。例如，牧民A的家庭有妻子儿女四口人，经分户口之后变成三个家庭，放牛指标也从原来的5头变成15头。此外，有些牧户因陪读学生等原因离开B嘎查时，将养牛指标有偿转给富裕户，导致“人不在嘎查，牛仍在嘎查”的现象。出于经济方面的考虑，牧民想方设法地变相增加养牛数量，这也使“草畜平衡”政策始终未得到落实。此外，B嘎查牧民还经常通过转移牲畜的方式躲避上级草畜平衡检查组的检查。

当实施“休牧、轮牧”政策时，牧民普遍以“猫鼠游戏”（即躲避禁牧执法队的检查）甚至“猫鼠共谋”（即牧民与禁牧执法队伍进行合作）等违规的方式进行抵制。同时采取到邻接的W嘎查的移出地草场进行“偷牧”“夜牧”的方式抵制每年自4月15日至6月15日期间实施的休牧、禁牧政策。

由于草场管理政策在当地执行时也遇到了困难，因此，执行成本也变得较高。例如，在B嘎查，为监督检查草场管理情况设立了“草原110”，制定了专人巡逻草场的制度。此外，森林管理部门也设置了2名森林公安的职位，并给他们配备巡逻车和电话等工作用具。而上述人员的工资、补贴和其他费用是由国家财政支出的。这无疑增加了国家管理草场的各种成本。而当地牧民出身的草原警察和森林公安在一般情况下对牧民的违规行为睁一只眼闭一只眼，通常以罚款代替管理，只要交罚款，就允许在草场放牛。其结果是，行政部门不得不面对花费高成本却无法收获预期效果的困难局面。

不难看出，从“集权制管理”政策的目标来判断牧民的行为，他们所表现的种种行为是消极和不配合的。奥斯特罗姆曾指出，个人行为是属于“操作层次”的行动，这些行动取决于较之更高一层的集体选择的“规则”（即政策层面）。那么，政策层面的哪些问题引发了牧民消极抵制政策的行为呢？我们以牧民如何看待这些草场管理政策为切入点，通过考察牧民与政府政策之间的关系问题来寻找其答案。

四、B嘎查牧民的政策认同分析

就牧民如何看待现行政策问题，笔者对牧民进行了认知调查和访谈。认知调查以问卷形式实施，主要围绕以下四个方面的内容进行：一是谁是草场管理政策的当事方；二是谁拥有草场管理政策制定的决策权；三是谁制定的决策更可以信赖；四是谁制定的草场管理政策更具有合法性。问卷答案就牧民对“牧民”和“政府”的认知度从低往高分五个层次，假设为所得分数越高，其认同度越高。此次调查回收了有效问卷147份。而访谈则主要对目前政策制定制度的评价、对政府和牧民参与政策制定的态度及其根据等方面征求了牧民的意见（见图1）。

从问卷调查结果来看，就当事者意识方面，牧民认为，牧民比政府部门更受草场管理政策的影响。因此，在牧民眼里，受影响小的政府部门在为受影响最大的牧民群体制定草场管理政策。就草场管理政策制定过程和内容方面，牧民认为

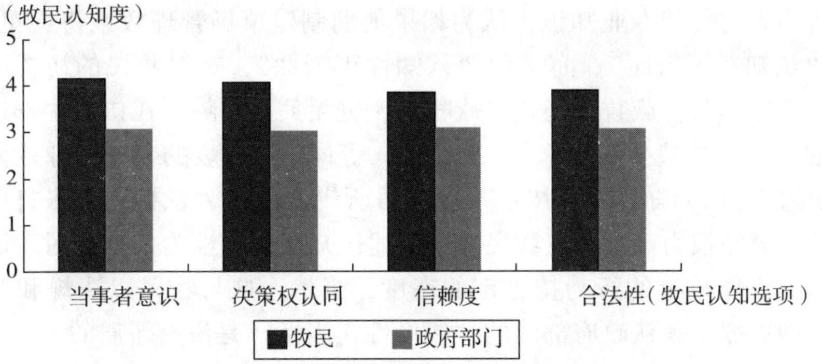

图1　B嘎查牧民政策认同情况问卷调查的结果

他们制定草场管理政策比政府部门更值得信赖。就决策权的合法性方面，牧民认为他们制定草场管理政策比政府更能体现社会公正，并更具法理性。那么，如何解释牧民对政府和自身的这种认知态度和意识呢？下面，我们引用正当性理论，对牧民的这一认知倾向进行探析。

五、政策认同中的认知性正当性的作用

正当性的理论研究起源于韦伯（2009）[①] 关于价值与规范对社会秩序的影响研究。受韦伯的启发，后来多恩布什等（2010）提出了以遵守客观的规则、规范以及价值为分辨标准的"合法性"概念和以个人是否愿意接受规则、规范以及价值为分辨标准的"适应性"概念。在上述理论研究基础上，野波、加藤、中谷内（2009）就根据公共资源管理权和使用权的不同依据，提出了较为明确的"制度性正当性"（Institutional Legitimacy）和"认知性正当性"（Perceived Legitimacy）概念。野波等（2009）指出，如果一种公共资源的管理权和使用权是通过主观判断以外的社会制度和相关法规等途径得到承认（如私有财产），那么这种管理权和使用权便具有"制度性正当性"。相对于社会制度和法规等外在因素，管理者和使用者基于自身的价值观和专业知识等主观意识，主张公共资源的管理权和使用权，则是"认知性正当性"。从B嘎查问卷调查结果来看，牧民对政府部门制定草场管理政策的行为持一定的认可态度，而这正是政府行政部门依靠社会制度和国家法规所获取的"制度性正当性"。然而，牧民有自己的价值观

① 赵淼．在合法性与正当性之间——马克斯·韦伯正当性理论的当代解读［J］．贵州师范大学学报（社会科学版），2009（5）：35-39.

和长年所积累的传统专业知识，认为如果他们制定草场管理政策将会更有效果，这就是“认知性正当性”。而这种“认知性正当性”，在对牧民的访谈中显得更为详尽。无论是蒙古族牧民还是汉族牧民，也无关其年龄，在访谈中都以历史性要素（如“世世代代生活在这里”“一直”等词语所代表的）和专业性要素（如“有草场使用方面的知识”“技术”等词语所代表的）为依据，主张自己有制定草场管理政策的权力。同时，牧民也以上述认知性正当性为依据，对政府行政部门制定草场管理政策的行为持否定的态度。当然，这与牧民以法规和制度为依据，在某种程度上承认政府部门的“制度性正当性”是没有矛盾的。

这样，从正当性理论视角考虑，现行的草场管理政策内容与制定过程没有得到牧民充分的认可，这是因为在草场管理政策及其制定过程中没有考量牧民的由当事者意识、社会公正感和法理意识等因素形成的认知性正当性。

六、结论与对策建议

本文通过内蒙古锡林郭勒盟 B 嘎查的案例，考察了草场管理政策执行难现象，并对其缘由进行了社会心理学考察。

在内蒙古草场管理政策的演变过程中，强有力的“外部力量”——政府部门始终在发挥着主导作用。政府的介入在理论上解决了“牲畜私有和草场共有”矛盾所引起的“公地悲剧”，但未能有效解决草场退化的根本问题。于是，政府进行进一步的“集权制管理”，实施了一系列的政策措施。但正如锡林郭勒盟 B 嘎查的案例所证明的那样，上述政策在牧区实施过程中几乎每项政策都遇到了牧民的消极抵制。而牧民不认同政府制定的草场管理政策是政策执行难的重要原因。作为草场管理现场的当事者，牧民在长年的生产生活中积累了传统的专业知识，并在此基础上建立了“认知性正当性”。然而政府依靠其法规和权力等“制度性正当性”制定的草场管理政策，不符合牧民的传统生产知识，自然也不能得到牧民的认可。

在解决上述草场管理政策认同问题方面，我们不妨参考奥斯特罗姆的“集体行动的三个层次规则理论”，得到一些有益的启发。奥斯特罗姆强调，第一个层次的行动规则的变更，是在较之更高层次上的一套固定“规则”中发生的。因此，在这里要解决操作层次上的，即牧民的个人行为问题，就着手解决“集体选择”层次上的，即政策认同的问题。从 B 嘎查的案例来看，如果要制止牧民的违规行为，就应该制定适合本地区的、充分获得牧民认可的政策体系。而在这一过程中，保证牧民自身的参与以及发挥他们的“认知性正当性”极其重要。要解决第二层集体选择层次的问题，则涉及第三层面"宪法层次"的诸问题（地方自治权的设计与赋予）。奥斯特罗姆通过大量的经验研究，证明了地方自治政治制度在公共资源管理中的重要性。这也说明，贯彻落实民族区域自治等制度和政策，给牧民实质的决策权，将对改善草场管理至关重要。总之，在草场管理政策制定机制中，在政府的"制度性正当性"的基础上，重视牧民作为当事者的"认知性正当性"，保证牧民参与草场管理政策的制定过程，是解决草场管理难问题的重要途径。

值得一提的是，在学术界，在我国北方干旱、半干旱草原实施多年的"草畜平衡"政策已受到理论上的质疑，对草原退化的原因分析也越来越客观和多元化。在现实中，在牧区也出现了诸多类似于"草场合作社"的自主性组织，重新发挥牧民常年积累的传统专业知识在治理生态环境和畜牧业生产中的积极作用，以此来克服现行草场管理政策所带来的制度性困境。

参考文献

[1] 埃莉诺·奥斯特罗姆．公共事务的治理之道——集体行动制度的演进[M]．余逊达，陈旭东译．上海：上海三联书店，2000.

[2] 杨庭硕．论地方知识的生态价值［J］．吉首大学学报（社会科学版），2004（3）：23-29.

[3] 葛根高娃．当代蒙古民族游牧文化相关问题的新解读［J］．中央民族大学学报（哲学社会科学版），2010（6）：67-72.

[4] 荀丽丽．与"不确定共存"：草原牧民的本土生态知识［J］．学海，2011（3）：18-29.

[5] 陈祥军．知识与生态：本土知识价值的再认识：以哈萨克游牧知识为例［J］．开放时代，2012（7）：127-139.

[6] 额尔敦扎布．草原荒漠化的制度经济学思考［J］．内蒙古大学学报（哲学社会科学版），2002（5）：8-12.

[7] 王晓毅．环境压力下的草原社区——内蒙古六个嘎查村的调查［M］．北京：社会科学文献出版社，2009.

[8] 敖仁其，达林太．草原牧区可持续发展问题研究［J］．内蒙古财经学院学报，2005（2）：26-29.

[9] 盖志毅．从多重理论视角重新认识草原生态经济系统价值［J］．中国草地，2005（1）：68-71.

[10] 周立，董小瑜．“三牧”问题的制度逻辑——中国草场管理与产权制度变迁研究［J］. 中国农业大学学报（社会科学版），2013（6）：91-107.

[11] 野波宽，加藤润二，中谷内一也．谁是公共资源管理者——关于冲绳本土赤土流失问题的多角色的正当性［J］. 社会心理学研究（日本），2009（2）：81-91.

后　记

进入中国特色社会主义建设新时代以来，我国取得了扶贫攻坚战的历史性伟大胜利，全国各地实现了小康，迈入乡村振兴建设的伟大事业当中。

牧区作为我国重要的畜牧业产品基地，面积大，占据国土面积的1/3，具有地广人稀、居住分散、生计方式独特、民族文化多元、生态环境脆弱的特点。我国牧区主要分布在内蒙古、新疆、西藏、青海和甘肃等边疆民族地区，战略地位重要，关系到民族团结、边境安全和生态文明建设。牧区正处在从传统社会向现代化、市场化和全球化的社会转型中，长期存在生计方式调适、民族文化适应等问题。如何做好牧区研究，提升牧区社会福利，实现牧区振兴，事关重大，具有重要的时代意义和现实意义。

本书的笔者团队在内蒙古自治区四子王旗牧区G嘎查开展了四年的服务项目，在牧区社会工作服务、实践研究和实习教育方面取得了丰硕成果。笔者团队在长达四年的实践中，通过观察和入户访谈，收集了丰富的第一手资料，对项目实施地G嘎查进行了“麻雀解剖式”研究，撰写了十余篇学术论文。这些成果主要从社会工作和社会福利视角关注牧区独特的空间/时间观、生态文化关联的地方性与慢性疾病的关系、牧区社会转型和养老福祉、牧区生态脆弱性问题和经济可持续性发展、牧区振兴等畜牧业社区方方面面的社会问题，试图建构我国特色的牧区社会工作理论、实务和方法体系，为中国社会工作研究领域书写新的篇章，同时为我国社会工作本土化研究做出了一定贡献。

本书属于团队集体智慧，除两位主编以外，还有其他几位作者的文章。其中，傅剑超撰写了“专业的力量：论牧区开发中的社会工作介入模式”；格格撰写了“牧区慢性病健康管理问题和社会工作介入研究”；管唯一撰写了“社会策划模式下的牧区反贫困工作的经验与启示”；苗欢欢撰写了“在传统与现代之间：社会工作视角下的牧区养老问题研究”；刘金浩撰写了“资本、资源与自主：牧区生计可持续发展与社会工作的介入”；张丽璇撰写了“重构与整合：牧区脆弱性问题与社会工作介入探析”；哈斯额尔敦和苏米雅撰写了“自决的逻辑：‘正当性’理论视角下的草场管理政策认同”。由哈斯额尔敦、王鹏负责统稿，并对全书框架和结构进行了设计。在此一并向作者团队表示感谢。

本书是内蒙古大学“铸牢中华民族共同体意识系列丛书”之一，出版相关事宜得到了学校的大力支持，在此表示谢意。长达四年的牧区项目服务是在香港理工大学中国社会工作项目基金的资助下进行的，在此向资助方表示感谢。

本书从调查研究到定稿、付梓凝结了许多人的心智和劳动，在此我们一并表示诚挚的谢意！对书中不足之处，还敬请广大读者和同行予以批评指正，以便在今后的牧区社会工作和研究中进一步充实和完善。

哈斯额尔敦

2021年8月20日

